mathbuch

Mathematik für die Sekundarstufe I

Lösungen zum Arbeitsheft
Merkheft
Arbeitsheft

3+

Schulverlag plus AG
Klett und Balmer Verlag

mathbuch

Mathematik für die Sekundarstufe I

Lösungen zum Arbeitsheft

3+

Schulverlag plus AG
Klett und Balmer Verlag

S. 5–10 1 Handy-Abos

1 A

	Free [CHF]	Start [CHF]	Basic [CHF]	Classic [CHF]
Wenignutzer	30.10	22.00	39.00	65.00
Durchschnittsnutzer	60.20	40.00	51.00	65.00
Vielnutzer	222.50	148.00	123.00	65.00

B

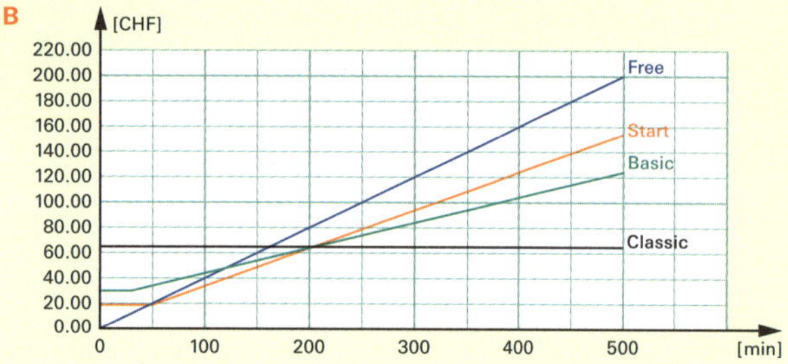

C Mit Start (53 Minuten)
D Mit Start (120 Minuten)
E Start
F

Wenignutzer	Start
Durchschnittsnutzer	Start
Vielnutzer	Classic

2 Individuelle Lösungen

3 Graph 4 zeigt den Normaltarif N. Die Gerade startet über dem Punkt (0/0) und sie ist nicht geknickt, womit der konstante Tarif von 0.15 CHF/min korrekt wiedergegeben ist.

4 A

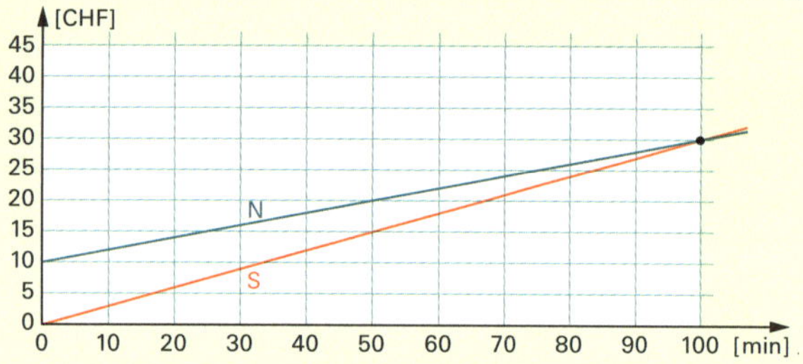

B Die Geraden schneiden sich im Punkt (100/30).
Ab 100 Minuten/Monat ist Abo N also günstiger.

5 A Abo 3
B Abo 4
C Abo 1
D Abo 2

6 A Abo 1
B Abo 3
C Abo 2
D Abo 4

7 A Ja, es ist möglich. Herr König muss dazu mindestens 16 Minuten zum höheren Tarif und den Rest zum niedrigeren Tarif telefonieren und Frau Kaiser umgekehrt.
B Nein, es ist nicht möglich. Annalena führt alle Gespräche zu einem Tarif von 0.55 CHF/min.
C Das ist möglich. Aber nur, wenn relativ lang zum hohen Tarif von 0.55 CHF/min telefoniert wird.
Eine mögliche Lösung ergibt sich so:
3 Minuten für 0.04 CHF/min
1 Minute für 0.08 CHF/min
36 Minuten für 0.55 CHF/min

8

		w	f
A	Im Jahr 2012 gab es in der Schweiz auf 100 Einwohner 130 Mobiltelefonabonnemente.	☒	☐
B	In den Jahren 2000 bis 2006 nahmen die Mobiltelefonabonnemente in Finnland prozentual stärker zu als in Italien.	☐	☒
C	In Kanada gab es im Jahr 2012 rund doppelt so viele Mobiltelefonabonnemente wie in Italien.	☐	☒
D	Während die Nutzerzahlen in der Schweiz Ende der 90er-Jahre kräftige Wachstumssprünge verzeichneten, schwächte sich dieser Trend zwischen 2003 und 2004 wieder ab.	☒	☐
E	In Österreich gab es zwischen 2008 und 2010 einen kräftigen Wachstumsrückgang.	☐	☒
F	In der Schweiz zeichnet sich seit 2009 gegenüber dem Zeitraum zwischen 2004 und 2008 ein leichter Wachstumsrückgang ab.	☒	☐

Korrekturen der falschen Aussagen:
B Die Anzahl der Mobilabonnemente nahm von 2000 bis 2006 in Italien stärker zu als in Finnland.
C In Italien gab es 2012 rund doppelt so viele Abonnemente wie in Kanada.
E In Deutschland gab es zwischen 2008 und 2010 einen kräftigen Wachstumsrückgang.

S. 11–16 2 Rechentraining

1

A	B	C
3,10	−7	−3
−1,4	0,075	0,6
−3,5	0,18	2
−6	−0,8	−27
5,4	−0,05	−30

2

A	B	C
2,00 cm^2	0,105 m	499,5 mm
0,050 t	7000 cm^2	250 m
1 m	2,5 m^3	2,5 dl
0,160 m^3	150 min	1875 kg
80	1,25 h	1,7 m^2

3 A 21 cm^2
B 60,75 cm^2
C V = 60 dm^3 O = 94 dm^2
D s = 1,2 m u = 4,8 m
E V = 720 cm^3 O = 456 cm^2

4 A Addition 1 $\frac{3}{4} + \frac{1}{6} = \frac{22}{24} = \frac{11}{12}$
Addition 2 $\frac{5}{6} + \frac{2}{3} = \frac{9}{6} = \frac{3}{2}$
B Der Nenner des Ergebnisses ist immer das Produkt aus a und b, also ab. Der Zähler ist die Summe aus bx (zweiter Nenner mal erster Zähler) und ay (erster Nenner mal zweiter Zähler).
Algebraisch dargestellt: $\frac{(bx + ay)}{ab}$

5

A	B	C
$\frac{22}{15}$	$\frac{3}{10}$	$\frac{44}{32} = \frac{11}{8}$
$\frac{19}{15}$	$\frac{1}{24}$	$\frac{4}{32} = \frac{1}{8}$
$\frac{23}{20}$	$\frac{2}{15}$	$\frac{31}{20}$
$\frac{70}{48} = \frac{35}{24}$	$\frac{9}{40}$	$\frac{1}{20}$
$\frac{17}{12}$	$\frac{2}{24} = \frac{1}{12}$	$-\frac{1}{8}$

6 A **Multiplikation 1** $\frac{2}{3} \cdot \frac{3}{4} = \frac{6}{12} = \frac{1}{2}$
Multiplikation 2 $\frac{2}{5} \cdot \frac{3}{8} = \frac{6}{40} = \frac{3}{20}$
Multiplikation 3 $\frac{1}{6} \cdot \frac{5}{6} = \frac{5}{36}$
B Man multipliziert den Zähler mit dem Zähler und den Nenner mit dem Nenner. Ergebnis ist der Bruch $\frac{xy}{ab}$.

7

A	B	C
$\frac{3}{10}$	1	75
$\frac{15}{24} = \frac{5}{8}$	$\frac{10}{18} = \frac{5}{9}$	$\frac{25}{3}$
$\frac{14}{24} = \frac{7}{12}$	$\frac{9}{40}$	$\frac{4}{5} = 0{,}8$
$\frac{15}{24} = \frac{5}{8}$	$\frac{21}{32}$	$\frac{6}{50} = \frac{3}{25} = 0{,}12$
$\frac{12}{40} = \frac{3}{10}$	$\frac{1}{100}$	$\frac{3}{40} = 0{,}075$

8 A $\frac{3}{16}$

$\frac{4}{25}$

$\frac{7}{18}$

$\frac{2}{18} = \frac{1}{9}$

$\frac{9}{30} = \frac{3}{10}$

B 4

10

$\frac{80}{3}$

$\frac{10}{3}$

9

C $\frac{1}{2}$

$\frac{9}{8}$

$\frac{12}{15} = \frac{4}{5}$

$\frac{40}{30} = \frac{4}{3}$

$\frac{40}{35} = \frac{8}{7}$

9 A Bahnreise Bern – Luzern
≈ 108 km ≈ 1 h ≈ 108 km/h

Wanderung Aarberg – Büren an der Aare
≈ 17 km ≈ 4 h ≈ 4,250 km/h

Autofahrt Basel – Chiasso
≈ 290 km ≈ 3 h ≈ 97 km/h

Flug Zürich – New York
≈ 6 300 km ≈ 9 h ≈ 700 km/h

B Flug Zürich – Tokyo
≈ 9 600 km ≈ 12 h ≈ 800 km/h

Radfahrt Bellinzona – Locarno
≈ 22 km ≈ 1 h ≈ 22 km/h

Schifffahrt Kreuzlingen – Stein am Rhein
≈ 25 km ≈ 2 h 30 min ≈ 10 km/h

Bahnreise Basel – Chiasso
≈ 330 km ≈ 4 h ≈ 82 km/h

10 A 30 km
B 2 Liter
C CHF 90
D 15 kg
E 5 dm^3
F 1 h 40 min

11

Prozent	Dezimalbruch	Bruch
80%	0,8	$\frac{4}{5}$
87,5 %	0,875	$\frac{7}{8}$
ca. 83 %	0,8333…	$\frac{5}{6}$
125%	1,25	$\frac{5}{4}$
16 %	0,16	$\frac{4}{25}$

12 A 480
B 500
C 30 %
D 20 %
E 2
F 40 %

13 A CHF 375.00
B CHF 45.00
C 50 %
D CHF 5 000.00
E 1 %

14

A	B	C
4	5	3
15	5	11
72	3	18
5	8	5
5	10	3

15 A $3^5 = 243$
$2^4 + 2^4 = 2^5 = 32$
56
54
$5^2 = 25$

B 10^6
10^8
10^7
10^6
10^{-1}

C 25
9
4
100
10

S. 17–22

3 Warenkorb

1 A Mögliche Lösung:

- Der Warenkorb von 2014 zeigt gegenüber dem Warenkorb von 1926 eine viel höhere Differenzierung, das heisst, in der Grafik zum Jahr 2014 wurden die Ausgaben in mehr Kategorien aufgeteilt als in der Grafik zum Jahr 1926.
- Es fällt auf, dass die Kosten für Nahrungsmittel im Jahr 1926 sehr viel höher gewichtet waren als 2014 (57 % im Jahr 1926 gegenüber etwa 12 % im Jahr 2014). Das bedeutet, dass die Gesellschaft von 1926 offenbar mehr als die Hälfte des Einkommens für das Essen ausgeben musste – heute ist es nur noch ungefähr ein Achtel.
- Der Anteil von «Wohnen und Energie» hat minim abgenommen: 2014 beträgt er etwa 25 %, im Jahr 1926 betrug er etwa 28 %. Das heisst, heute geben die Konsumenten – genau so wie früher – etwa ein Viertel ihres Einkommens für Wohnen, Heizen, Wasser und Strom aus.
- Die Gewichtung der Sparte «Bekleidung» geht innert 90 Jahren von 15 % auf weniger als 4 % zurück. Daraus sollte man nicht schliessen, dass die Konsumenten heute weniger Geld für Kleider ausgeben als vor 90 Jahren. Im Gegenteil: wahrscheinlich sind die absoluten Zahlen der Ausgaben für Kleider heute höher als vor 90 Jahren, aber die Einkommen sind weitaus höher als vor 90 Jahren. Damit lässt sich erklären, dass der relative Anteil der Ausgaben für Kleider deutlich abgenommen hat.

B

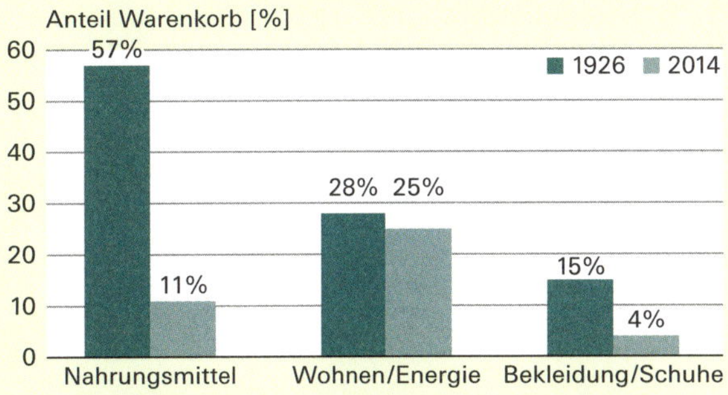

C Mögliche Lösung:

- In Säulendiagrammen sind Unterschiede deutlich ersichtlich. Säulendiagramme sind also geeignet für Vergleiche. Kreisdiagramme eignen sich hingegen dazu, um Prozentanteile eines Ganzen darzustellen.
- Die Vergleiche sind aber problematisch, weil seit 1926 einige neue Kategorien in den Warenkorb aufgenommen worden sind, welche die Gewichtung der alten Kategorien verändert haben.
- Der Prozentanteil, der für Nahrungsmittel ausgegeben wird, ist stark zurückgegangen.
- Der Prozentanteil fürs Wohnen ist mehr oder weniger konstant geblieben. Dies bezieht sich aber auf die relativen Zahlen. In absoluten Zahlen ausgedrückt ist der Betrag stark gestiegen.
- Der Prozentanteil für Bekleidung hat stark abgenommen. Diese Angabe bezieht sich wiederum auf die relativen Zahlen. Absolut ist der Betrag, der für Kleider ausgegeben wird, vermutlich gestiegen.

2 A Die Aussagen 2, 4 und 6 sind korrekt.

B

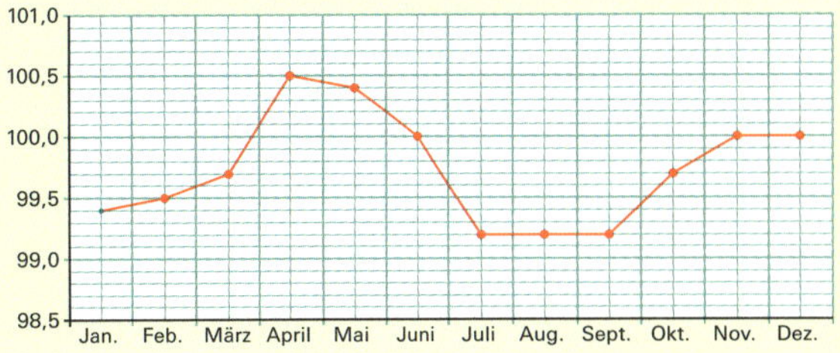

3 A Behauptung 1
Ja, die Grundtendenz ist schon die des Teurer-Werdens, allerdings gibt es phasenweise bei einzelnen Wohnungstypen auch Rückwärtsentwicklungen und allgemein in jüngster Zeit nahezu einen Stillstand der Teuerung. Die Teuerung bei kleinen Wohnungen ist ausgeprägter als bei grösseren Wohnungen.

Behauptung 2
Nein, die Teuerung zeigt eher eine Tendenz der Verlangsamung, vor allem im Jahr 2012. Im November 2012 sank die Jahresteuerung sogar auf Null.

Behauptung 3
Nein, die Teuerung betrifft in erster Linie die kleineren Wohnungen.

B

1 Zi.	2 Zi.	3 Zi.	4 Zi.	5 Zi.	6 Zi.
6,6 %	2,6 %	2,1 %	1,7 %	–0,1 %	1,3 %

4 A CHF 16 235
B CHF 5 552
C CHF 480 im Jahr 2012
D 1944 gab es in der Schweiz wegen des Zweiten Weltkrieges eine Lebensmittel-Rationerung. Der Krieg erschwerte die Lebensmittel-Importe, was die Preise in die Höhe trieb.
E Die Entwicklung wird sich verlangsamen, möglicherweise bei rund 6 % stehen bleiben.

5 A CHF 9 477
B CHF 616
C CHF 80
D CHF 185
E Ja
F Nein
G 1,6 %
H 0,7 %

6 A Das erste Diagramm stellt eine zeitliche Entwicklung dar (von 1922 bis 2012), das zweite Diagramm gliedert eine Kategorie von Ausgaben weiter auf.
B «Schweizer zahlen wenig fürs Essen»: Liniendiagramm
«Unterhaltung, Erholung und Kultur»: Kreisdiagramm

S. 23–28 4 Formeln für Formen

1 A

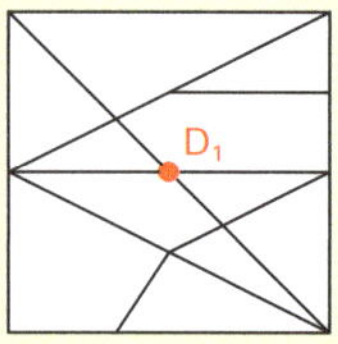

Bild 1

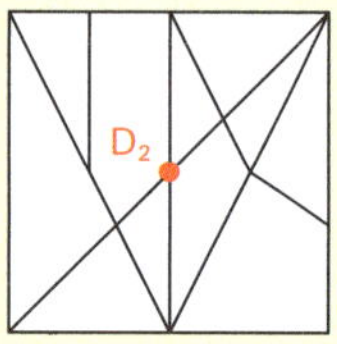

Bild 2

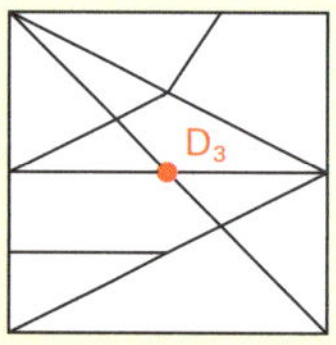

Bild 3

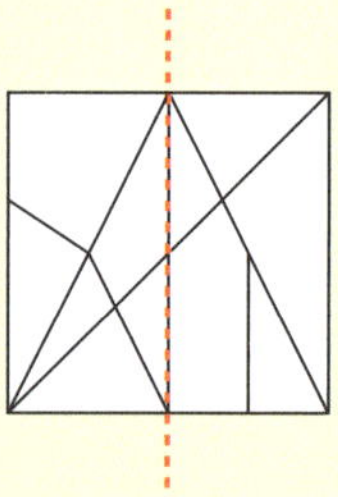
Bild 4

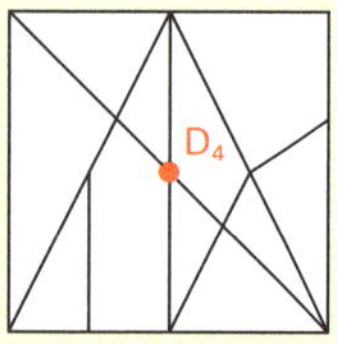

Bild 5

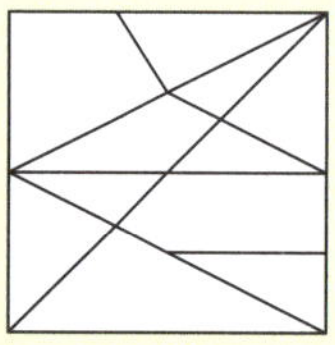
Bild 6

1 zu 2 Drehung um 90° im Gegenuhrzeigersinn
2 zu 3 Drehung um 90° im Gegenuhrzeigersinn
3 zu 4 Drehung um 90° im Gegenuhrzeigersinn
4 zu 5 Achsenspiegelung
5 zu 6 Drehung um 90° im Gegenuhrzeigersinn

B Achsenspiegelung

2 A und B

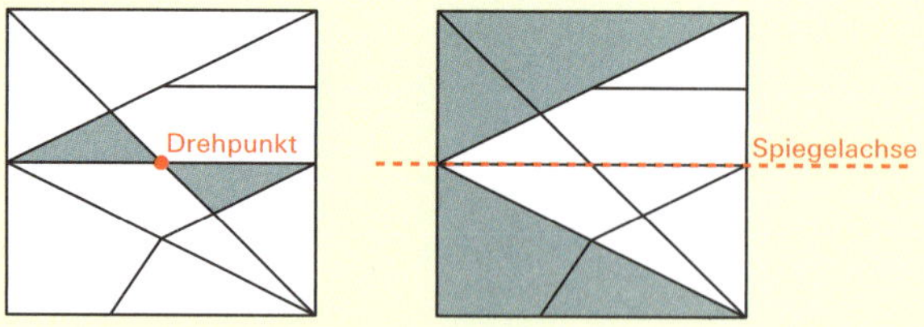

3 A

$\frac{1}{2}$ des Puzzles: hellblau und dunkelblau
$\frac{1}{4}$ des Puzzles: gelb
$\frac{1}{3}$ des Puzzles: hellblau
$\frac{1}{6}$ des Puzzles: dunkelblau
$\frac{1}{8}$ des Puzzles: rot

Hinweis: Die grüne Diagonale des Rechtecks teilt die schwarze Quadrat-Diagonale im Verhältnis 1 : 2. Deshalb hat das dunkelblaue Dreieck die Höhe $\frac{a}{3}$.

B Es ist nicht möglich, weil $\frac{1}{2} + \frac{1}{4} + \frac{1}{3} + \frac{1}{6} + \frac{1}{8} = \frac{33}{24}$, also grösser als 1 ist.

4 A

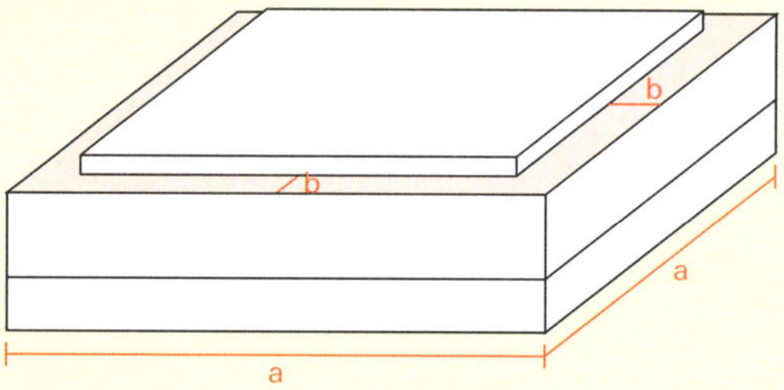

B

	Beispiel 1	Beispiel 2	Beispiel 3	allgemeine Formel
Fläche der Grundplatte [mm²]	400 · 400	400 · 400	400 · 400	$a \cdot a$
Breite des Rahmens [mm]	20	15	12	b
Seitenlänge des Puzzles [mm]	360	370	376	$a - 2b$
Holzvolumen Rahmen [mm³]	243 200	184 800	148 992	$32ab - 32b^2$
Holzvolumen Puzzle [mm³]	1 296 000	1 369 000	1 413 760	$10a^2 - 40ab + 40b^2$
gesamtes Holzvolumen [mm³]	2 339 200	2 353 800	2 362 752	$15a^2 - 8ab + 8b^2$

5 A A(0/0) B(3/0) C(6/0) D(12/0) E(2/4)
F(8/4) G(3/6) H(6/6) I(9/6) K(12/6)
L(4/8) M(12/8) N(2/10) O(0/12) P(6/12) Q(12/12)

B A(0/0) B(6/0) C(12/0) D(24/0) E(4/8)
F(16/8) G(6/12) H(12/12) I(18/12) K(24/12)
L(8/16) M(24/16) N(4/20) O(0/24) P(12/24) Q(24/24)

C Aus x wird 2x, aus y wird 2y.

D A(–6/–6) B(–3/–6) C(0/–6) D(6/–6) E(–4/–2)
F(2/–2) G(–3/0) H(0/0) I(3/0) K(6/0)
L(–2/2) M(6/2) N(–4/4) O(–6/6) P(0/6) Q(6/6)

E Von jeder Koordinate muss 6 subtrahiert werden.
$x' = x - 6$ und $y' = y - 6$

6 **rechtwinkliges Dreieck**

$A = (\text{Kathete mal Kathete}) : 2$

$= \frac{(x \cdot 1{,}5x)}{2} = 0{,}75x^2$

$x = \sqrt{80} \approx 8{,}94$ cm

Quadrat mit ausgeschnittenen Quadraten (Kreuz)

$A = \text{Quadrat minus 4 kleine Quadrate}$

$= x^2 - 4 \cdot (0{,}25x)^2 = 2x^2$

$x = \sqrt{30} \approx 5{,}48$ cm

Rhombus

$A = (\text{Diagonale mal Diagonale}) : 2$

$= \frac{(x \cdot 1{,}5x)}{2} = 0{,}75x^2$

$x = \sqrt{80} \approx 8{,}94$ cm

Rechteck

$A = \text{Länge mal Breite}$

$= 0{,}8x \cdot 1{,}5x = 1{,}2x^2$

$x = \sqrt{50} \approx 7{,}07$ cm

symmetrisches Trapez

$A = \text{Mittellinie mal Höhe}$

$= \frac{x \cdot 1{,}5x}{2 \cdot 1{,}5x} = 1{,}875x^2$

$x = \sqrt{32} \approx 5{,}66$ cm

Doppeltrapez

$A = \text{zwei Trapeze mal 2} = \text{Mittellinie mal halbe Höhe mal 2}$

$= 0{,}75x \cdot 0{,}75x \cdot 2 = 1{,}125x^2$

$x = \sqrt{53{,}333} \approx 7{,}3$ cm

gleichseitiges Dreieck

$A = \frac{\sqrt{3}}{4} x^2$

$x = \sqrt{\frac{240}{\sqrt{3}}} \approx 11{,}77$ cm

gleichschenklig-rechtwinkliges Dreieck

$A = \frac{x^2}{4}$

$x = \sqrt{240} \approx 15{,}49$ cm

Kreisring

$A = \text{grosser Kreis minus kleiner Kreis}$

$= \pi \cdot x^2 - \pi \cdot (0{,}5x)^2 = 0{,}75\pi x^2$

$x = \sqrt{\frac{60}{\pi} : 0{,}75} \approx \sqrt{25{,}46 \text{ cm}} \approx 5{,}05$ cm

7 A **Körper 1** $r = 42$ mm $V = 785\,862$ mm^3
Körper 2 $r = 60$ mm $V = 801\,900$ mm^3
Körper 3 $r = 70$ mm $V = 727\,650$ mm^3

B **Körper 1** $r = \frac{a}{(\pi + 2)}$ $V = \frac{1}{2} \cdot \pi r^2 \cdot b$

Körper 2 $r = \frac{a}{(0{,}5\pi + 2)}$ $V = \frac{1}{4} \cdot \pi r^2 \cdot b$

Körper 3 $r = \frac{a}{0{,}33\,\pi + 2)}$ $V = \frac{1}{6} \cdot \pi r^2 \cdot b$

8 A **Körper 1** $d = 10$ cm

Körper 2 $a = \frac{25}{3}$ cm

Körper 3 $h_1 = \frac{17}{4}$ cm $= 4{,}25$ cm

B **Körper 1** $d = \frac{2V}{(h_1 + h_2)h_k}$

Körper 2 $a = \frac{2V}{(b + c)h_k}$

Körper 3 $h = \frac{(V - s^2 h_k)}{2sh_k}$

9 A Rechteck: 42 cm · 128 cm

B Zweimal Quadrat: 42 cm · 42 cm

C $u = x \cdot \pi$

$A = x^2 \cdot \frac{\pi}{4}$

$V = x^3 \cdot \frac{\pi}{4}$

10 A **Lösung 1** Rollenbreite: 38 cm Durchmesser: 18,5 cm
Lösung 2 Rollenbreite: 58 cm Durchmesser: 12,1 cm

B **Lösung 1** 18,5 cm
Lösung 2 12,1 cm

C **Lösung 1** 535,4 cm^2
Lösung 2 229,8 cm^2

D **Lösung 1** 10 dm^3 (10 Liter)
Lösung 2 6,7 dm^3 (6,7 Liter)

S. 29–30 5 Gold

1 A 10,49 kg 10,49 Tonnen
B 8,83 t

2 A 100 000 dm^2 · 0,00 001 dm = 1 dm^3
B 2 dm^3
C 10 µm

3 A 0,036 mm oder 36 µm
B 0,040 mm oder 40 µm
C 8,5 cm^3
D 105 Sets

4 A $\frac{925}{10{,}49} \approx 88{,}2$ cm^3

B $\frac{75}{8{,}92} \approx 8{,}4$ cm^3

C $88{,}2 + 8{,}4 = 96{,}6$ cm^3

D 1 273,24 m

E 400 dm^2 = 4 m^2

5

Drahtdurchmesser [mm]	0,2	0,3	0,4	0,5	1	1,2	2,5
Drahtlänge [m]	30	30	20	20	10	10	10
Volumen [cm^3]	0,94	2,12	2,51	3,93	7,85	11,31	49,09

6 A
Sand und Kies 8,4 kg/Tag
Hartsteine 7,4 kg/Tag
Erdgas 2,4 kg/Tag
Stahl 1,4 kg/Tag
Zement 0,9 kg/Tag
Aluminium 100 g/Tag
Kupfer 70 g/Tag
Zink 24 g/Tag
Blei 14 g/Tag

B
Sand und Kies 190 m^3
Hartsteine 93 m^3
Erdgas 95 000 m^3
Stahl 5 m^3
Zement 9 m^3
Aluminium 1,1 m^3
Kupfer 0,22 m^3
Zink 0,10 m^3
Blei 0,04 m^3

S. 31–36 6 Figur – Muster – Term

1 A

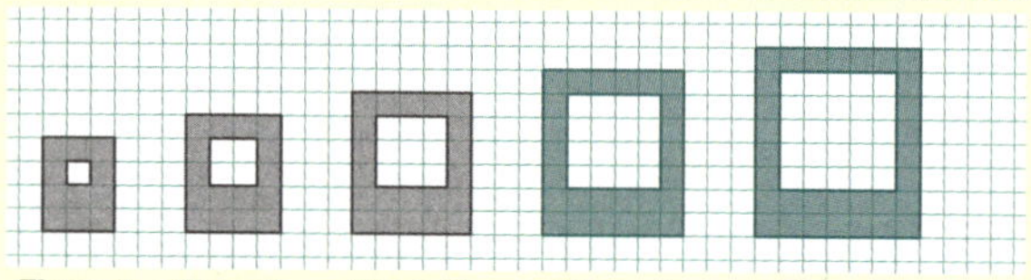

Figur 1 Figur 2 Figur 3 Figur 4 Figur 5

B

	Figur 1	Figur 2	Figur 3	Figur 4	Figur 10	Figur 50	Figur x
Anzahl Häuschen	11	16	21	26	56	256	$5x+6$

C Mögliche Lösung:

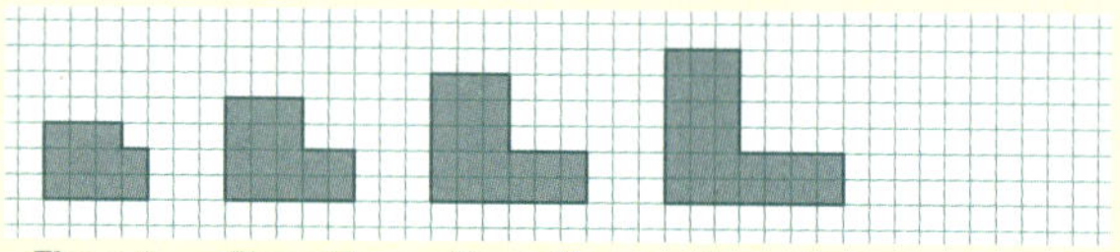

Figur 1 Figur 2 Figur 3 Figur 4

2 A

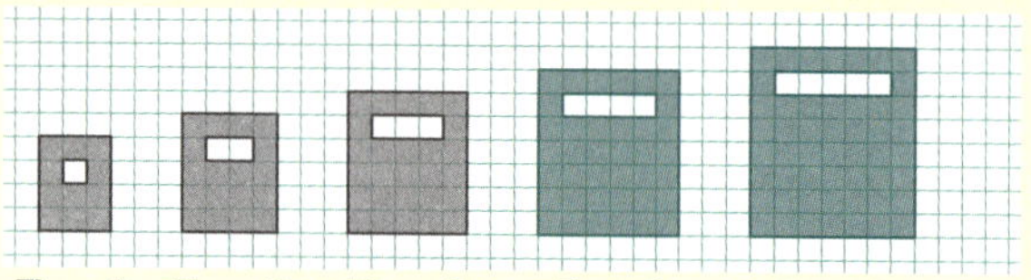

Figur 1 Figur 2 Figur 3 Figur 4 Figur 5

B

	Figur 1	Figur 2	Figur 3	Figur 4	Figur 10	Figur 50	Figur x
Anzahl Häuschen	11	18	27	38	146	2 706	x^2+4x+6

C Mögliche Lösung:

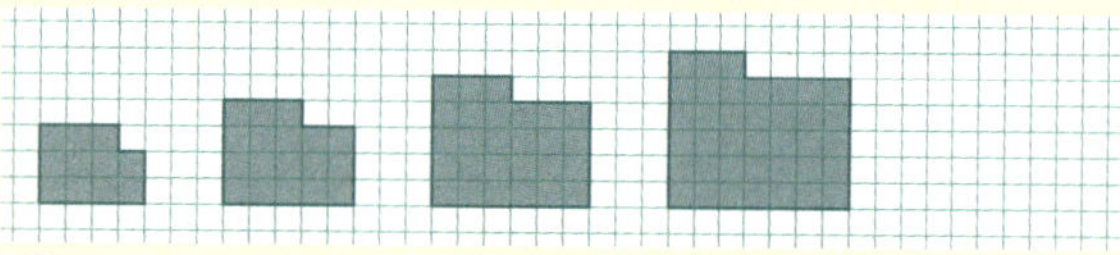

Figur 1 Figur 2 Figur 3 Figur 4

3 A

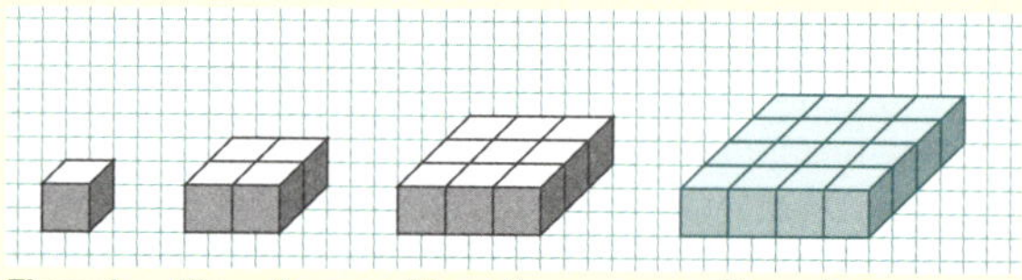

Figur 1 Figur 2 Figur 3 Figur 4

B

Anzahl	Figur 1	Figur 2	Figur 3	Figur 4	Figur 10	Figur 50	Figur x
Würfel	1	4	9	16	100	2 500	x^2
alle Würfelflächen	6	24	54	96	600	15 000	$6x^2$
alle sichtbaren Würfelflächen	5	12	21	32	140	2 700	x^2+4x
alle unsichtbaren Würfelflächen	1	12	33	64	460	12 300	$5x^2-4x$

4 A

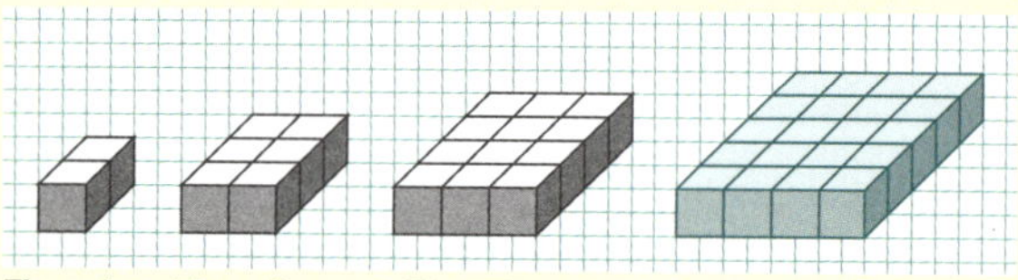

Figur 1 Figur 2 Figur 3 Figur 4

B

Anzahl	Figur 1	Figur 2	Figur 3	Figur 4	Figur 10	Figur 50	Figur x
Würfel	2	6	12	20	110	2 550	$x(x+1)$
alle Würfelflächen	12	36	72	120	660	15 300	$6x(x+1)$
alle sichtbaren Würfelflächen	8	16	26	38	152	2752	x^2+5x+2
alle unsichtbaren Würfelflächen	4	20	46	82	508	12 548	$5x^2+x-2$

5 A Term 1, 3 und 4 sind identisch.
Multipliziert man Term 3 und 4 aus, erhält man x^2+4x+1.

B

x = Figur	1	2	3	4	10	50
y = Anzahl Häuschen	6	13	22	33	141	2 701

C Mögliche Lösung:

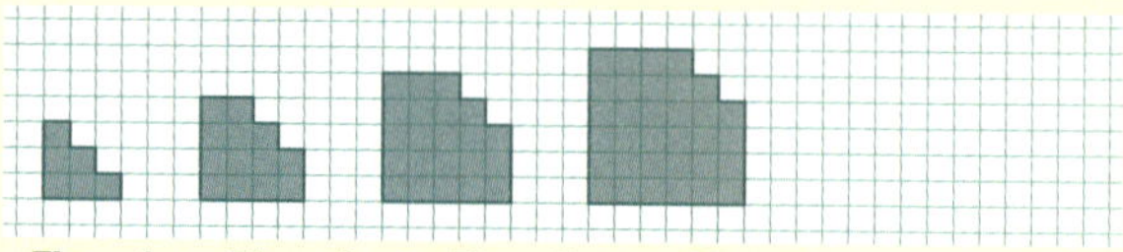

Figur 1 Figur 2 Figur 3 Figur 4

6 A

x = Figur	1	2	3	4	10	50
y = Anzahl Häuschen	7	13	21	31	133	2 653

B Term 1 passt zu Variante 4
Term 2 passt zu Variante 3
Term 3 passt zu Variante 2
Term 4 passt zu Variante 1

C Term 2 ausmultiplizieren:
$x(x+3)+3 = x^2+3x+3$
Term 3 ausmultiplizieren:
$3(x+1)+x^2 = 3x+3+x^2$
Term 4 ausmultiplizieren und zusammenfassen:
$(x+3)(x+1) - x = x^2+x+3x+3-x = x^2+3x+3$

7 A Term 1 passt zu Variante 2
Term 2 passt zu Variante 1
Term 3 passt zu Variante 4
Term 4 passt zu Variante 3

B **Term 1** $(n+2)^2 - n\cdot 1 = n^2+4n+4-n = n^2+3n+4$
Term 2 $n^2 - n\cdot 1 + 2\cdot(n+2)\cdot 1 + 2n\cdot 1 = n^2 - n + 2n + 4 + 2n = n^2+3n+4$
Term 3 $(n+2)(n+1) + 2\cdot 1 = n^2+3n+2+2 = n^2+3n+4$
Term 4 $n^2 - n + 4(n+1)\cdot 1 = n^2 - n + 4n + 4 = n^2+3n+4$

S. 37–40 7 Niesenbahn

1 A 1 km^2 entspricht einem der eingezeichneten Quadrate mit der Seitenlänge 4 cm.
10 ha entsprechen einem Quadrat mit der Seitenlänge 12,6 mm.
1 ha entspricht einem Quadrat mit der Seitenlänge 4 mm.
10 a würden einem Quadrat mit der Seitenlänge 1,26 mm entsprechen, sind in der Karte also nur als Punkt darstellbar.

B 13 km^2

C Horizontale Distanzen («Projektion»): auf etwa 10 m genau (bei Messfehlern von 0,5 mm beim Messen auf der Karte)
Wahre Distanzen («Luftlinie»): auf 10 m genau

2 A Man führt einen geraden und senkrechten Schnitt durch die Punkte A und B in der Landschaft. Das Schnittbild zeigt eine (nicht gerade) Linie zwischen A und B. Diese Linie nennt man «Profil».
Ins Schnittbild hinein zeichnet man eine Waagrechte durch den tiefer liegenden Punkt A und eine Senkrechte durch den höher liegenden Punkt B. Den Schnittpunkt der waagrechten und der senkrechten Geraden bezeichnen wir mit C. Nun existiert im Schnittbild ein rechtwinkliges Dreieck ABC mit einem rechten Winkel bei C.
Die Strecke AC nennt man «Projektion» (oder «Horizontaldistanz»).
Die Strecke BC nennt man «Höhendifferenz» (oder «Vertikaldistanz»).
Die Strecke AB nennt man «Luftlinie».

B 1 500 m

C 3 700 m bzw. 14,8 cm

D 4,0 km

E 40,5 %

F Mögliche Lösung:
Mülenen – Niesen: Mülenen-Talstation liegt auf etwa 700 m ü. M., Niesen-Kulm auf 2 360 m ü. M.
Höhendifferenz: 1 660 m
Projektion: ≈ 3 000 m
Luftlinie: ≈ 3 430 m

G Luftlinie: 3 430 m
Erklärung: Das Bahngleis ist keine Gerade, die Luftlinie aber schon.

3 A Individuelle Lösungen

B

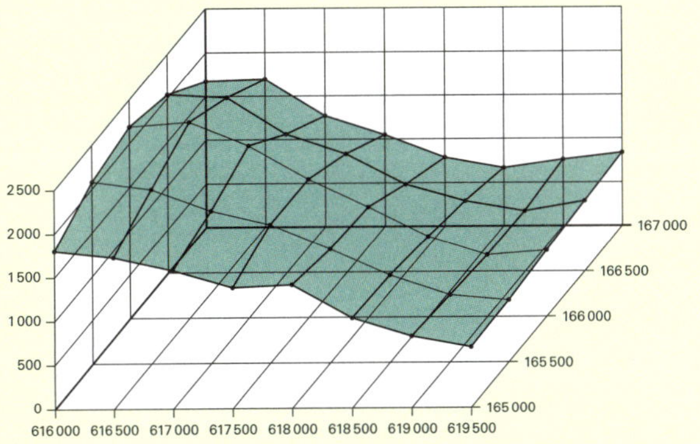

S. 41–42 8 Ecco!

1 A ein Quadrat

B ein Rhombus

C ein Parallelogramm

D ein Drachen

E ein Rechteck oder ein gleichschenkliges Trapez

2 A Ja. Man kann ohne weiteres um ein Quadrat herum ein unregelmässiges Viereck konstruieren, dessen Seitenmittelpunkte die Ecken des Quadrats sind.

B Ja. Wie in A beschrieben, kann ein unregelmässiges Viereck (ohne Symmetrie) durchaus ein Quadrat (mit zwei Symmetrieachsen und einem Symmetriezentrum) als Seitenmittenviereck haben.

C Nein.
Geht man von einem Drachen (mit einer Achse) aus, ist das Seitenmittenviereck ein Rechteck (mit zwei Achsen).
Geht man von einem gleichschenkligen Trapez (mit einer Achse) aus, ist das Seitenmittenviereck ein Rhombus (mit zwei Achsen).
Geht man von einem Rechteck (mit zwei Achsen) aus, ist das Seitenmittenviereck ein Rhombus (mit zwei Achsen).
Geht man von einem Rhombus (mit zwei Achsen) aus, ist das Seitenmittenviereck ein Rechteck (mit zwei Achsen).
Geht man von einem Quadrat (mit zwei Achsen) aus, ist das Seitenmittenviereck ein Quadrat.

D Ja. In allen in C beschriebenen Fällen handelt es sich bei den Seitenmittenvierecken um Parallelogramme.
Auch die Seitenmittenvierecke von unregelmässigen Vierecken sind immer Parallelogramme.

3 Individuelle Lösungen

4 A
- Die Behauptung stimmt. Beispielsweise mit regelmässigen Sechsecken kann man parkettieren.
- Die Behauptung stimmt. Gleichschenklige Trapeze haben einen Umkreis.
- Die Behauptung stimmt. Beispielsweise 64 als Kubikzahl von 4 hat sieben Teiler: 1, 2, 4, 8, 16, 32, 64.
- Die Behauptung stimmt. Beispiele sind die Din-A-Formate.

B
- Gegenbeispiel: Mit regelmässigen Fünfecken kann man nicht parkettieren.
- Gegenbeispiel: Ein rechtwinkliges Trapez (mit zwei rechten Winkeln und zwei nicht rechten Winkeln) hat keinen Umkreis.
- Gegenbeispiel: Die Zahl 8 als Kubikzahl von 2 hat vier Teiler: 1, 2, 4 und 8.
- Gegenbeispiel: Quadrat

5 A Stimmt. LEO LEO : LEO = 1 001
1 001 ist durch 13 teilbar.

B Stimmt. UHU HUH : UH = 10 101
10 101 ist durch 13 teilbar.

C Stimmt. UHU HUH : UH = 10 101
10 101 ist durch 37 teilbar.

S. 43–52 9 Ähnlichkeit

1 A Man kann mit dem Pantografen Figuren vergrössern, weil er …
- Geraden in Geraden und Strecken in längere Strecken abbildet.
- Geraden in dazu parallele Geraden abbildet.
- Winkel unverändert lässt, also in jedem Fall ähnliche Figuren erzeugt.

B Das Verhältnis der Strecken «Streckzetrum – Abtaststift» zu «Streckzentrum – Zeichenstift» bestimmt den Vergrösserungsmassstab. Wenn der Zeichenstift zum Beispiel dreimal weiter vom Einsteckpunkt entfernt ist als der Abtaststift, so ergibt sich der Vergrösserungsmassstab 1 : 3.

2 A Im mit Z bezeichneten Punkt (Streckzentrum)

B

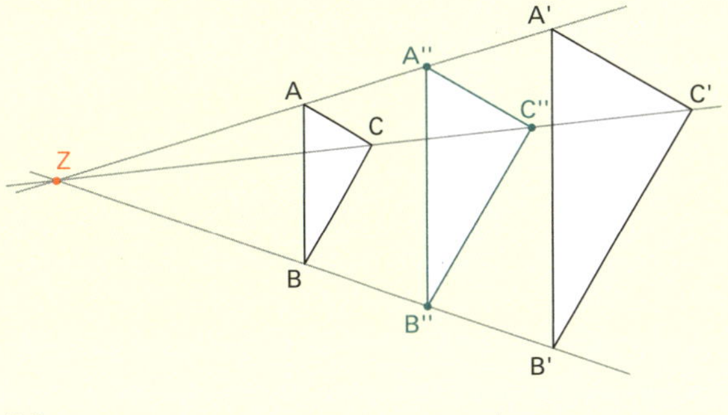

C 2,0

3 A siehe Aufgabe 2B

B Die einander entsprechenden Seiten stehen im Verhältnis 2 : 3 : 4.
Die einander entsprechenden Winkel sind gleich.
Das Verhältnis der längsten Seite zur kürzesten Seite ist bei allen drei Dreiecken gleich.

C Sie stehen in allen drei Fällen im Verhältnis 2 : 3 : 4 (oder 1 : 1,5 : 2, was dasselbe bedeutet).

D Entsprechende Winkel stimmen überein.

4 A

	Seite a	Seite b	Seite c
Dreieck 1	3	4	5
Dreieck 2	3	4	6
Dreieck 3	6	8	10
Dreieck 4	6	8	12
Dreieck 5	6	4	3
Dreieck 6	16	14	13
Dreieck 7	5	12	13
Dreieck 8	15	36	39
Dreieck 9	15	12	9
Dreieck 10	15	20	25
Dreieck 11	15	20	30
Dreieck 12	15	13	12
Dreieck 13	2	3	4
Dreieck 14	9	12	18

Die Ähnlichkeit der Dreiecke erkennt man daran, dass ihre Seitenverhältnisse gleich sind. (6 : 8 : 10 ist z. B. dasselbe wie 3 : 4 : 5)

B Die Dreiecke 1, 3, 7, 8, 9 und 10 sind rechtwinklig. Begründung: $3^2 + 4^2 = 5^2$ und $5^2 + 12^2 = 13^2$, es gilt also der Satz des Pythagoras.

C Nein. Die Verhältnisse der entsprechenden Seitenlängen sind nicht immer gleich. Nur wenn diese Verhältnisse gleich sind, sind die Dreiecke zueinander ähnlich.

D Die Dreiecke 2 und 5 sind kongruent, sie haben genau die gleichen Seitenlängen.

5 A

	Winkel 1	Winkel 2	Winkel 3
Dreieck 1	30°	60°	90°
Dreieck 2	90°	30°	60°
Dreieck 3	45°	45°	90°
Dreieck 4	60°	30°	90°
Dreieck 5	20°	80°	80°
Dreieck 6	75°	75°	30°
Dreieck 7	30°	70°	80°
Dreieck 8	100°	20°	60°
Dreieck 9	80°	20°	80°
Dreieck 10	30°	75°	75°
Dreieck 11	30°	100°	50°
Dreieck 12	60°	60°	60°
Dreieck 13	45°	90°	45°
Dreieck 14	30°	80°	70°

B bei 1 und 4, bei 5 und 9

C Alle Dreiecke, die untereinander ähnlich sind, könnten kongruent zueinander sein. Ähnlichkeit ist eine notwendige Bedingung für Kongruenz, aber nicht eine hinreichende Bedingung.

D Ohne Kenntnis der Längen kann man das nicht entscheiden.

6 A Ja. Sie stimmen in allen Winkeln überein und weisen alle das Seitenverhältnis 1 : 1 : 1 : 1 auf.

B Nein. Sie stimmen zwar in den Winkeln überein, sie müssen aber in den Seitenverhältnissen nicht notwendig übereinstimmen. Genau das wäre aber eine notwendige Bedingung.

C Nein. Sie können sich in den Winkeln durchaus unterscheiden. Die Übereinstimmung der Winkel ist aber eine notwendige Bedingung.

D Ja. Sie haben ausnahmslos drei 60°-Winkel, stimmen also in den Winkeln überein, was bei Dreiecken eine hinreichende Bedingung ist.

E Nein. Sie können sich in den Winkeln durchaus unterscheiden, womit eine notwendige Bedingung nicht erfüllt ist.

F Nein. Sie können sich in den Winkeln durchaus unterscheiden, womit eine notwendige Bedingung nicht erfüllt ist.

G Ja. Sie stimmen in allen Winkeln überein, womit eine hinreichende Bedingung erfüllt ist.

H Ja. Man kann ja in jedem Fall den Radius eine kleinen Kreises durch Streckung in den Radius eines grossen Kreises abbilden.

I Nein. Wenn das Verhältnis des inneren zum äusseren Radius bei zwei Kreisringen nicht übereinstimmt, so kann man sie nicht durch Streckung ineinander abbilden; sie sind also nicht ähnlich.

7 A

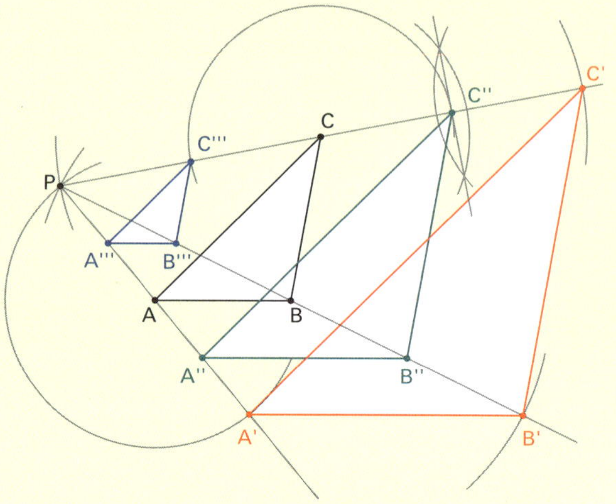

B Die Winkel betragen in jedem Fall 35°, 45°, 100°.

C Streckfaktor 2 1 : 2
Streckfaktor 1,5 1 : 1,5
Streckfaktor 0,5 1 : 0,5

D und E siehe Aufgaben A, B, C

8

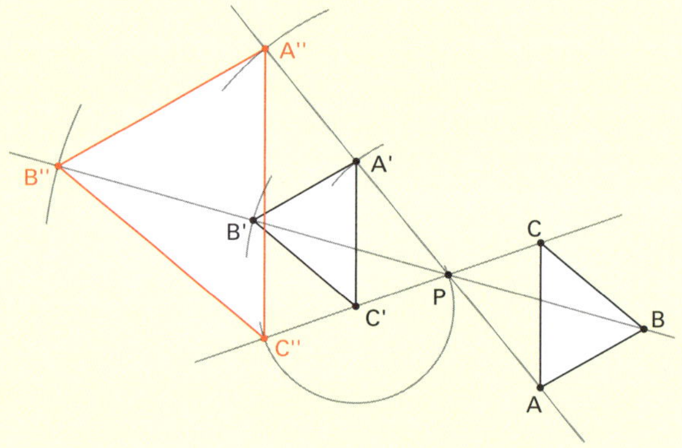

9 A Mögliche Lösung:

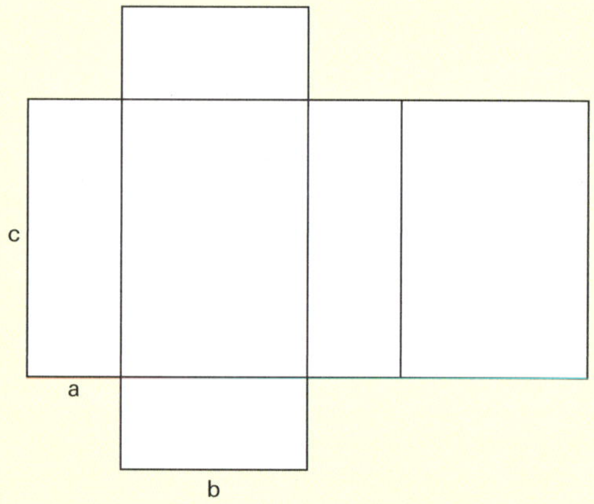

B Die Vergrösserungen haben folgende Kantenlängen:

Streckfaktor 1,5	a = 3 cm	b = 6 cm	c = 9 cm
Streckfaktor 2	a = 4 cm	b = 8 cm	c = 12 cm
Streckfaktor 2,5	a = 5 cm	b = 10 cm	c = 15 cm

C Individuelle Lösungen

10 A

	Länge [cm]	Breite [cm]	Höhe [cm]	Volumen [cm^3]	grösste Seitenfläche [cm^2]	kleinste Seitenfläche [cm^2]	Oberfläche [cm^2]	Gesamtkantenlänge [cm]	grösste Flächendiagonale [cm]	Raumdiagonale [cm]
Quader 1	2	4	6	48	24	8	88	48	7,21 …	7,48 …
Quader 2	3	6	9	162	54	18	198	72	10,81 …	11,22 …
Quader 3	4	8	12	384	96	32	352	96	14,42 …	14,96 …
Quader 4	5	10	15	750	150	50	550	120	18,02 …	18,70 …

B Alle Längen wachsen linear mit dem Streckfaktor, die Flächen aber wachsen quadratisch (die ursprüngliche Fläche wird zweimal nacheinander mit dem Streckfaktor multipliziert), die Volumina wachsen kubisch (das ursprüngliche Volumen wird dreimal nacheinander mit dem Streckfaktor multipliziert).

11 A

Figur 1	**Figur 2**	**Figur 3**
x = 13,5	x = 6	x = 13,5
y = 6	y = 12	y = 20
		z = 18

B Individuelle Lösungen

12 A Der Daumen scheint hin und her zu springen.
B Im kleinen Dreieck ist die Schenkellänge 10 mal so gross wie die Basis (z. B. 70 cm bzw. 7 cm). Das grosse Dreieck ist dem kleinen ähnlich, also ist dort die Schenkellänge ebenfalls 10 mal so lang wie die Basis. Wenn man die Basis des grossen Dreiecks (d. h. die Breite des Hauses) kennt, erhält man durch Multiplikation dieser Breite mit dem Faktor 10 die ungefähre Entfernung des Hauses vom Beobachter.
C 200 m

13 A

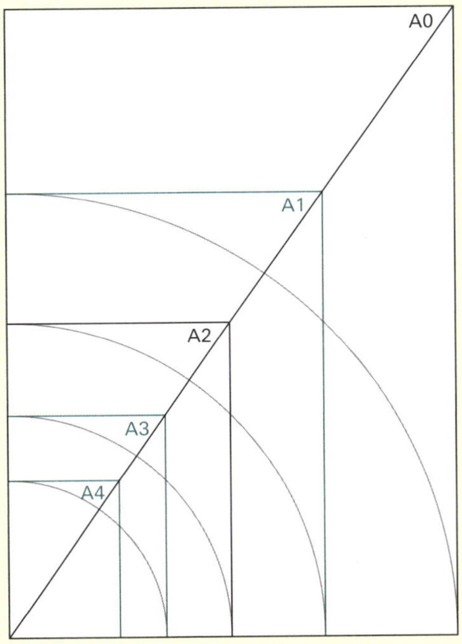

B ca. 1 : 11,4

14 A

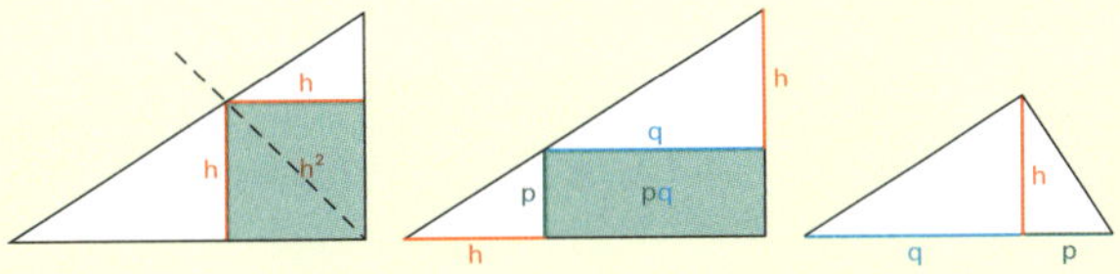

B Die längere Kathete im kleinen Dreieck ist gleich lang wie die kürzere Kathete im grösseren Dreieck.
C Das grüne Rechteck in Figur 3 ist gleich gross wie das grüne Quadrat in Figur 2.
D Im neuen weissen Dreieck bekommen die Strecken h, p und q neue Bedeutungen:
h ist jetzt die Höhe in einem rechtwinkligen Dreieck
p und q sind die beiden Hypotenusen-Abschnitte links und rechts der Höhe.
E siehe Zeichnung

15 A Die kürzere Kathete des grossen Dreiecks und die längere Kathete des kleinen Dreiecks in Figur 2 bilden das Höhenquadrat.
Die längere Kathete des grossen Dreiecks und die kürzere Kathete des kleinen Dreiecks in Figur 2 bilden das Rechteck.
In Aufgabe 14 ist deutlich zu erkennen, dass der Flächeninhalt des Höhenquadrates und des Rechtecks gleich ist.
Setzt man die zwei Dreiecke neu zusammen, ergibt sich wiederum ein rechtwinkliges Dreieck, in dem gilt: $h^2 = p \cdot q$
B Beim ursprünglichen Dreieck in Figur 1, Aufgabe 14, ist nichts ausser dem rechten Winkel vorausgesetzt. Jedes rechtwinklige Dreieck kann wie Figur 1 zerlegt werden.

16 Nach Pythagoras gilt:
A = H + S
B = H + T

A + B = C, also A + B = 2R + S + T

daraus folgt:
2H + S + T = 2R + S + T
2H = 2R
H = R

H entspricht h^2 und R entspricht $p \cdot q$
also: $h^2 = p \cdot q$

17 A Sie haben alle drei die gleichen Winkel, nämlich je einen Winkel 90°, je einen Winkel α und je einen Winkel $(90° - \alpha)$.

B Aus der Ähnlichkeit des kleinen Teildreiecks (links) mit dem ganzen Dreieck ABC folgt, dass die Seitenverhältnisse gleich sind, es gilt: $\frac{b}{p} = \frac{a}{h} = \frac{c}{b}$

Interessant daran ist $\frac{b}{p} = \frac{c}{b}$, daraus folgt nämlich $b^2 = c \cdot p$.

Aus der Ähnlichkeit des grossen Teildreiecks (rechts) mit dem ganzen Dreieck ABC folgt, dass die Seitenverhältnisse gleich sind, es gilt: $\frac{b}{h} = \frac{a}{q} = \frac{c}{a}$

Interessant daran ist $\frac{a}{q} = \frac{c}{a}$, daraus folgt nämlich $a^2 = c \cdot q$.

S. 53–58

10 Alt und Jung

1 A Individuelle Lösung
B Im Balken mit der Beschriftung 40–44 und allen weiteren Balken oberhalb
C Bei den Personen ab 70 Jahren gibt es in jedem 5-Jahres-Balken einen Unterschied, der grösser ist als 10 000.
D Man kann die jeweiligen Zahlen der Balken addieren.

2 A Im roten Balken mit der Beschriftung 5–9
B Nein. Mädchen, die ausgewandert oder verstorben sind, sind nicht mitgezählt. Ausserdem werden im Balken aber auch Mädchen, die in die Schweiz eingewandert sind, mitgezählt.
C Alle blauen Balken, die sich auf der Höhe von 50–54 und oberhalb befinden.

3 A Pyramide 1970: In der rechten Hälfte (rot), im Balken 10–14 und oberhalb
Pyramide 1990: In der rechten Hälfte (rot), im Balken 30–34 und oberhalb
B Die obersten Balken (Menschen über 75 Jahren) sind 1990 breiter als 1970.
C Pyramide 1970:
150 000 Männer pro 5-Jahres-Gruppe · 20 = 3 000 000
Pyramide 1990:
170 000 Männer pro 5-Jahres-Gruppe · 20 = 3 400 000
Das Ergebnis ist jeweils die Anzahl der männlichen Bevölkerung der Schweiz 1970 bzw. 1990.

4 Individuelle Lösungen

5 A

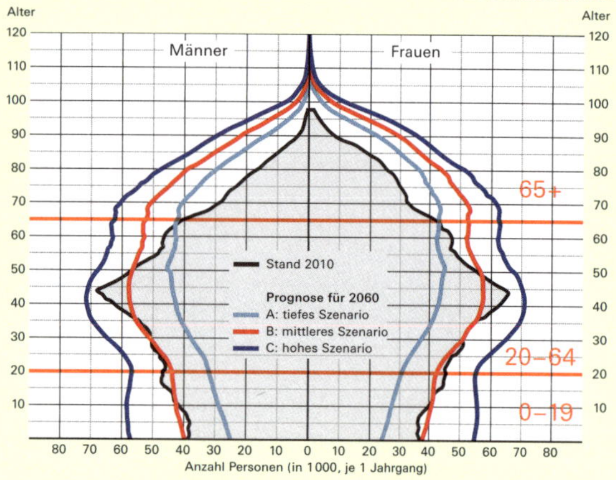

B Der Anteil der alten Menschen an der Gesamtbevölkerung nimmt deutlich zu, der Anteil der sehr alten Menschen nimmt sogar überdeutlich zu: z. B. gäbe es (absolut) 2060 dreimal so viele 90-jährige Frauen wie heute und siebenmal so viele 90-jährige Männer wie heute.

C Von niedrigeren bzw. höheren Geburten- und Zuwanderungsraten als beim mittleren Szenario, das von (gegenüber heute) etwa gleichbleibenden Geburten- und Zuwanderungsraten ausgeht

D Szenario A (hellblau): etwa 8 Millionen
Szenario B (rot): etwa 9 Millionen
Szenario C (dunkelblau): etwa 10 Millionen

6 Individuelle Lösungen

7 A

	2000		2010	
	absolut	%	absolut	%
Total	1 424 370	100,0	1 766 277	100,0
Italien	321 795	22,6	287 130	16,3
Kroatien, Slowenien, Bosnien-Herzegowina, Serbien, Montenegro, Kosovo, Mazedonien	344 324	24,2	314 221	17,8
Portugal	135 449	9,5	212 586	12,0
Deutschland	109 785	7,7	263 271	14,9
Spanien	84 266	5,9	64 126	3,6
Türkei	80 165	5,6	71 835	4,1
Frankreich	61 688	4,3	95 643	5,4
übriges Europa	124 503	8,7	196 131	11,1
Asien	72 002	5,1	110 549	6,3
Amerika	49 687	3,5	74 511	4,2
Afrika	37 618	2,6	71 527	4,0
Australien, Ozeanien	2 829	0,2	3 990	0,2
Staatenlose	259	0,0	757	0,0

B Die Angaben aus den beiden Quellen stimmen dort sehr gut überein, wo Gleiches mit Gleichem verglichen wird.
Die zweite Quelle verwendet aber teilweise andere Kategorien als die erste.
In der ersten Quelle werden alle Bewohner des ehemaligen Jugoslawiens zusammengefasst. Die zweite Quelle teilt diese auf in Serbien und Montenegro, Mazedonien, Kosovo, Bosnien und Herzegowina. Die Kroaten und Slowenen werden offenbar in der Kategorie «übrige europäische Staaten» dazugezählt.
Bei der zweiten Quelle werden andererseits Briten und Österreicher separat aufgelistet, bei der ersten Quelle sind sie unter «übrige Europäer» eingeordnet.

C Mögliche Lösung:
Verteilung der ausländischen Wohnbevölkerung der Schweiz 2010

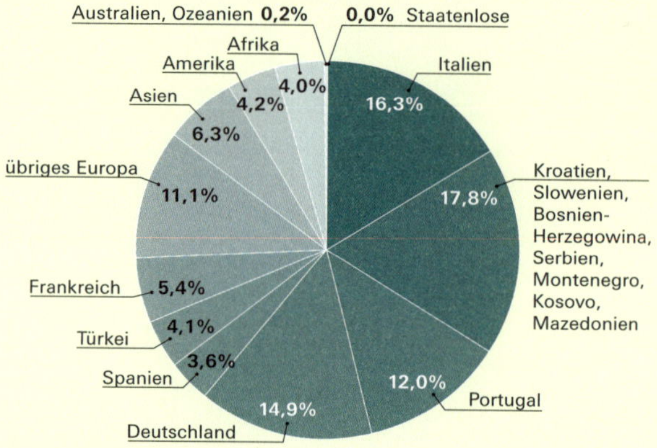

D Individuelle Lösungen

E Individuelle Lösungen

8 A Wie man aus der Grafik ersehen kann, nimmt die Haushaltsgrösse im Laufe der 80 betrachteten Jahre kontinuierlich ab. Ein Grund dafür könnte sein, dass Familien weniger Kinder haben.

B

	1980	1990	2000	2010
Total Wohnbevölkerung	6 335,2	6 757,1	7 197,6	7 870,1
Total Haushalte	2 449,8	2 841,9	3 115,4	3 643,6
Einpersonenhaushalte	710,3	920,3	1 120,9	1 366,3
Mehrpersonenhaushalte	1 739,5	1 921,5	1 994,5	2 277,2
▪ mit 2 Personen	727,0	899,8	986,0	1 198,7
▪ mit 3 Personen	386,8	424,2	403,0	437,2
▪ mit 4 Personen	402,1	413,2	410,0	444,5
▪ mit 5 und mehr Personen	223,6	184,4	195,5	196,8
Personen je Haushalt	2,59	2,38	2,31	2,16

9 A Mögliche Lösung:
Die Tabelle links gibt Auskunft darüber, ob in bestimmten Jahren der jüngsten Zeit mehr Schweizer aus der Schweiz ausgewandert als eingewandert (bzw. wieder-eingewandert) sind. Sie gibt auch Auskunft darüber, ob mehr Ausländer in die Schweiz eingewandert als aus der Schweiz ausgewandert sind.
Unter «Wanderungssaldo» versteht man die Differenz zwischen Einwanderungs- und Auswanderungszahl:
Wanderungssaldo = Einwanderungszahl – Auswanderungszahl
Wenn der Wanderungssaldo negativ ist, sind mehr Leute ausgewandert als eingewandert.
Die Tabelle auf der rechten Seite gibt Auskunft über die Binnenwanderung. Sie beschreibt, wie viele Menschen aus städtischen und ländlichen Gemeinden jeweils weg- bzw. in diese zugezogen sind.

B Individuelle Lösungen

C Individuelle Lösungen

S. 59–64

11 Gleichungen lösen

1 A 17
15
13
11
$(x+8)+14=31$ $x=9$
$(x+10)+14=31$ $x=7$
$(x+12)+14=31$ $x=5$

B 27
24
21
18
$37+x=52$ $x=15$
$40+x=52$ $x=12$
$43+x=52$ $x=9$

C 72
90
63
81
54
$x-63=9$ $x=72$
$54-x=9$ $x=45$

D 75
77
79
81
$91-(x-8)=16$ $x=83$
$91-(x-10)=16$ $x=85$
$91-(x-12)=16$ $x=87$

E 58
53
48
43
$(x+20)-41=17$ $x=38$
$(x+25)-41=17$ $x=33$
$(x+30)-41=17$ $x=28$

2 A 13
14
15
16
$3(x-4)=39$ $x=17$
$3(x-5)=39$ $x=18$
$3(x-6)=39$ $x=19$

B 15
15
15
15
$5(x+4)=95$ $x=15$
$5(x+5)=100$ $x=15$
$5(x+6)=105$ $x=15$

C 120
60
40
30
$120:x=5$ $x=24$
$120:x=6$ $x=20$
$120:x=8$ $x=15$

D 20
39
58
77
$(x+4):20=5$ $x=96$
$(x+5):20=6$ $x=115$
$(x+6):20=7$ $x=134$

3 A −20
−24
−28
−32
$x+16=-20$ $x=-36$
$x+18=-22$ $x=-40$
$x+20=-24$ $x=-44$

B 12
13
14
15
$10-(x-4)=-2$ $x=16$
$10-(x-5)=-2$ $x=17$
$10-(x-6)=-2$ $x=18$

C −1
4
1
6
$-8(x-5)=16$ $x=3$
$-8(x-6)=-16$ $x=8$
$-8(x-7)=16$ $x=5$

D −8
−9
−10
−11
$1\,920:(x+4)=-240$ $x=-12$
$3\,840:(x+5)=-480$ $x=-13$
$7\,680:(x+6)=-960$ $x=-14$

4 A 2
6
−2
−2

B −15
−18
−21
−24

5 A 6
3
$\frac{5}{8}$
$\frac{11}{2}$

B 1
50
5
−5

6 A 2/7 5/5 8/3 11/1
B 2/7
C 5/5

7 A $a=13$
B $a=130{,}5$
C $a=5n-2$ $0<n<26$
Für n muss eine natürliche Zahl eingesetzt werden.

8 A $b=-2$
B $b=-58$
C $b=5$

9 **A** Nicht zugelassen: x = 3 und x = 0
Lösung: x = 5
B Nicht zugelassen: x = 3 und x = −1
Lösung: $x = 2{,}5 = \frac{5}{2}$
C Nicht zugelassen: $x = -8$ und $x = \frac{3}{2}$
Lösung: x = −6
D Nicht zugelassen: $x = -\frac{7}{2}$ und $x = \frac{3}{4}$
Lösung: $x = -1{,}5 = -\frac{3}{2}$

10 **A** Nicht zugelassen: x = 0
Lösung: x = 8
B Nicht zugelassen: x = 0
Lösung: x = 5
C Nicht zugelassen: x = 0
Lösung: x = 5
D Nicht zugelassen: x = 0
Lösung: $x = \frac{1}{5}$

11

	Gleichung	Lösung x = 10	unlösbar	allgemeingültig
A	$x(a+1) = 5$	a = −0,5	a = −1	–
B	$(a+3)x = x$	a = −2	–	a = −2
C	$x(a-9) = a$	a = 10	a = 9	–
D	$(a+5)x = 0$	a = −5	–	a = −5
E	$ax^2 = -1$	a = −0,01	unlösbar, wenn a = 0 oder wenn a > 0	–

12 **A** $x \le 10$
B $x \le 3$
C $x \le 3$
D $x \le 2$
E $x \le 5$
F $x \le 7$
G $x \le 5$
H x = 1

13 55

14 16

15 **A** $x \ge 8$
B $x \le 8$
C $x \le 11$
D $x \le 4$

16 128 = 126 + 2

S. 65–70 12 Ganz einfach gerade

1 **A** Individuelle Lösungen
B 1,5
C Die Differenz ist immer 1,5.
D Die Differenz ist auch hier immer 1,5.
E Der Term beschreibt die Höhendifferenz zwischen dem zweiten und dem ersten Punkt. Wenn die Differenz positiv ist, liegt der zweite Punkt höher als der erste.

2 Die Differenz der zwei Punkte ist immer −1,5.

3 **A** In g_1 ist das Verhältnis immer gleich 2.
In g_2 ist das Verhältnis immer gleich $-\frac{2}{3}$.
B Das Verhältnis der Katheten beschreibt die Steigung einer Geraden.

Bemerkung: Bei einer steigenden Geraden wie bei g_1 ist die Steigung positiv.
Bei einer fallenden Geraden wie bei g_2 ist die Steigung negativ.

4 **A** **g_1** $a_1 = \frac{4}{2} = 2$

g_2 $a_2 = \frac{3}{3} = 1$

g_3 $a_3 = \frac{1}{3}$

g_4 $a_4 = -\frac{4}{6} = -\frac{2}{3}$

g_5 $a_5 = -\frac{8}{6} = -\frac{4}{3}$

g_6 $a_6 = -\frac{12}{2} = -6$

B Unendlich gross im Extremfall, wenn eine Gerade vertikal (parallel zur y-Achse) verläuft
C «Steigung 100 %» bedeutet, dass das Steigungsdreieck gleichschenklig-rechtwinklig ist, dass der Steigungswinkel also 45° beträgt.
«Steigung 200 %» bedeutet, dass die Höhendifferenz zwischen zwei Punkten doppelt so gross ist wie die Horizontaldistanz. Der Steigungswinkel beträgt dann etwa 63°.
D Es gibt keine Proportionalität zwischen den Katheten-Verhältnissen und den Winkelgrössen in Dreiecken.

5 **A**

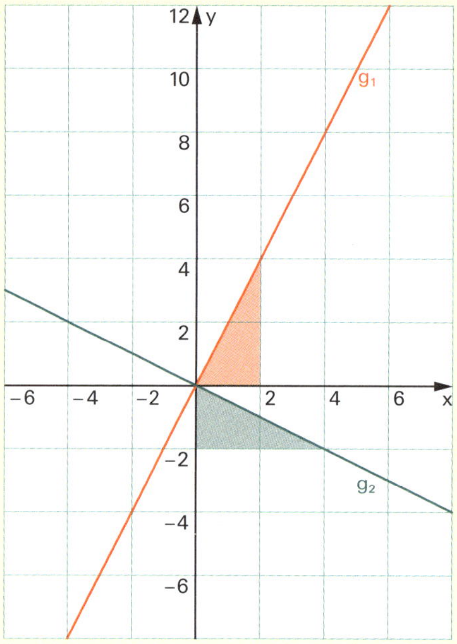

B

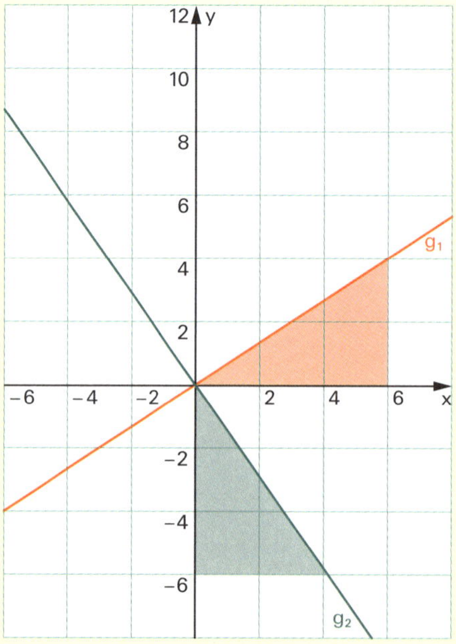

C Die beiden Geraden sind immer senkrecht zueinander.

6 A

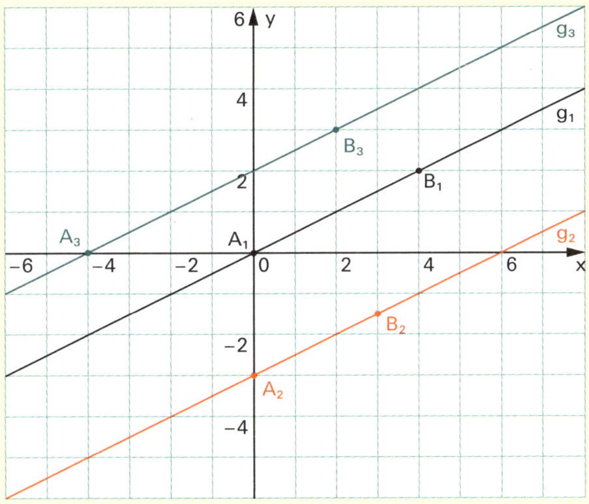

B Mögliche Lösungen

	Punkt C	Punkt D	Punkt E	Punkt F
g_1	(2 / 1)	(6 / 3)	(8 / 4)	(10 / 5)
g_2	(6 / 0)	(9 / 1,5)	(12 / 3)	(15 / 4,5)
g_3	(−2 / 1)	(0 / 2)	(4 / 4)	(6 / 5)

C

	Steigung	Geradengleichung
g_1	a = 0,5	y = 0,5x
g_2	a = 0,5	y = 0,5x − 3
g_3	a = 0,5	y = 0,5x + 2

7

Ein Punkt P liegt auf der Geraden mit der Gleichung y = 2x + 5.	→	Die Koordinaten des Punktes P erfüllen die Gleichung y = 2x + 5.
Der Punkt Q mit den Koordinaten (10/25,01) liegt nicht auf der Geraden.	←	Die Koordinaten von Q(10/25,01) erfüllen die Geradengleichung y = 2x + 5 nicht.

8 A P_1 liegt auf der Geraden 3
P_2 liegt auf keiner der vier Geraden
P_3 liegt auf der Geraden 1
P_4 liegt auf der Geraden 2
P_5 liegt auf keiner der vier Geraden
P_6 liegt auf auf den Geraden 2 und 3
P_7 liegt auf auf der Geraden 4

B Mögliche Lösungen:
P_2 liegt beispielsweise auf der Geraden $y = -\frac{5}{6}x$
P_5 liegt beispielsweise auf der Geraden $y = -x$

9 A

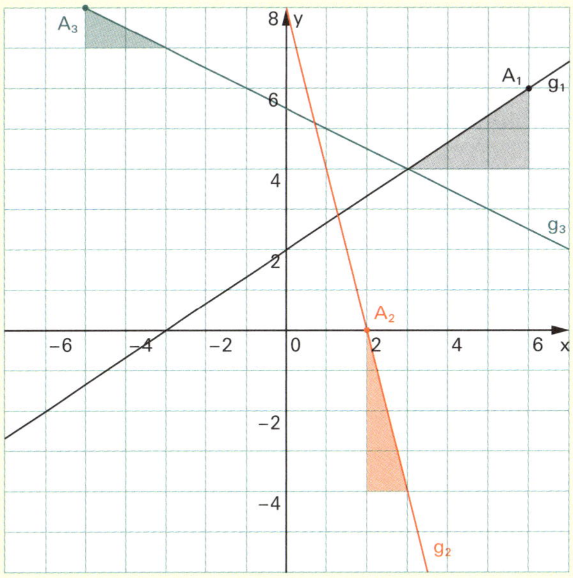

B Mögliche Lösungen

	Punkt B	Punkt C	Punkt D	Punkt E
g_1	(0 / 2)	(3 / 4)	(9 / 8)	(15 / 12)
g_2	(0 / 8)	(1 / 4)	(3 / −4)	(4 / −8)
g_3	(−3 / 7)	(−1 / 6)	(0 / 5,5)	(1 / 5)

C

	y-Achsenabschnitt	Geradengleichung
g_1	b = 2	$y = \frac{2}{3}x + 2$
g_2	b = 8	y = −4x + 8
g_3	b = 5,5	y = −0,5x + 5,5

10 A Sie gehen nicht durch (0/0), sondern schneiden in jedem Fall (bei jeder beliebigen Steigung) die y-Achse im Punkt (0/4).

B Sie gehen nicht durch (0/0), wenn b nicht gleich Null ist. Die Geraden haben in jedem Fall die Steigung 0,75 und verlaufen also alle parallel zueinander.

S. 71–76 **13 Reell: rational – irrational**

1

		$x = \sqrt{2}$	$x = \pi$	x = … Wähle für x eine irrationale Zahl.	x = … Wähle für x eine rationale Zahl.
A	x + x	$\sqrt{2} + \sqrt{2}$	$\pi + \pi$	$\sqrt{10} + \sqrt{10}$	$\frac{1}{7} + \frac{1}{7} = \frac{2}{7}$
		= 2,82…	$= 2 \cdot \pi$	$= 2\sqrt{10}$	≈ 0,285 714
			= 6,283 185 307…	≈ 6,32455	
B	x · x	$\sqrt{2} \cdot \sqrt{2}$	$\pi \cdot \pi$	$\sqrt{10} \cdot \sqrt{10}$	$\frac{1}{7} \cdot \frac{1}{7} = \frac{1}{49}$
		= 2	$= (\pi)^2$	= 10	≈ 0,020 408
			≈ 9,869 604		
C	x : x	$\sqrt{2} : \sqrt{2}$	$\pi : \pi$	$\sqrt{10} : \sqrt{10}$	$\frac{1}{7} : \frac{1}{7}$
		= 1	= 1	= 1	= 1
D	x − x	$\sqrt{2} - \sqrt{2}$	$\pi - \pi$	$\sqrt{10} - \sqrt{10}$	$\frac{1}{7} - \frac{1}{7}$
		= 0	= 0	= 0	= 0
E	$\sqrt{x}$	$\sqrt{\sqrt{2}}$	$\sqrt{\pi}$	$\sqrt{\sqrt{10}}$	$\sqrt{\frac{1}{7}}$
		≈ 1,189 207	≈ 1,7 724 538	≈ 1,7 782 794	≈ 0,3 779 644
F	$\frac{1}{x}$	$\frac{1}{\sqrt{2}} = \sqrt{\frac{1}{2}}$	$\frac{1}{\pi}$	$\frac{1}{\sqrt{10}} = \sqrt{\frac{1}{10}}$	$\frac{1}{(\frac{1}{7})}$
		≈ 0,707 106	≈ 0,318 309 886	≈ 0,31 622 776	= 7
G	x^4	$\sqrt{2} \cdot \sqrt{2} \cdot \sqrt{2} \cdot \sqrt{2}$	$(\pi)^4$	$\sqrt{10} \cdot \sqrt{10} \cdot \sqrt{10} \cdot \sqrt{10}$	$\frac{1}{7} \cdot \frac{1}{7} \cdot \frac{1}{7} \cdot \frac{1}{7}$
		$= 2 \cdot 2$	$= (\pi)^2 \cdot (\pi)^2$	$= 10 \cdot 10$	$= \frac{1}{2401}$
		= 4	≈ 97,40 909 103	= 100	≈ 0,000 416 493

2 Mögliche Lösungen:
0,101 001 000 100 001 000 001 …
0,001 002 003 004 005 …

3 Mögliche Lösungen:

Zahlen zwischen	rationale Zahlen		irrationale Zahlen	
$\frac{1}{4}$ und $\frac{1}{5}$	$\frac{9}{40}$		$\frac{\pi}{14} = 0{,}224\,399\ldots$	
1 und 1,01	1,005		1,0 051 234 567 891 011 …	
1,000 und 1,001	1,0 005		1,00 051 234 567 891 011 …	
0,99 und 1	0,995		0,99 512 123 123 412 345 …	
0,999 und 0,999 9	0,9 995		0,999 512 123 123 412 345 …	
π und $\sqrt{10}$	3,15		3,1 515 926 535 …	

B In der ersten Spalte, in der rationale Zahlen gesucht sind, die zwischen zwei gegebenen Zahlen liegen, kann man ohne weiteres immer das arithmetische Mittel der beiden Zahlen einsetzen, wenn nötig gerundet auf die nächstliegende rationale Zahl.
In der zweiten Spalte, in der irrationale Zahlen gesucht sind, die zwischen zwei gegebenen Zahlen liegen, kann man zum Beispiel einen geeigneten Bruchteil der Zahl π einsetzen. Eine zweite Möglichkeit ist, am rationalen arithmetischen Mittel einen irrationalen «Zusatz» anzuhängen. Als dritte Möglichkeit könnte man auch in einer geeigneten, als irrational bekannten Zahl, an geeigneter Stelle eine einzige Ziffer ändern.

4 **A** wahr
B falsch
C wahr
D wahr
E wahr
F wahr
G falsch
H wahr

5 **A**
1 falsch
2 richtig
3 richtig
4 richtig

B
1 falsch
2 richtig
3 richtig
4 richtig

6 **A**
1 richtig
2 richtig
3 falsch
4 falsch
5 richtig
6 richtig

B
1 richtig
2 richtig
3 falsch
4 falsch
5 richtig
6 richtig

7 **A** $6a\sqrt{3}$
B $\frac{x\sqrt{2}}{2}$
C $10s\sqrt{10s}$
D $\frac{5x}{2}$

8 **A** $x = 16$
B $x = 16$
C $x = 16$
D $x = 4$

9 **A** $x = 1$
B $x = 4$
C Für x ist jede reelle Zahl einsetzbar
D $x = 3$

10 **A** $x = \sqrt{\frac{8}{7}} = \frac{\sqrt{8}}{\sqrt{7}}$
B $x = 3$
C $x = \sqrt{2}$
D $x = \frac{2}{\sqrt{2}}$

11 **A** 8,66 cm
B 20 cm
C 7,65 cm

12 130 cm^2

13 Mögliche Lösungen:

		Beispiele	
	Gesetze	**Zahlen**	**Buchstabenterme**
A	$a^n \cdot a^m = a^{n+m}$	$3^3 \cdot 3^5 = 27 \cdot 243 = 6\,561 = 3^8$	$(a+b)^x \cdot (a+b)^{x+2} = (a+b)^{2x+2}$
		$2^3 \cdot 2^6 = 2^9$	$z^x \cdot z^{2x} = z^{3x}$
		$2^{10} \cdot 2 = 2^{11}$	$a^x \cdot a = a^{(x+1)}$
B	$\frac{a^m}{a^n} = a^{m-n}$	$\frac{7^4}{7^2} = \frac{2\,401}{49} = 49 = 7^2$	$\frac{(2a+3)^x}{(2a+3)^{\frac{x}{2}}} = (2a+3)^{\frac{x}{2}}$
		$\frac{2^6}{2^3} = 2^3$	$\frac{(2z)^{2x}}{(2z)^x} = (2z)^x$
		$\frac{2^{10}}{2} = 2^9$	$\frac{a^x}{a} = a^{(x-1)}$
C	$a^n \cdot b^n = (a \cdot b)^n$	$2^4 \cdot 3^4 = 6^4$	$(2z)^x \cdot (3z)^x = (2z \cdot 3z)^x$
		$2^3 \cdot 5^3 = 10^3$	$(2a+3)^x \cdot (2a-3)^x = (4a^2-9)^x$
		$3^4 \cdot 5^6 = 3^4 \cdot 5^4 \cdot 5^2 = 15^4 \cdot 5^2$	$a^5 \cdot b^6 = (ab)^5 \cdot b$
D	$\frac{a^n}{b^n} = \left(\frac{a}{b}\right)^n$	$\frac{15^4}{3^4} = 5^4$	$\frac{(ab)^x}{a^x} = b^x$
		$\frac{2 \cdot 3^3}{2^3 \cdot 9^3} = \frac{1}{2^2 \cdot 3^3}$	$\frac{a \cdot x^3}{a^3 \cdot (xy)^3} = \frac{1}{a^2 \cdot y^3}$
		$\frac{10^n}{5^n} = 2^n$	$\frac{(4a^2-9)^x}{(2a-3)^x} = (2a+3)^x$
E	$(a^n)^m = a^{n \cdot m}$	$(2^3)^4 = 2^{12}$	$(2^x)^y = 2^{xy}$
		$(2^x)^x = 2^{(x^2)}$	$((a+b)^4)^2 = (a+b)^8$
		$(2^3)^4 : 2^4 = 2^8$	$(a^x)^y : a^y = a^{(xy-y)}$

S. 77–86

14 Pyramide und Kegel

1 **A** Körper 2
B Körper 3
C Körper 4
D Körper 1
E Körper 8
F Körper 5
G Körper 7
H Körper 6

2

	Bruchteil	Prozent
Körper 1	$\frac{1}{2}$	50 %
Körper 2	$\frac{1}{2}$	50 %
Körper 3	$\frac{1}{3}$	≈ 33 %
Körper 4	$\frac{1}{4}$	25 %
Körper 5	$\frac{1}{6}$	≈ 17 %
Körper 6	$\frac{1}{6}$	≈ 17 %
Körper 7	$\frac{1}{3}$	≈ 33 %
Körper 8	$\frac{1}{4}$	25 %

3 Ja, auch aus Quadern kann man Pyramiden herstellen. Am Schluss teilt man das Volumen des umgebenden Quaders durch 3, anstatt das Volumen des umgebenden Würfels. Die Summe der Volumina aller kleinen Quader wird sich, wenn die Zahl der beteiligten kleinen Quader sehr gross wird, dem Drittel des Volumens des grossen Quaders annähern.

4 A In Pyramide 1 ist G halb so gross, h aber doppelt so lang wie die Grundfläche bzw. die Höhe des Würfels.
In Pyramide 2 ist G doppelt so gross, h aber halb so lang wie die Grundfläche bzw. die Höhe des Würfels.
In Pyramide 3 ist G $\frac{3}{2}$ so gross, h aber $\frac{2}{3}$ so lang ist wie die Grundfläche bzw. die Höhe des Würfels.

B
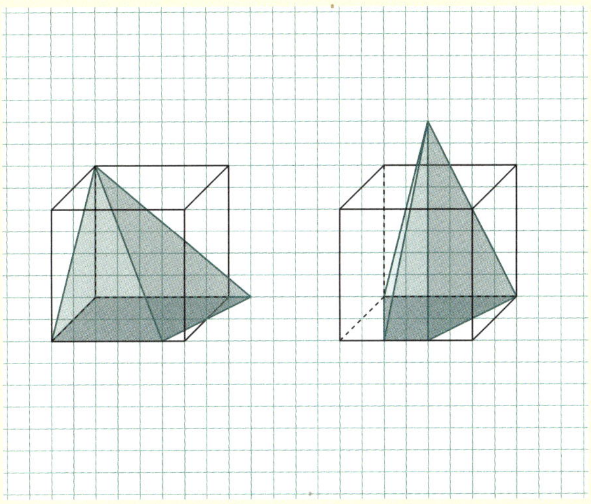

5 A 2 Prismen, 1 Quader, 2 Pyramiden

B Die grosse Pyramide hat das Volumen $\frac{1}{3} \cdot G \cdot h$.

Die kleinen Pyramiden haben je die Grundfläche $\frac{1}{4} \cdot G$ und die Höhe $\frac{1}{2} \cdot h$. Das Volumen beträgt $\frac{1}{3} \cdot \frac{1}{4} \cdot G \cdot \frac{1}{2} \cdot h = \frac{1}{8} \cdot \frac{1}{3} \cdot G \cdot h$.

C Die beiden Prismen haben je eine gleichschenklig-rechtwinklige, dreieckige Grundfläche mit dem Inhalt $\frac{1}{8} \cdot G$. Ihre Höhe beträgt $\frac{1}{2} \cdot h$. Das Volumen der zwei Prismen beträgt zusammen $2 \cdot \frac{1}{8} \cdot G \cdot \frac{1}{2} \cdot h = \frac{1}{8} \cdot G \cdot h$.

D Volumen der zwei kleinen Pyramiden:
$2 \cdot \frac{1}{8} \cdot \frac{1}{3} \cdot G \cdot h$

Volumen der zwei Prismen:
$\frac{1}{8} \cdot G \cdot h$

Volumen des kleinen Würfels:
$\frac{1}{4} \cdot G \cdot \frac{1}{2} \cdot h$

Summe der Körpervolumen:

$(2 \cdot \frac{1}{8} \cdot \frac{1}{3} \cdot G \cdot h) + (\frac{1}{8} \cdot G \cdot h) + (\frac{1}{4} \cdot G \cdot \frac{1}{2} \cdot h)$

$= \frac{1}{12} \cdot Gh + \frac{1}{8} \cdot Gh + \frac{1}{8} \cdot Gh$

$= \frac{8}{24} \cdot Gh$

$= \frac{1}{3} \cdot Gh$

6 A Von zehn Teikörpern ist einer ein Würfel, d. h. ein Quader, vier sind Prismen und fünf sind Pyramiden.

B Wenn man von einem Volumen $V = G \cdot h$ des grossen Würfels ausgeht, ergeben sich folgende Volumina für die Teilkörper:

Würfel	$\frac{V}{8}$
grosse Teilpyramide	$\frac{V}{24}$
1 Prisma	$\frac{V}{32}$
1 kleine Pyramide	$\frac{V}{96}$

C Die Grundfläche der kleinen Pyramide beträgt $\frac{1}{4} \cdot G$, die Höhe beträgt $\frac{1}{2} \cdot h$. Das Volumen der kleinen Pyramide beträgt also $\frac{1}{3} \cdot \frac{1}{4} \cdot G \cdot \frac{1}{2} \cdot h = \frac{1}{8} \cdot \frac{1}{3} \cdot G \cdot h$.

D Die vier Eckteile sind ebenfalls Pyramiden. Ihre Grundfläche beträgt $\frac{1}{16} \cdot G$, die Höhe beträgt $\frac{1}{2} \cdot h$. Das Volumen der vier Eckteile beträgt also zusammen $4 \cdot \frac{1}{3} \cdot \frac{1}{16} \cdot G \cdot \frac{1}{2} \cdot h = \frac{1}{8} \cdot \frac{1}{3} \cdot G \cdot h$.

E Das Volumen des kleinen Würfels beträgt $W = \frac{1}{4} \cdot G \cdot \frac{1}{2} \cdot h$. Die vier Keile sind Prismen. Ihre gleichschenklig-rechtwinklige Grundfläche beträgt je $\frac{1}{16} \cdot G$. Ihre Höhe beträgt $\frac{1}{2} \cdot h$. Das Volumen der vier Prismen beträgt zusammen $4 \cdot \frac{1}{16} \cdot G \cdot \frac{1}{2} \cdot h = \frac{1}{8} \cdot G \cdot h$.

F

Würfel	$\frac{V}{8}$
grosse Teilpyramide	$\frac{V}{24}$
1 Prisma	$\frac{V}{32}$
1 kleine Pyramide	$\frac{V}{96}$
Summe	$\frac{V}{8} + \frac{V}{24} + \frac{V}{8} + \frac{V}{24} = \frac{V}{3}$

7

a [cm]	k [cm]	Dreieckshöhe h_D [cm]	Körperhöhe h_K [cm]	Mantelfläche M [cm²]	Volumen V [cm³]
12	10	8	5,3	192	254
14	12	9,75	6,78	273	443
16	14	11,49	8,25	368	704
20	20	17,32	14,14	693	1 886
25	25	21,65	17,68	1 083	3 683
30	30	25,98	21,21	1 559	6 364
40	40	34,64	28,28	2 771	15 085

8

	s [cm]	α [°]	b [cm]	r [cm]	Grundfläche [cm²]	h [cm]	Mantelfläche [cm²]	Volumen [cm³]
A	5,00	180	15,71	2,50	19,63	4,33	39,27	28,33
B	5,00	240	20,94	3,33	34,91	3,73	52,36	43,40
C	5,00	300	26,18	4,17	54,63	2,76	65,45	50,24
D	5,00	320	27,93	4,45	62,21	2,28	69,81	47,27
E	6,00	180	18,85	3,00	28,25	5,20	56,55	48,97
F	6,00	240	25,13	4,00	50,29	4,47	75,40	74,93
G	6,00	300	31,41	5,00	78,46	3,32	94,23	86,83
H	6,00	320	33,51	5,33	89,25	2,75	100,5	81,88
I	7,00	200	24,43	3,89	47,54	5,82	85,52	92,22
K	7,00	240	29,34	4,67	68,51	5,21	102,63	119,1
L	7,00	280	34,21	5,44	93,12	4,45	119,73	138,3
M	7,00	320	39,10	6,22	121,5	3,21	136,83	130,1
N	–	–	31,42	5	–	–	–	–

O Bei allen Aufgaben mit mehr als zwei Angaben, also bei den Aufgaben A, B, C, E, F, G, H

P Bei Aufgabe N. Im Prinzip genügen zwar zwei Angaben dafür, dass alle anderen Grössen berechnet werden können; aber die zwei Angaben müssten dann voneinander unabhängig sein, d. h. sie dürfen nicht so gewählt sein, dass die eine der Angaben aus der anderen berechnet werden kann.

9

α [°]	r [cm]	h [cm]	V [cm³]
60	1,67	9,86	28,8
90	2,50	9,68	63,4
120	3,33	9,43	109,7
150	4,17	9,09	165,3
180	5,00	8,67	226,7
210	5,83	8,12	289,4
240	6,67	7,45	346,9
270	7,50	6,61	389,6
300	8,33	5,53	402,0
330	9,17	4,00	351,7

Bei $\alpha \approx 300°$ hat der Kegel das grösste Volumen.

10 A 294°

B

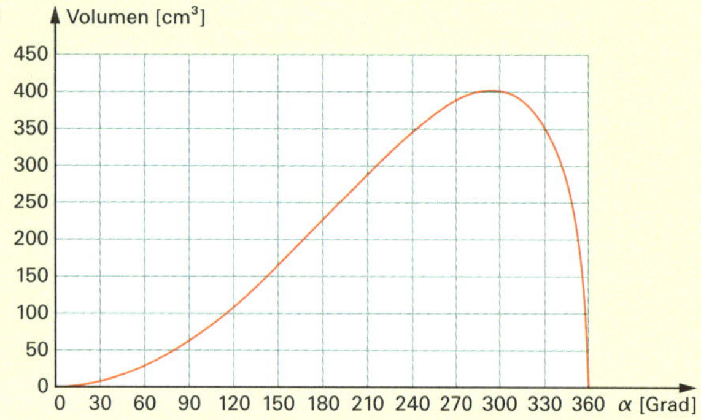

11 A Dreht der Kegel um die Kathete b, ist das Volumen $V = 261{,}80$ cm³.
Dreht der Kegel um die Kathete a, ist das Volumen $V = 523{,}60$ cm³.
Dies bedeutet ein Verhältnis der Volumen von 1 : 2.

B Nein, die beiden Mantelflächen sind nicht gleich.
Ihre Grösse hängt nicht allein von der Länge der Mantellinie s (hier «c» genannt) ab, sondern auch vom Umfang u der kreisförmigen Grundfläche. Diese ist vom Radius r abhängig. Da beim zweiten Kegel r (und damit auch u) doppelt so gross ist wie beim ersten Kegel, ist auch die zweite Mantelfläche doppelt so gross wie die erste.

C Die Mantelfläche ist beim zweiten Kegel doppelt so gross wie beim ersten, die Grundfläche viermal so gross wie beim ersten Kegel. Daraus kann man abschätzen, dass die Oberfläche des zweiten Kegels vielleicht etwa dreimal so gross ist wie die des ersten.
Die exakte Berechnung der beiden Oberflächen (≈ 255 cm² bzw. ≈ 665 cm²) führt in diesem Fall auf ein Oberflächenverhältnis von 1 : 2,6.

12 A $V \approx 234{,}16$ cm³

B Das Volumen bleibt konstant bei $V \approx 234{,}16$ cm³.

S. 87–92

15 Algebraisch gesagt

1 A

Situation 1

x	100	200	300	1 000
y	150	250	350	1050

Situation 2

x	1 000	2 000	3 000	5 000
y	20	40	60	100

Situation 3

x	2	5	10	20
y	48	45	40	30

Situation 4

x	2	5	10	25
y	25	10	5	2

B

		Situation 1	Situation 2	Situation 3	Situation 4
Funktionsgleichung 1	$y = x + 50$	☒	☐	☐	☐
Funktionsgleichung 2	$y = 50 + x$	☒	☐	☐	☐
Funktionsgleichung 3	$y = 50x$	☐	☐	☐	☐
Funktionsgleichung 4	$y = x \cdot 50$	☐	☐	☐	☐
Funktionsgleichung 5	$y = 50 : x$	☐	☐	☐	☒
Funktionsgleichung 6	$y = x : 50$	☐	☒	☐	☐
Funktionsgleichung 7	$y = 50 - x$	☐	☐	☒	☐
Funktionsgleichung 8	$y = x - 50$	☐	☐	☐	☐

C $y = 50x$ und $y = x \cdot 50$: Ein Verein hat x Mitglieder. Jedes Mitglied zahlt 50 Franken als Jahresbeitrag. Die Summe der Einnahmen aus Mitgliederbeiträgen wird mit y bezeichnet.

$y = x - 50$: Eine Gruppe besteht anfänglich aus x Personen. Dann aber verlassen 50 Personen die Gruppe. Die Gruppe besteht nachher nur noch aus y Personen.

2

Gleichung 1	Graph 3
Gleichung 2	Graph 3
Gleichung 3	Graph 5
Gleichung 4	Graph 5
Gleichung 5	kein Graph
Gleichung 6	Graph 6
Gleichung 7	Graph 2
Gleichung 8	Graph 1

3 A

	Kosten bei 10 Jugendlichen		Kosten bei 30 Jugendlichen	
	Gesamtkosten	**Kosten pro Person**	**Gesamtkosten**	**Kosten pro Person**
Posten 1	485.00	48.50	855.00	28.50
Posten 2	1 575.00	157.50	1 725.00	57.50
Posten 3	45.00 + 12.00 = 57.00	5.70	45.00 + 36.00 = 81.00	2.70
Posten 4	55.00	5.50	165.00	5.50
Posten 5	100.00	10.00	300.00	10.00
Posten 6	157.00	15.70	271.00	9.03

B

	Kosten bei x Jugendlichen	
	Gesamtkosten	**Kosten pro Person**
Posten 1	$18.50x + 300.00$	$18.50 + \frac{300.00}{x}$
Posten 2	$1500.00 + 5 \cdot 1.50x$	$\frac{1500.00}{x} + 5 \cdot 1.50$
Posten 3	$45.00 + x \cdot 1.20$	$\frac{45.00 + x \cdot 1.20}{x}$
Posten 4	$5.50x$	5.50
Posten 5	$\frac{20.00x}{2}$	$\frac{20.00}{2}$
Posten 6	$100.00 + 5.70x$	$\frac{100.00}{x} + 5.70$

Die Gesamtkosten werden in jedem Fall höher, wenn die Teilnehmerzahl grösser wird. Die Kosten pro Person bleiben bei Posten 4 und 5 gleich. Bei Posten 1, 2, 3 und 6 werden sie kleiner, weil die Pauschale jeweils durch mehr Personen geteilt wird.

4 A

		Insgesamt	Pro Person
Reise	Zugfahrt	$20 \cdot 26.80 = 536.00$	26.80
	Bus	360.00	$\frac{360}{20} = 18.00$
Unterkunft	Haus	900.00	$\frac{900}{20} = 45.00$
	Kurtaxe	$20 \cdot 6.00 = 120.00$	6.00
Verpflegung		$20 \cdot 37.50 = 750.00$	37.50
Aktivitäten	Kletterpark	$20 \cdot 15.00 = 300.00$	15.00
	Hallenbad	$20 \cdot 4.50 = 90.00$	4.50
Total Ausgaben		$20 \cdot 152.80 = 3\,056.00$	152.80
Beiträge	Gemeinde	300.00	$\frac{300}{20} = 15.00$
	J + S	$20 \cdot 30.00 = 600.00$	30.00
	Papiersammeln	150.00	$\frac{150}{20} = 7.50$
Total Einnahmen		$20 \cdot 52.50 = 1\,050.00$	52.50
GESAMTTOTAL		2 006.00	100.30

B

		Insgesamt	Pro Person
Reise	Zugfahrt	$x \cdot 26.80$	26.80
	Bus	360.00	$\frac{360}{x}$
Unterkunft	Haus	900.00	$\frac{900}{x}$
	Kurtaxe	$x \cdot 6.00$	6.00
Verpflegung		$x \cdot 37.50$	37.50
Aktivitäten	Kletterpark	$x \cdot 15.00$	15.00
	Hallenbad	$x \cdot 4.50$	4.50
Total Ausgaben		$1\,260.00 + x \cdot 89.80$	$\frac{1\,260}{x} + 89.80$
Beiträge	Gemeinde	300.00	$\frac{300}{x}$
	J + S	$x \cdot 30.00$	30.00
	Papiersammeln	150.00	$\frac{150}{x}$
Total Einnahmen		$450.00 + x \cdot 30$	$\frac{450}{x} + 30$
GESAMTTOTAL		$1\,260.00 - 450.00 + (89.80x - 30.00x) = 810.00 + 59.80x$	$\frac{1\,260}{x} - \frac{450}{x} + (89.80 - 30.00) = \frac{810}{x} + 59.80$

5 Individuelle Lösungen

6 A Ab 18 Personen
B Ab 32 Schülerinnen und Schülern
C Ab 16 Teilnehmern

S. 93–96 **16 Lohn und Steuern**

1 A CHF 3 146.65
B CHF 1 331.85
C CHF 611.00

2 A CHF 1 549.00
B CHF 1 146.26
C CHF 236.34
D CHF 2 931.60

3 A CHF 90.00
B CHF 67.50
C CHF 56.25
D CHF 48.75

4 Für die Lösung empfiehlt sich eine Tabellenkalkulation in folgender Form:

	A	B	C	D
1	monatlicher Betrag	Zinssatz [%]	Vergangene Zeit [Jahre]	Betrag inkl. Zinsen [CHF]
2	300	3	0	0
3			1	=D2+(12*$A$2)*(100+$B$2)%
4			2	=D3+(12*$A$2)*(100+$B$2)%
5			3	=D4+(12*$A$2)*(100+$B$2)%
6			4	=D5+(12*$A$2)*(100+$B$2)%
7			5	=D6+(12*$A$2)*(100+$B$2)%

5 A CHF 24 000.00
B CHF 7 500.00
C CHF 2 000.00 bzw. CHF 625.00
D Mögliche Lösung:
Bei 2,0 % wären es CHF 6 000.00 im Jahr und CHF 500.00 im Monat.
Bei 2,1 % wären es CHF 6 300.00 im Jahr und CHF 525.00 im Monat.
Bei 2,2 % wären es CHF 6 600.00 im Jahr und CHF 550.00 im Monat.

6 A CHF 20 160.00
B CHF 1 680.00

7 A CHF 1 060.00
B Die monatlichen Zinskosten im Jahr 1990 betrugen CHF 2 473.35.
Im Jahr 2004 bezahlte man also 1 413.35 Franken weniger als im Jahr 1990.

S. 97–102 17 Wachstum: linear, quadratisch und exponentiell

1 A

Radius r	10	10	10	10	10	10	10	10
Höhe h	1	2	3	4	5	10	20	100
Volumen V	300	600	900	1 200	1 500	3 000	6 000	30 000

B

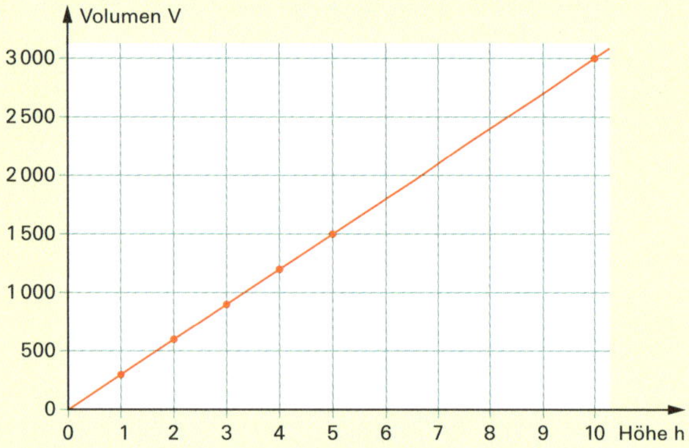

C Lineare Funktion

2 A

Höhe h	10	10	10	10	10	10	10	10
Radius r	1	2	3	4	5	10	20	100
Volumen V	30	120	270	480	750	3 000	12 000	300 000

B

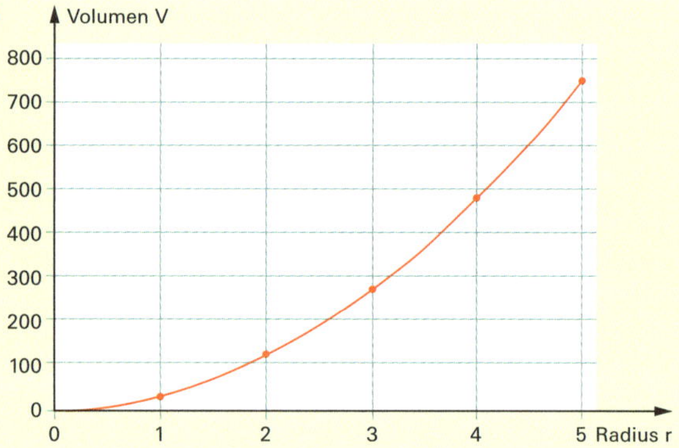

C Quadratische Funktion

3 A

Anzahl Faltungen (n)	0	1	2	3	4	5
Anzahl Schichten (s)	1	2	4	8	16	32
Höhe aller Schichten (h) [mm]	0,1	0,2	0,4	0,8	1,6	3,2

B Etwa 100 mm nach 10 Faltungen, etwa 100 000 mm = 100 m nach 20 Faltungen
C etwa 42 Faltungen
D etwa 50 Faltungen

4 A

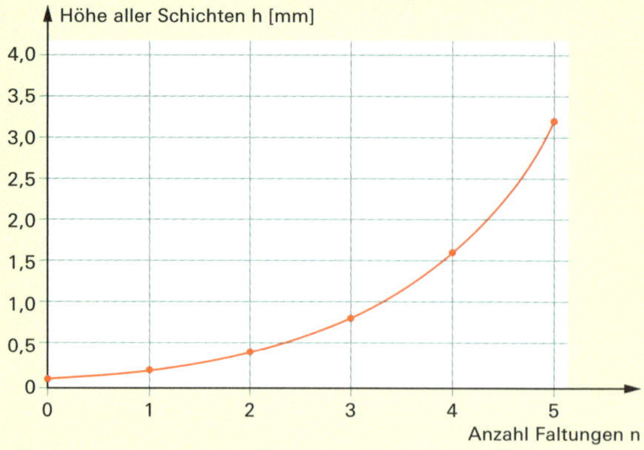

B $s = 2^n$
C $h = \frac{2^n}{10}$ mm

5 A

	2000	2001	2002	2003	2004	2005	2006
Laufzeit [Jahre]	0	1	2	3	4	5	6
Zins bei 2,5 % [CHF]	0	25	25.60	26.30	26.90	27.60	28.30
Wert [CHF]	1 000	1 025	1 050.60	1 076.90	1 103.80	1 131.40	1 159.70

B Nach etwa 28,5 Jahren, also etwa Mitte 2028

6 A CHF 2 653.30
B Nach etwa 14,5 Jahren, also etwa Mitte 2014

7 A

Zinssatz p	1 %	2 %	3 %	3,5 %	4 %	5 %	7 %
Verdoppelungszeit [Jahre] ≈	70	35	24	21	18	15	11

B Die Übereinstimmung ist gut – die durchschnittlichen Abweichungen liegen in der Grössenordnung eines halben Jahres.
C Individuelle Lösungen

8 A 2012: 7,08 Milliarden
2013: 7,16 Milliarden
2014: 7,24 Milliarden
2015: 7,33 Milliarden

B 2010: 6,92 Milliarden
2009: 6,84 Milliarden
2008: 6,76 Milliarden

9 A 2015: 7,3 Milliarden
2020: 7,6 Milliarden
2030: 8,2 Milliarden
2040: 8,9 Milliarden
2050: 9,6 Milliarden

B Faustregel: $\frac{70}{0,8} = 87,5$
d. h. etwa 85 bis 90 Jahre nach 2015, also in den Jahren 2100 bis 2105

10

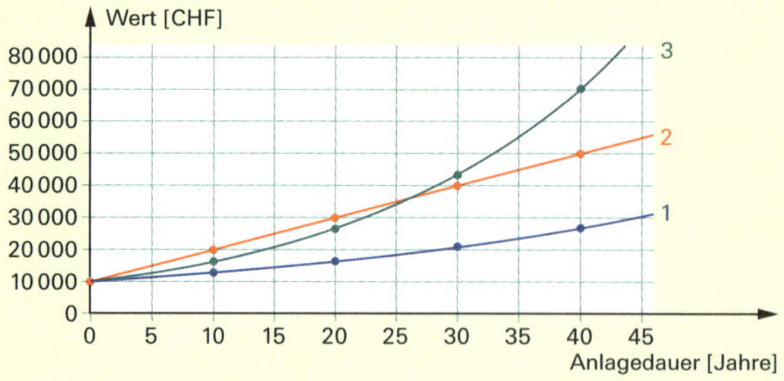

11 A

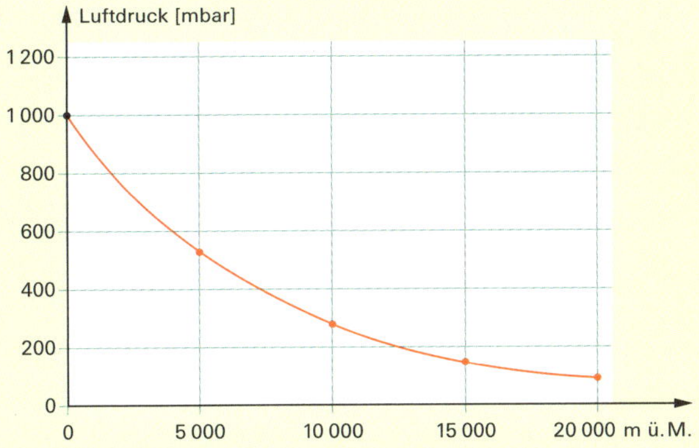

B auf ca. 12 000 m ü. M.

C Säntis: 726 mbar
Mont Blanc: 563 mbar
Mount Everest: 325 mbar

D etwa alle 5 000 m

12 A **Graph 1** (x-Achse: Zeit; y-Achse: Anzahl Bakterien)
B **Graph 3** (x-Achse: Zeit; y-Achse: Geschwindigkeit)
C **Graph 4** (x-Achse: Zeit; y-Achse: Temperatur)
D **Graph 6** (x-Achse: Zeit; y-Achse: Temperatur)
E **Graph 5** (x-Achse: Zeit; y-Achse: Geschwindigkeit)
F **Graph 10** (x-Achse: Anzahl Instrumente; y-Achse: Lautstärke)
G **Graph 8** (x-Achse: Anzahl Tage; y-Achse: Wert der Aktien)
H **Graph 1** (x-Achse: Zeit; y-Achse: Anzahl Neuerkrankungen)
I **Graph 7** (x-Achse: Zeit; y-Achse: Anzahl Personen)

Mögliche Situationen für die anderen Graphen:

Graph 2
exponentielles Wachstum, z. B. Anwachsen einer Mäusepopulation ohne Feinde

Graph 9
exponentielles Wachstum mit Start bei nahezu Null, z. B. Anwachsen des Weizenkorn-Berges in der Schachlegende aus dem Schulbuch

Graph 11
exponentielles Wachstum, z. B. Anwachsen des Schuldenbergs – einmal bei höheren, einmal bei niedrigerem Zinssatz

Graph 12
exponentieller Zerfall, z. B. radioaktiver Zerfall

S. 103–108 18 Roulette und Zahlenlotto

1 A Individuelle Lösungen
B Individuelle Lösungen
C Mögliche Lösung:
Theoretisch sind im Durchschnitt auf je 56 Versuche zu erwarten:
1 Dreier, 15 Zweier, 30 Einer und 10 Nuller.
Vorschlag: Auf je 56 Franken Einnahmen der Bank sollen ausbezahlt werden:
- CHF 15.00 für den einzigen zu erwartenden Dreier
- je CHF 2.00 für die 15 zu erwartenden Zweier

So zahlt die Spielbank im Durchschnitt von CHF 56.00 Einnahmen CHF 45.00 wieder zurück.
D Individuelle Lösungen

2 A 56
B 1 : 56
C 2 : 56, 3 : 56, 4 : 56, …

3 A

101	102	103	104	105	106	107	108	109	110
111	112	113	114	115	116	117	118	119	120
121	122	**123**	**124**	**125**	**126**	**127**	**128**	129	130
131	132	133	**134**	**135**	**136**	**137**	**138**	139	140
141	142	143	144	**145**	**146**	**147**	**148**	149	150
151	152	153	154	155	**156**	**157**	**158**	159	160
161	162	163	164	165	166	**167**	**168**	169	170
171	172	173	174	175	176	177	**178**	179	180
181	182	183	184	185	186	187	188	189	190
191	192	193	194	195	196	197	198	199	200

201	202	203	204	205	206	207	208	209	210
211	212	213	214	215	216	217	218	219	220
221	222	223	224	225	226	227	228	229	230
231	232	233	**234**	**235**	**236**	**237**	**238**	239	240
241	242	243	244	**245**	**246**	**247**	**248**	249	250
251	252	253	254	255	**256**	**257**	**258**	259	260
261	262	263	264	265	266	**267**	**268**	269	270
271	272	273	274	275	276	277	**278**	279	280
281	282	283	284	285	286	287	288	289	290
291	292	293	294	295	296	297	298	299	300

301	302	303	304	305	306	307	308	309	310
311	312	313	314	315	316	317	318	319	320
321	322	323	324	325	326	327	328	329	330
331	332	333	334	335	336	337	338	339	340
341	342	343	344	**345**	**346**	**347**	**348**	349	350
351	352	353	354	355	**356**	**357**	**358**	359	360
361	362	363	364	365	366	**367**	**368**	369	370
371	372	373	374	375	376	377	**378**	379	380
381	382	383	384	385	386	387	388	389	390
391	392	393	394	395	396	397	398	399	400

401	402	403	404	405	406	407	408	409	410
411	412	413	414	415	416	417	418	419	420
421	422	423	424	425	426	427	428	429	430
431	432	433	434	435	436	437	438	439	440
441	442	443	444	445	446	447	448	449	450
451	452	453	454	455	**456**	**457**	**458**	459	460
461	462	463	464	465	466	**467**	**468**	469	470
471	472	473	474	475	476	477	**478**	479	480
481	482	483	484	485	486	487	488	489	490
491	492	493	494	495	496	497	498	499	500

501	502	503	504	505	506	507	508	509	510
511	512	513	514	515	516	517	518	519	520
521	522	523	524	525	526	527	528	529	530
531	532	533	534	535	536	537	538	539	540
541	542	543	544	545	546	547	548	549	550
551	552	553	554	555	556	557	558	559	560
561	562	563	564	565	566	**567**	**568**	569	570
571	572	573	574	575	576	577	**578**	579	580
581	582	583	584	585	586	587	588	589	590
591	592	593	594	595	596	597	598	599	600

601	602	603	604	605	606	607	608	609	610
611	612	613	614	615	616	617	618	619	620
621	622	623	624	625	626	627	628	629	630
631	632	633	634	635	636	637	638	639	640
641	642	643	644	645	646	647	648	649	650
651	652	653	654	655	656	657	658	659	660
661	662	663	664	665	666	667	668	669	670
671	672	673	674	675	676	677	**678**	679	680
681	682	683	684	685	686	687	688	689	690
691	692	693	694	695	696	697	698	699	700

B 56

C Untenstehend sind die 10 Möglichkeiten bei 3 aus 5 analog eingefärbt.

101	102	103	104	105	106	107	108	109	110
111	112	113	114	115	116	117	118	119	120
121	122	**123**	**124**	**125**	126	127	128	129	130
131	132	133	**134**	**135**	136	137	138	139	140
141	142	143	144	**145**	146	147	148	149	150
151	152	153	154	155	156	157	158	159	160
161	162	163	164	165	166	167	168	169	170
171	172	173	174	175	176	177	178	179	180
181	182	183	184	185	186	187	188	189	190
191	192	193	194	195	196	197	198	199	200

201	202	203	204	205	206	207	208	209	210
211	212	213	214	215	216	217	218	219	220
221	222	223	224	225	226	227	228	229	230
231	232	233	**234**	**235**	236	237	238	239	240
241	242	243	244	**245**	246	247	248	249	250
251	252	253	254	255	256	257	258	259	260
261	262	263	264	265	266	267	268	269	270
271	272	273	274	275	276	277	278	279	280
281	282	283	284	285	286	287	288	289	290
291	292	293	294	295	296	297	298	299	300

301	302	303	304	305	306	307	308	309	310
311	312	313	314	315	316	317	318	319	320
321	322	323	324	325	326	327	328	329	330
331	332	333	334	335	336	337	338	339	340
341	342	343	344	**345**	346	347	348	349	350
351	352	353	354	355	356	357	358	359	360
361	362	363	364	365	366	367	368	369	370
371	372	373	374	375	376	377	378	379	380
381	382	383	384	385	386	387	388	389	390
391	392	393	394	395	396	397	398	399	400

4 A 56
B 336
C 512
D 56
E 336
F 120

5 A **Wert des Bruchs**
5 245 786

Wert des Zählers
3 776 965 920
(Anzahl der 6er-Variationen aus 42 Elementen)

Wert des Nenners
720
(Anzahl der jeweils gleichwertigen Variationen, z. B. 1, 2, 3, 4, 5, 6 entspricht 2, 3, 4, 5, 6, 1 …)

B **Anzahl möglicher Tipps**

	… aus 10	… aus 20	… aus 30	… aus 40	… aus 45	… aus 50
3	120	1 140	4 060	9 880	14 190	19 600
4	210	4 845	27 405	91 390	148 995	230 300
5	252	15 504	142 506	658 008	1 221 759	2 118 760
6	210	38 760	593 775	3 838 380	8 145 060	15 890 700
7	120	77 520	2 035 800	18 643 560	45 379 620	99 884 400

6

System	Zahlenterm
5 aus 35	$\frac{35 \cdot 34 \cdot 33 \cdot 32 \cdot 31}{1 \cdot 2 \cdot 3 \cdot 4 \cdot 5}$
6 aus 30	$\frac{30 \cdot 29 \cdot 28 \cdot 27 \cdot 26 \cdot 25}{1 \cdot 2 \cdot 3 \cdot 4 \cdot 5 \cdot 6}$
6 aus 42	$\frac{42 \cdot 41 \cdot 40 \cdot 39 \cdot 38 \cdot 37}{1 \cdot 2 \cdot 3 \cdot 4 \cdot 5 \cdot 6}$
7 aus 35	$\frac{35 \cdot 34 \cdot 33 \cdot 32 \cdot 31 \cdot 30 \cdot 29}{1 \cdot 2 \cdot 3 \cdot 4 \cdot 5 \cdot 6 \cdot 7}$
6 aus 45	$\frac{45 \cdot 44 \cdot 43 \cdot 42 \cdot 41 \cdot 40}{1 \cdot 2 \cdot 3 \cdot 4 \cdot 5 \cdot 6}$
6 aus 49	$\frac{49 \cdot 48 \cdot 47 \cdot 46 \cdot 45 \cdot 44}{1 \cdot 2 \cdot 3 \cdot 4 \cdot 5 \cdot 6}$
5 aus 49 plus 1 aus 10	$\frac{49 \cdot 48 \cdot 47 \cdot 46 \cdot 45}{1 \cdot 2 \cdot 3 \cdot 4 \cdot 5} \cdot 10$
6 aus 42 plus 1 aus 6	$\frac{42 \cdot 41 \cdot 40 \cdot 39 \cdot 38 \cdot 37}{1 \cdot 2 \cdot 3 \cdot 4 \cdot 5 \cdot 6} \cdot 6$
5 aus 90	$\frac{90 \cdot 89 \cdot 88 \cdot 87 \cdot 86}{1 \cdot 2 \cdot 3 \cdot 4 \cdot 5}$
6 aus 45 plus 1 aus 6	$\frac{45 \cdot 44 \cdot 43 \cdot 42 \cdot 41 \cdot 40}{1 \cdot 2 \cdot 3 \cdot 4 \cdot 5 \cdot 6} \cdot 6$
5 aus 50 plus 2 aus 8	$\frac{50 \cdot 49 \cdot 48 \cdot 47 \cdot 46}{1 \cdot 2 \cdot 3 \cdot 4 \cdot 5} \cdot 28$
5 aus 50 plus 2 aus 9	$\frac{50 \cdot 49 \cdot 48 \cdot 47 \cdot 46}{1 \cdot 2 \cdot 3 \cdot 4 \cdot 5} \cdot 36$
5 aus 50 plus 2 aus 11	$\frac{50 \cdot 49 \cdot 48 \cdot 47 \cdot 46}{1 \cdot 2 \cdot 3 \cdot 4 \cdot 5} \cdot 55$
6 aus 49 plus 1 aus 10	$\frac{49 \cdot 48 \cdot 47 \cdot 46 \cdot 45 \cdot 44}{1 \cdot 2 \cdot 3 \cdot 4 \cdot 5 \cdot 6} \cdot 10$
5 aus 59 plus 1 aus 35	$\frac{59 \cdot 58 \cdot 57 \cdot 56 \cdot 55}{1 \cdot 2 \cdot 3 \cdot 4 \cdot 5} \cdot 35$
5 aus 56 plus 1 aus 46	$\frac{56 \cdot 55 \cdot 54 \cdot 53 \cdot 52}{1 \cdot 2 \cdot 3 \cdot 4 \cdot 5} \cdot 46$
6 aus 90	$\frac{90 \cdot 89 \cdot 88 \cdot 87 \cdot 86 \cdot 85}{1 \cdot 2 \cdot 3 \cdot 4 \cdot 5 \cdot 6}$

7 Individuelle Lösungen

8 Individuelle Lösungen

9 In Wirklichkeit sind es in der Regel weniger Ziehungen als hier angegeben.
Grund: Bei grossem Jackpot gibt es mehr Tipps je Ziehung.

Rang	Ziehungen ohne Sechser
1	78
2	42
3	41
4	41
5	39
6	36
7	32
8	31
9	29
10	28

10 A Im Zähler steht, wie viele Möglichkeiten es gibt, 6 verschiedene Zahlen zu ziehen.
Im Nenner steht, wie viele Möglichkeiten es gibt, 6 Zahlen zu ziehen, wenn die Zahlen mehrmals gezogen werden können (mit Zurücklegen).

B $\frac{6 \cdot 5 \cdot 4}{6^3} = \frac{5}{9} = 0{,}5\,555\ \ldots$

C $\frac{12 \cdot 11 \cdot 10 \cdot 9 \cdot 8}{12^5} = \frac{55}{144} = 0{,}38\,194\,444\ \ldots$

D $\frac{1}{4}$ (In Spiel 1 können alle 4 Personen gewinnen.)

E $\frac{1}{12}$

F $1 - \frac{365 \cdot 364 \cdot 363 \cdot \ldots \cdot 346}{365^{20}} = 41{,}14\,\%$.
Bei 23 Personen ist die Wahrscheinlichkeit bereits über 50 %.

11 $\frac{39}{45} = 0{,}86\,666\ \ldots$ ist die Wahrscheinlichkeit, dass die 37 in einer Ziehung nicht gezogen wird.
Dann ist die entsprechende Wahrscheinlichkeit für 64 aufeinanderfolgende Ziehungen $\left(\frac{39}{45}\right)^{64} = 0{,}0\,001\,053\ \ldots$, also ungefähr 0,01 % oder etwa 1 : 10 000.

S. 109–114 **19** **Gleichungssysteme**

1 A $y = -\frac{5}{3}x - \frac{4}{3}$

B $a = -\frac{5}{3}$ $b = -\frac{4}{3}$

C $y = -\frac{A}{B}x - \frac{C}{B}$

D $3x - 4y + 24 = 0$

2 A g_1 $y = -\frac{4}{3}x - 4$

g_2 $y = \frac{2}{5}x + 2$

B g_1 $4x + 3y + 12 = 0$

g_2 $2x - 5y + 10 = 0$

C Mögliche Lösung:
- Aus einem Steigungsdreieck die Steigung a herauslesen
- Den Achsenabschnitt b auf der y-Achse herauslesen
- Eine Gleichung mit der Form $y = ax + b$ formulieren
- Diese Gleichung mit dem kleinsten gemeinsamen Vielfachen der Nenner multiplizieren und dann auf die Form $Ax + By + C = 0$ bringen

D Die exakten Koordinaten des Schnittpunkts heissen $\left(-\frac{45}{13} / \frac{8}{13}\right)$

3 A **g_1** $y = \frac{1}{3}x - 5$

g_2 $y = -x + 5$

g_3 $y = 3x + 9$

B A(−1/6)

B(7,5/−2,5)

C($-\frac{21}{4}$/$-\frac{27}{4}$)

4 A $y = 0{,}5x + 1$

B Mögliche Lösung:
$y = x - 2$

C

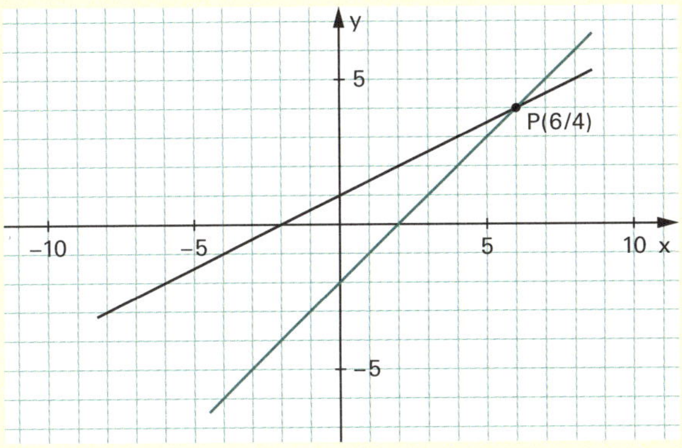

5 A Mögliche Lösung:

g_1 $y = x + 1$

g_2 $y = -x + 5$

B

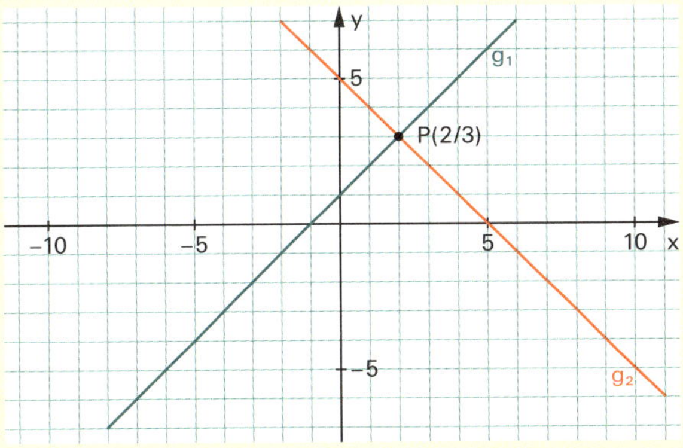

6 A $a = 0{,}5$
$b = 2$

B Mögliche Lösung:
Steigung der Geraden: $a = \frac{y_2 - y_1}{x_2 - x_1} = \frac{8-4}{12-4} = \frac{4}{8} = \frac{1}{2} = 0{,}5$

Also lautet die Gleichung vorläufig: $y = 0{,}5x + b$
b ist noch zu bestimmen, zum Beispiel durch Einsetzen der Koordinaten (4/4) des Punktes A in die Gleichung:
$y = 0{,}5x + b \longrightarrow 4 = 0{,}5 \cdot 4 + b \longrightarrow b = 2$

C $x - 2y + 4 = 0$

7 A (1) $y = 1{,}4x + 2{,}5$
(2) $y = 1{,}6x - 1{,}5$

B

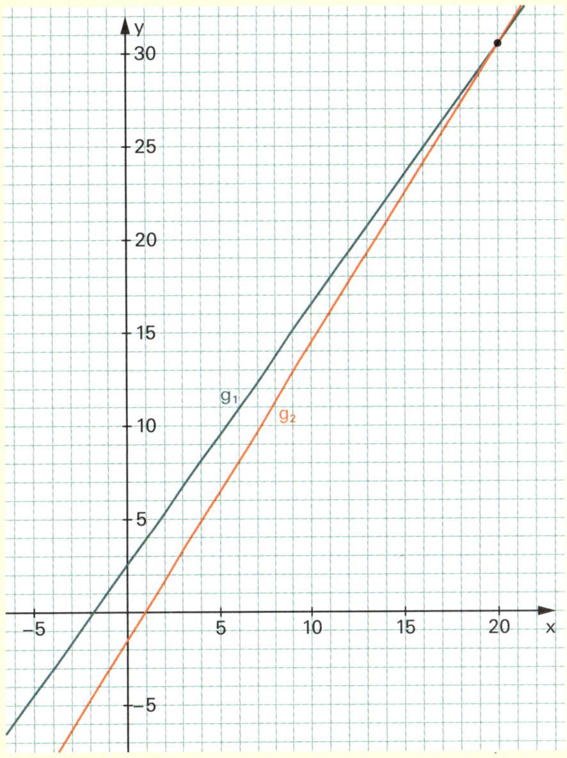

C Schnittpunkt: (20/30,5)
Die beiden Geraden verlaufen ähnlich steil, sind also nahezu parallel und schneiden sich dementsprechend in relativ grosser Entfernung vom Ursprung.

8 A Individuelle Lösungen

B (20/30,5) eingesetzt in (1) führt zu $1{,}4 \cdot 20 + 2{,}5 = 30{,}5$
⟶ Gleichung (1) erfüllt
(20/30,5) eingesetzt in (2) führt zu $1{,}6 \cdot 20 - 1{,}5 = 30{,}5$
⟶ Gleichung (2) erfüllt

C Die Kontrolle durch Einsetzen in beide Gleichungen liefert den Beweis, dass (20/30,5) der Schnittpunkt ist.

9 A $x = 5$ $y = 2$
B $x = -5$ $y = -3$
C $x = -2$ $y = 4$
D $x = 1$ $y = -4$

10 A Durch Umformen der beiden Gleichungen finde ich heraus, dass (1) und (2) aequivalent sind. Jedes der unendlich vielen Zahlenpaare, die Lösung der Gleichung (1) sind, ist auch Lösung der Gleichung (2).

B (1") $y = \frac{5}{3}x + \frac{2}{3}$

(2") $y = \frac{10}{6}x + \frac{4}{6} = \frac{5}{3}x + \frac{2}{3}$

Es handelt sich um nur eine Gerade.
Die Gerade geht z. B. durch die Punkte (0/$\frac{2}{3}$), ($-\frac{2}{5}$/0) oder (10/$\frac{52}{3}$)

11 A Das Gleichungssystem hat keine Lösung.

B Die beiden Geraden sind parallel, es gibt also keinen Schnittpunkt.

12 A Mögliche Lösung:

(1) $y = x + 1 \longleftrightarrow x - y + 1 = 0$

(2) $y = x + 2 \longleftrightarrow x - y + 2 = 0$

B Ich wähle zwei Gleichungen $y = ax + b$, die sich nur in b unterscheiden. So ist sichergestellt, dass die Steigungen gleich und nur die Achsenabschnitte verschieden sind.
Damit sind die beiden entsprechenden Geraden parallel und besitzen keinen Schnittpunkt. Dementsprechend hat das Gleichungssystem keine Lösung.

13 A (1) $y = x + 1$ (1') $x - y + 1 = 0$

(2) $x = y - 1$ (2') $-x + y - 1 = 0$

B Es sind nur dann unendlich viele Lösungen zu erwarten, wenn die beiden Gleichungen des Systems aequivalent sind. Aequivalent ist eine Gleichung zu einer anderen dann, wenn sie durch eine erlaubte Umformung aus der anderen hervorgeht.
Ich erfinde also eine einfache Gleichung und forme sie um, in diesem Beispiel durch Multiplikation der Gleichung mit dem Faktor (–1). Ich gewinne so eine Gleichung (2), die aequivalent zur Gleichung $y = x + 1$ ist.

14 $\frac{5}{6}$ und $\frac{25}{6}$

15 $-\frac{9}{20}$ und $\frac{28}{20}$

16 4,3 Liter à 5 % und 5,7 Liter à 40 %

17 90 Liter kaltes und 10 Liter heisses Wasser

18 15 Liter à 40 % und 10 Liter à 15 %

19 A $y = 1{,}8x + 32$

B 99 Grad F

C etwa –17,8 Grad C

D –40 Grad Fahrenheit entsprechen genau –40 Grad Celsius.

20 A 25 km/h

B stromabwärts: 33,333... km/h
stromaufwärts: 16,666... km/h

C 8,333... km/h

S. 115–120 20 Quadratische Funktion und Gleichung

1 A **Parabel 1** $y = x^2$

Parabel 2 $y = x^2 + 3$

Parabel 3 $y = x^2 - 5$

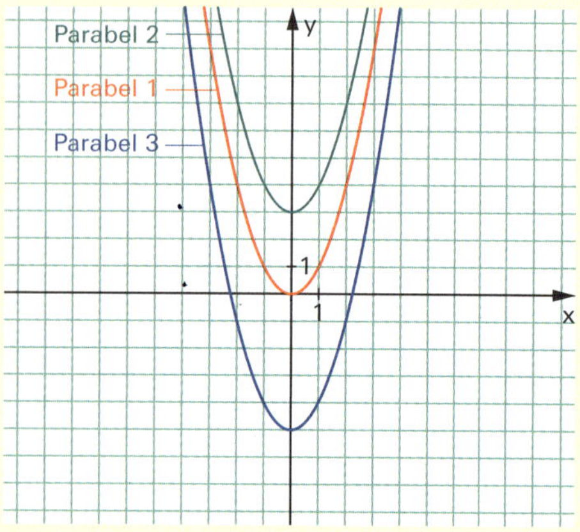

B Die Konstante v bewirkt eine Verschiebung des Scheitelpunktes der Parabel und der Parabel insgesamt um v Einheiten nach oben oder unten. Der Scheitelpunkt bleibt dabei auf der y-Achse.

2 A **Parabel 1** $y = x^2$

Parabel 2 $y = 2x^2$

Parabel 3 $y = 0{,}5x^2$

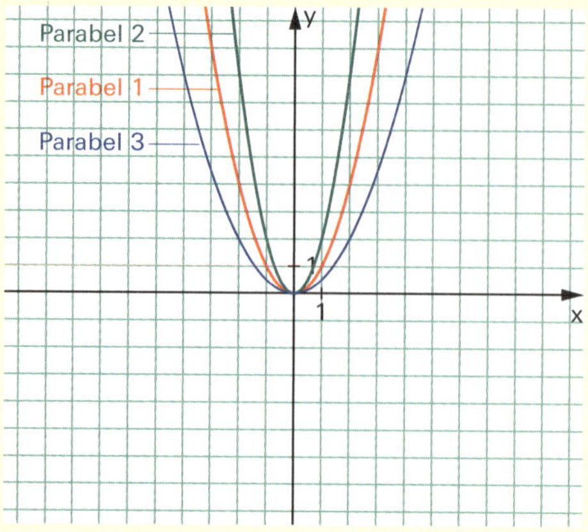

B Die Konstante a bewirkt, dass die Parabel breiter (für $a < 1$) oder schmaler (für $a > 1$) wird.

3 A **Parabel 1** $y = x^2$

Parabel 2 $y = (x - 2)^2$

Parabel 3 $y = (x + 3)^2$

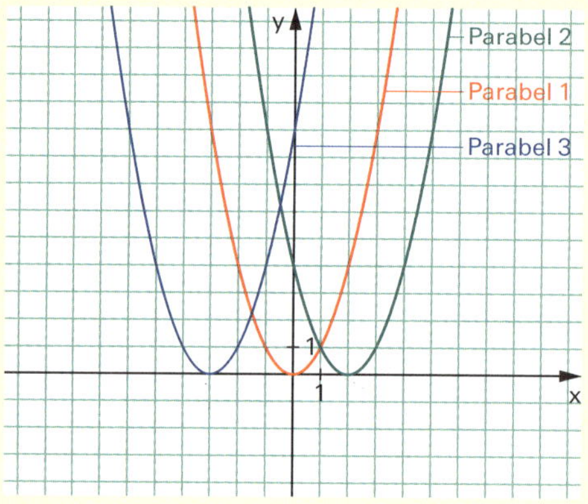

B u bewirkt eine Verschiebung des Scheitelpunktes der Parabel und der Parabel insgesamt um u Einheiten nach rechts oder links – je nachdem, ob u positiv oder negativ ist. Der Scheitelpunkt bleibt dabei auf der x-Achse.

4 $a = a$

$b = -2au$

$c = au^2 + v$

5 A

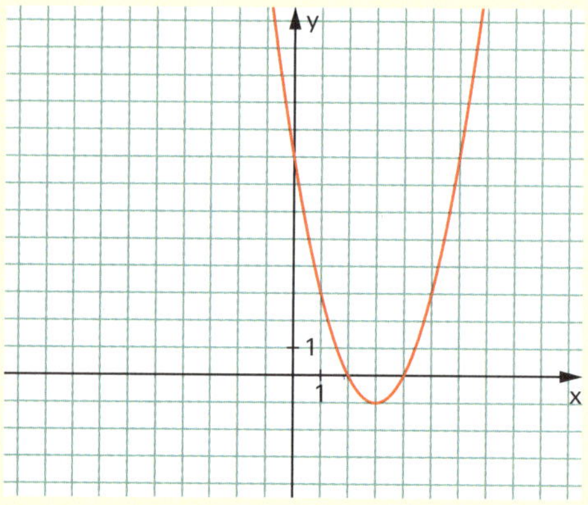

B (0/8)

C (6/8)

D (3/–1)

E (2/0) und (4/0)

6 A Zu Graph 1 passt Gleichung 1.
Zu Graph 2 passt Gleichung 5.
Zu Graph 3 passt Gleichung 4.
Zu Graph 6 passt Gleichung 2.

B Gleichung 3 passt zu keinem der vorgegebenen Graphen.

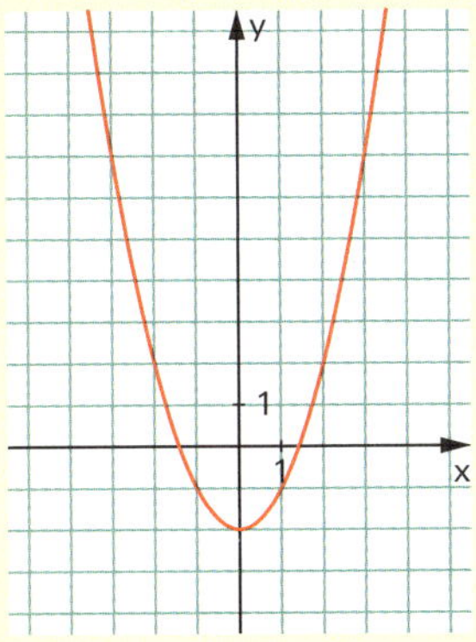

Graph 1

Gleichung 6 passt ebensowenig zu einem der vorgegebenen Graphen.

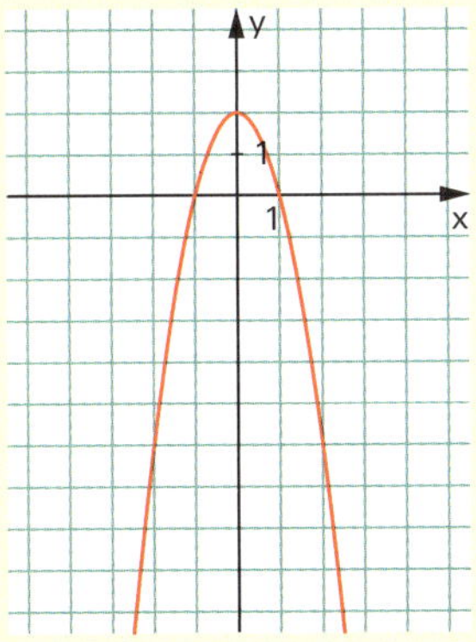

Graph 2

C Zu Graph 4 passt folgende Gleichung:
$y = 2x^2 - 10$
Zu Graph 5 passt folgende Gleichung:
$y = x^2 - 8x + 16$

7 A 3 und −3

B 4 und −4

C $\sqrt{10}$ und $-\sqrt{10}$

D $\sqrt{5}$ und $-\sqrt{5}$

E 0 und 8

F 7,1622 776 … und 0,8 377 223…

G $(4 + \sqrt{26})$ und $(4 - \sqrt{26})$

H 10 und −2

I $(-p + \sqrt{p^2 - q})$ und $(-p - \sqrt{p^2 - q})$

K $\frac{-b + \sqrt{b^2 - 4ac}}{2a}$ und $\frac{-b - \sqrt{b^2 - 4ac}}{2a}$

8 A

·	x	−2	
x	x^2	−2x	
−2	−2x	4	
			−3 + 4

B

·	x	4	
x	x^2	4x	
4	4x	16	
			−12 + 16

C

·	x	−1	
x	x^2	−x	
−1	−x	1	
			+15 + 1

9 A Individuelle Lösung

B
$$\begin{aligned} x^2 - 4x + 3 &= 0 \\ \longleftrightarrow\quad x^2 - 4x + 4 &= 1 \\ \longleftrightarrow\quad (x-2)^2 &= 1 \\ \longleftrightarrow\quad (x-2) &= \pm 1 \\ x_1 &= 3 \\ x_2 &= 1 \end{aligned}$$

C
$$\begin{aligned} x^2 + 8x + 12 &= 0 \\ \longleftrightarrow\quad x^2 + 8x + 16 &= 4 \\ \longleftrightarrow\quad (x+4)^2 &= 4 \\ \longleftrightarrow\quad (x+4) &= \pm 2 \\ x_1 &= -2 \\ x_2 &= -6 \end{aligned}$$

D
$$\begin{aligned} x^2 - 2x - 15 &= 0 \\ \longleftrightarrow\quad x^2 - 2x + 1 &= 16 \\ \longleftrightarrow\quad (x-1)^2 &= 16 \\ \longleftrightarrow\quad (x-1) &= \pm 4 \\ x_1 &= 5 \\ x_2 &= -3 \end{aligned}$$

10 A

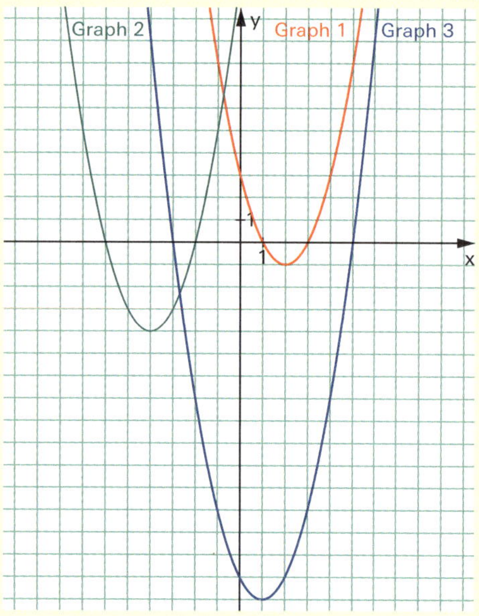

B **Graph 1** (3/0) und (1/0)
Graph 2 (–2/0) und (–6/0)
Graph 3 (5/0) und (–3/0)

C Die Nullstellen der Funktionen sind die Lösungen der Gleichungen.

11 $\frac{-b+\sqrt{b^2-4ac}}{2a}$ und $\frac{-b-\sqrt{b^2-4ac}}{2a}$

12 A x = 8 und 10
B x = 5 und –9
C x = –4 und –11
D x = –2

13 A $x = \frac{1}{2}$ und –3
B $x = \frac{1}{2}$ und $-\frac{3}{2}$
C $x = \frac{1}{2}$ und $\frac{1}{4}$
D $x = -\frac{1}{2}$ und $-\frac{2}{3}$

14 **Gleichung 1** hat keine Lösung.
x^2 kann nicht gleich –2 sein.
Gleichung 2 hat keine Lösung.
Es kann nicht die Wurzel aus einer negativen Zahl gezogen werden.
Gleichung 4 hat keine Lösung.
Es kann nicht die Wurzel aus einer negativen Zahl gezogen werden.

15 3,5 und 4

16 Die Seiten messen 9,472… cm und 0,527… cm.

17 Das Band ist entweder 5 cm oder 15 cm breit.

18 Eine Kathete ist 5 cm lang, die andere ist 10 cm lang.

19 2 und 52 oder –50 und 0

20 $\frac{3}{2}$ oder $\frac{3}{4}$

21 Der Umfang des ursprünglichen Rades beträgt 4,2 m.

22 Die drei Quaderkanten messen 29 m, 31 m und 33 m.

S. 121–122 21 Bruchteile in Figuren

1 A $\frac{1}{9}$

B $\frac{100}{405} \approx 24{,}7\,\%$

C Das Verhältnis des Umfangs des ganzen Kreuzes zur Summe aller Umfänge der hellgrünen Kreuze beträgt 9 : 20.

D $\frac{80}{81}$

E $\frac{64}{729} \approx 8{,}78\,\%$

2 A $\frac{57a^2}{16}$

B $8a + \frac{7a\sqrt{2}}{2} \approx 12{,}95a$

3 A

n	1	2	3	4	5	6
u	$\frac{0}{1} = 0$	$\frac{4}{2} = 2$	$\frac{8}{3}$	3	$\frac{16}{5} = 3{,}2$	$\frac{10}{3} = 3{,}33..$
A	0	$\frac{1}{4}$	$\frac{3}{9} = \frac{1}{3}$	$\frac{3}{8}$	$\frac{2}{5}$	$\frac{5}{12}$
D	1	$\frac{1}{2}$	$\frac{1}{3}$	$\frac{1}{4}$	$\frac{1}{5}$	$\frac{1}{6}$

B $A = \frac{(n-1)}{2n}$ $D = \frac{1}{n}$

C Wenn man die Zacken der Figur nach aussen «klappt», entsteht ein Quadrat mit dem gleichen Umfang wie die Figur. Die Seitenlänge des entstandenen Quadrats ist $\frac{1}{n}$ kürzer als die des ursprünglichen Quadrats.

D n = 4 8 20 4 000 nie nie
Für u = 4 ist die Gleichung unlösbar.
Für u = 5 wäre n = –0,8.

E n = 10 50 10 000 nie nie
Für A = 0,5 ist die Gleichung unlösbar.
Für A = 0,6 wäre n = –5.

S. 123–126 22 Wie genau ist genau?

1 A Das bedeutet, dass der Weltrekordläufer eine Zeit zwischen 9,575 s und 9,585 s gelaufen ist.
B Das bedeutet, dass Armin Hary eine Zeit zwischen 9,95 s und 10,05 s gelaufen ist.
C Das bedeutet, dass Dennis Kipruto Kimetto eine Zeit zwischen 2 h 2 min 56,5 s und 2 h 2 min 57,5 s gelaufen ist.

2 A Minimum 6,41 m
Maximum 6,63 m
vernünftiges Ergebnis 6,5 m

B Minimum 2,14 875 m^2
Maximum 2,26 775 m^2
vernünftiges Ergebnis 2,2 m^2

C 0,13 m^3

D Minimum 88,6 359 375 kg ≈ 89 kg
Maximum 125,2 931 875 kg ≈ 125 kg
vernünftiges Ergebnis 110 kg

3 1 360 000 000 km^3

4 A u = 25 m A = 50 m^2 relativer Fehler bei A: 12 %
B u = 25,1 m A = 50,3 m^2 relativer Fehler bei A: etwa 1 %
C u = 25,13 m A = 50,27 m^2 relativer Fehler bei A: etwa 1 ‰

5 A rund 5 200
B rund 18 m

6 A Maximum 33,155 g: $\frac{3{,}405 \cdot 2{,}140 \cdot 2{,}140 \cdot \pi}{4}$ cm^3 = 2,7 071 635… g/cm^3
Minimum 33,145 g: $\frac{3{,}415 \cdot 2{,}150 \cdot 2{,}150 \cdot \pi}{4}$ cm^3 = 2,6 733 788… g/cm^3
vernünftig gerundeter Dichtewert: 2,69 g/cm^3

B etwa 2 ‰

7 Maximum 172,575 Fuhren
Das heisst, es sind 173 Fuhren zu kalkulieren.

8 **A** u_1 = 40 003,6 km
u_2 = 40 023,8566 km
u_3 = 40 023,8904 km
Die verschiedenen Werte machen einen Unterschied von rund 20 km aus.

B In diesem Fall ist am Äquator auch der Umfang am grössten, nämlich 40 074 km.
Vertretbar ist auch das Ergebnis 40 070 km (auf vier Ziffern genau).
Zum Vergleich: Wenn man mit r = 6 370 km rechnet, kommt man auf 40 020 km (auf vier Ziffern genau) – und damit auf einen Unterschied von ungefähr 50 km.

9 Minimum 149,90 775 $m^2 \approx 150\ m^2$
Maximum 156,07 875 $m^2 \approx 156\ m^2$

S. 127–130 23 Rollerkauf

1 **A** CHF 5 886.00
B CHF 18 576.00
C Beides ist gleich teuer.

2 Individuelle Lösungen

3 **A** Individuelle Lösungen
B =SUMME(C8:C18)
C Es bedeutet, dass der Kunde mit seiner Schuld mit der Zahlung der letzten Rate ein wenig unter Null geraten ist. Er verfügt also am Schluss theoretisch über ein kleines Guthaben.
D Individuelle Lösungen
E Siehe Lösung in der Tabellenkalkulation D523-01

4 **A** 66 000 CHF
B Individuelle Lösungen
C Individuelle Lösungen

5 Individuelle Lösungen

6 Individuelle Lösungen

S. 131–138 24 Grösse – Lage – Form

1 **A** A(0/2) B(4/0) C(5/2) D(3/8) E(3/2) F(4/2)
B und D

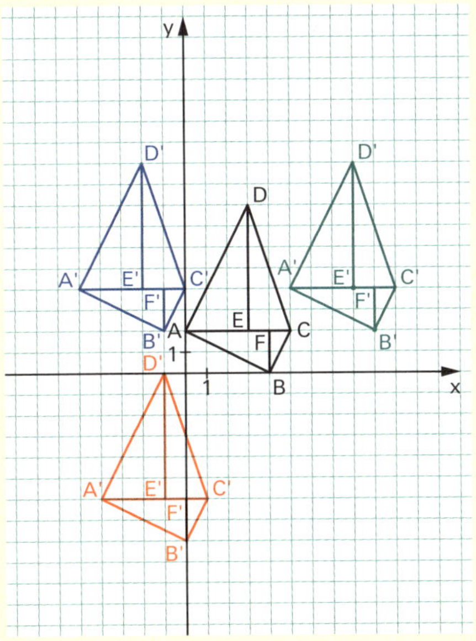

C Verschiebung

2 **A** x' = x + 1 und y' = y – 8
B A(1/–6) B(5/–8) C(6/–6) D(4/0) E(4/–6) F(5/–6)
C

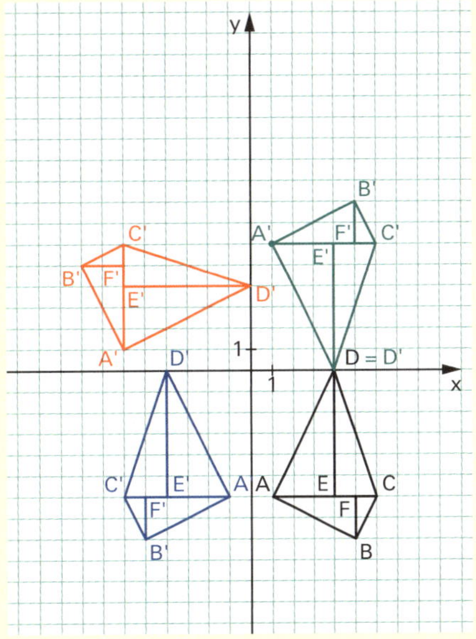

D **Abbildung 1** Achsenspiegelung
Abbildung 2 Achsenspiegelung
Abbildung 3 Achsenspiegelung und Drehung

3 **A** x' = –y und y' = –x
B A(6/–1) B(8/–5) C(6/–6) D(0/–4) E(6/–4) F(6/–5)
C

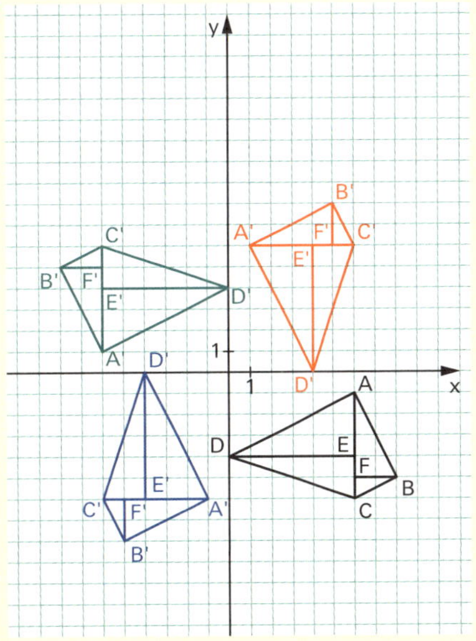

D **Abbildung 1** Punktspiegelung
Abbildung 2 Drehung
Abbildung 3 Drehung

4 **Abbildung 1**

Drehung und Spiegelung

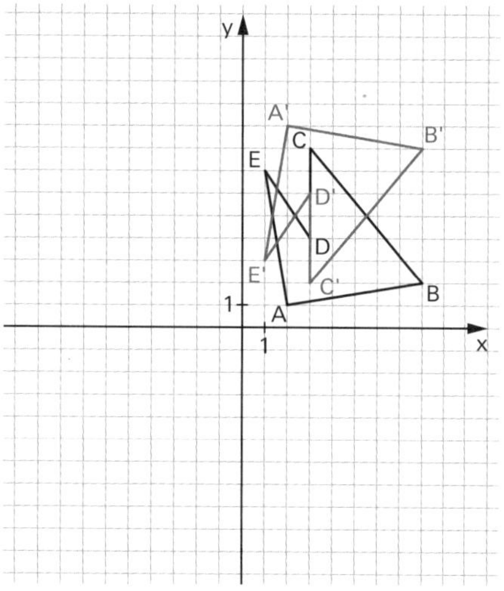

Abbildung 2

Punktspiegelung

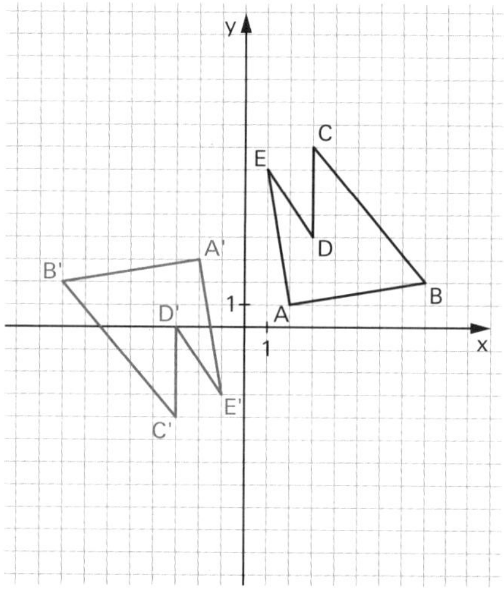

Abbildung 3

Zerrung

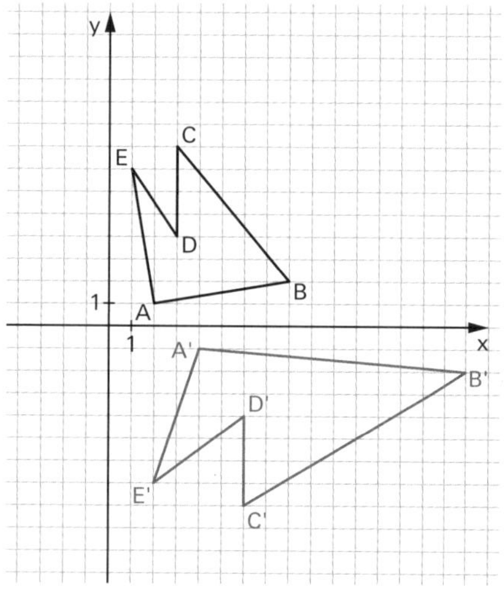

Abbildung 4

Spiegelung und Drehung

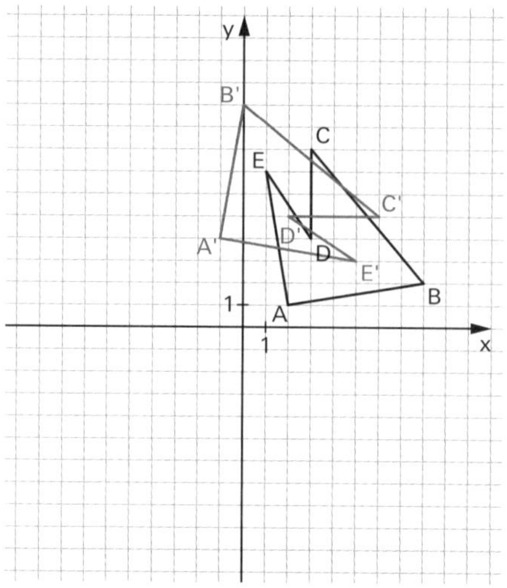

Abbildung 5

Drehung

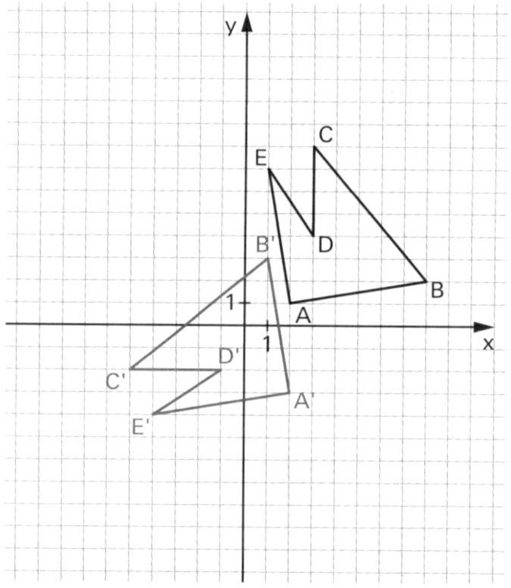

Abbildung 6

Spiegelung und Drehung

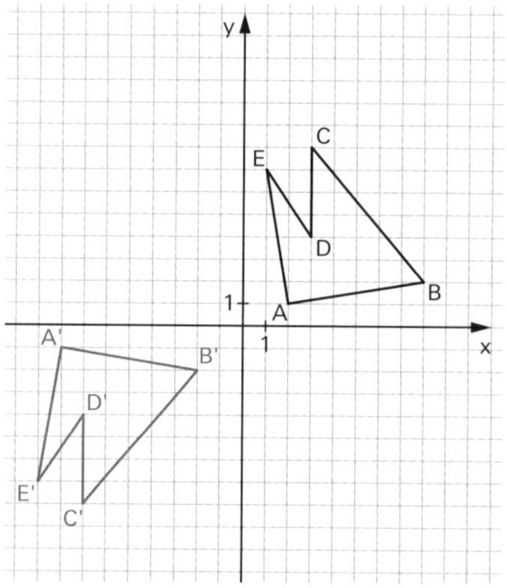

5 A Die Abbildungen 1, 2, 4, 5 und 6 sind Kongruenzabbildungen.
In der Abbildung bleiben Grösse und Form der Figur erhalten.
Im Term werden die Variablen x und y mit 1 oder –1 multipliziert.

B Mögliche Lösung:
$x' = 2x$ und $y' = 2y$
Die Abbildung ergäbe eine Streckung mit dem Faktor 2.

C Mögliche Lösung:
$x' = x + 1$ und $y' = -y - 2$

6 A A(–2/–1) B(2/–3) C(3/–1) D(1/5) E(1/–1) F(2/–1)

B
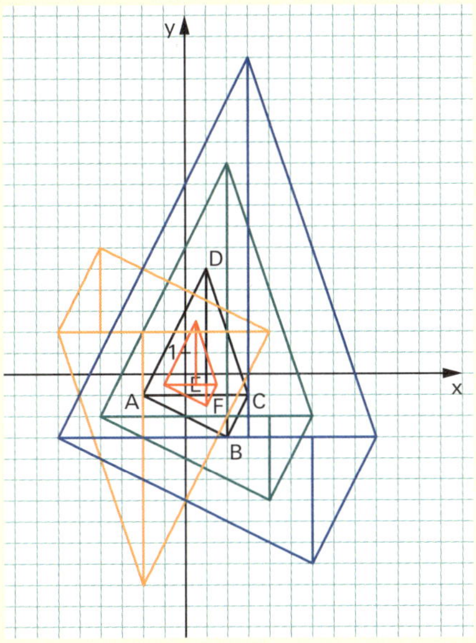

C im Punkt (0/0), also im Ursprung

7 A Streckung mit Streckzentrum (0/0) und dem Streckfaktor $-\frac{1}{2}$.

B A(–1,5/0,5) B(–0,5/–2,5) C(1/0,5) D(–1/1,5)
E(–0,5/0,5) F(–1/0,5)

C
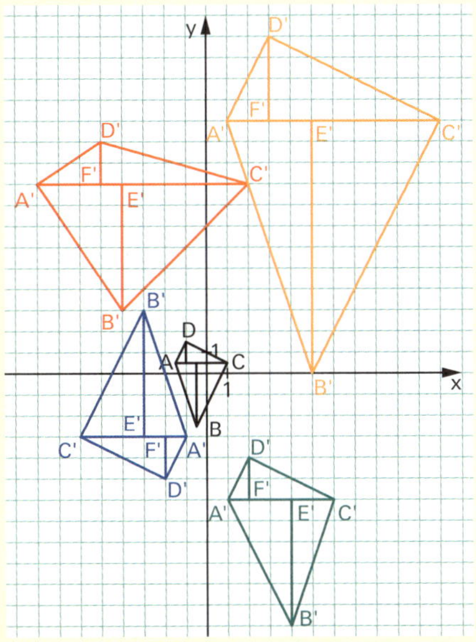

D Abbildung 1, 2 und 4 sind Ähnlichkeitsabbildungen.
Bei Ähnlichkeitsabbildungen bleiben die Winkel gleich gross.
Im Term sind die Faktoren bei den Variablen x und y gleich.

E Der Faktor bei x und y entspricht dem Streckungsfaktor.

F Mögliche Lösung:
$x' = 3x + 1$ $y' = 3x - 1$

G Mögliche Lösung:
$x' = 3x + 1$ $y' = 2x - 1$

8 **Abbildung 1**

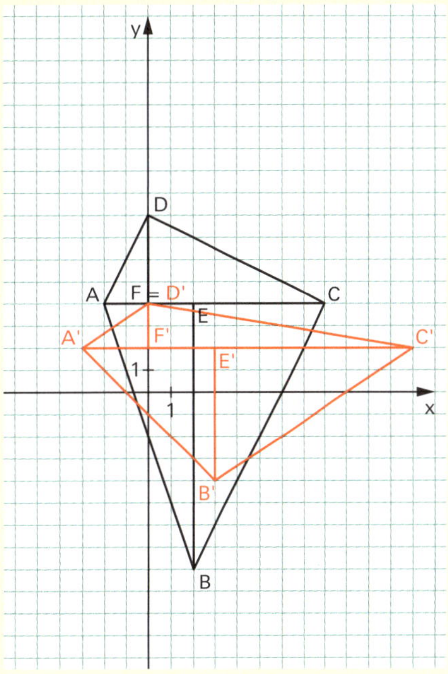

Abbildung 2

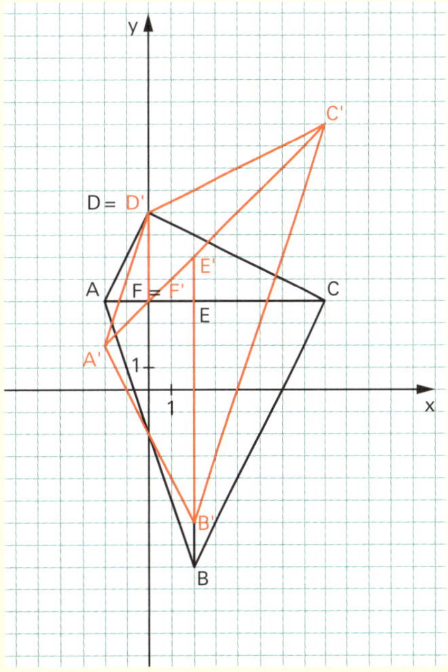

Abbildung 3

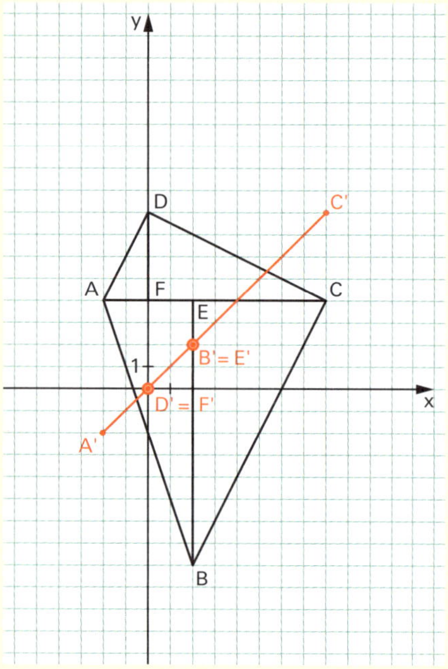

Abbildung 4

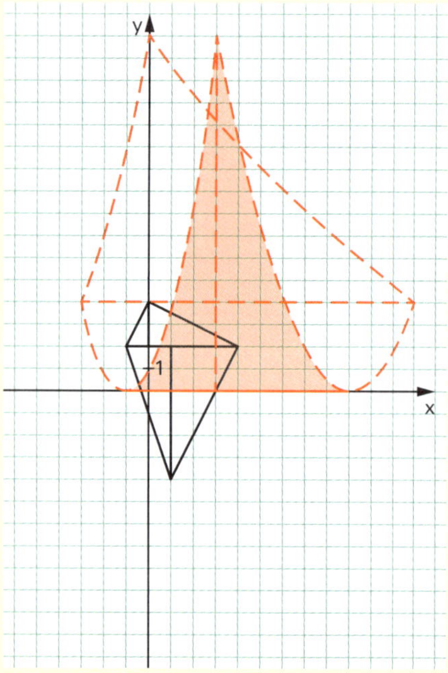

S. 139–144 25 Kugelrund

1 A Oberfläche O ≈ 79 mm^2 Volumen V ≈ 65 mm^3
B Oberfläche O ≈ 110 cm^2 Volumen V ≈ 110 cm^3
C Oberfläche O ≈ 46 cm^2 Volumen V ≈ 29 cm^3
D Oberfläche O ≈ 1 560 cm^2 Volumen V ≈ 5 800 cm^3

2 Am grössten ist die Schnittfläche genau in der Mitte, also am «Äquator». Am kleinsten ist sie in der Nähe der «Pole».

3 Die grösste Schnittfläche entspricht einer Kreisfläche mit dem Inhalt πr^2. Die Oberfläche ist mit $4\pi r^2$ aber genau viermal so gross. Daraus lassen sich alle gesuchten Formeln ableiten.

Wenn wir die Schnittfläche A nennen, lauten die Formeln folgendermassen:

Radius $r = \sqrt{\frac{A}{\pi}}$

Oberfläche $O = 4A$

Volumen $V = \frac{4A}{3} \cdot \sqrt{\frac{A}{\pi}} = \frac{4}{3} \cdot \sqrt{\frac{A^3}{\pi}}$

4 Berechne die fehlenden Angaben in der Tabelle.

Durchmesser [cm]	Radius [cm]	grösstmögliche Schnittfläche [cm^2]	Oberfläche [cm^2]	Volumen [cm^3]
10	5	79	310	520
20	10	310	1260	4200
100	50	7900	31 000	520 000
200	100	31 000	126 000	4 200 000
11,3	5,64	100	400	750
22,6	11,3	400	1 600	6 000
45,1	22,6	1 600	6 400	48 000
12,4	6,20	121	484	1 000
24,8	12,4	484	1 930	8 000
6,20	3,10	30,2	121	125

5 A

r	1	2	5	10	20
d	2	4	10	20	40

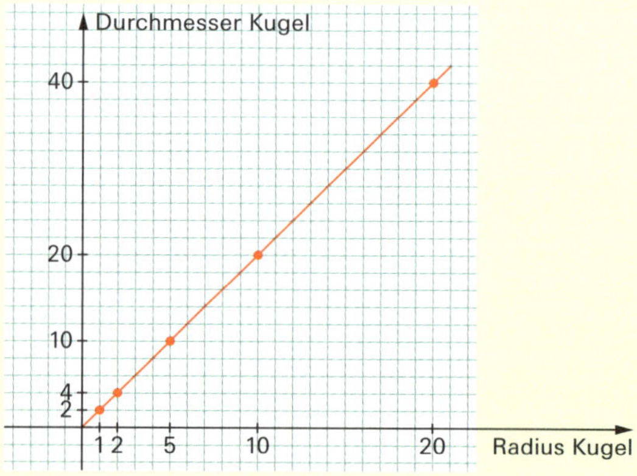

B

r	5	10	20	50	100
O	310	1 260	5 030	31 000	126 000

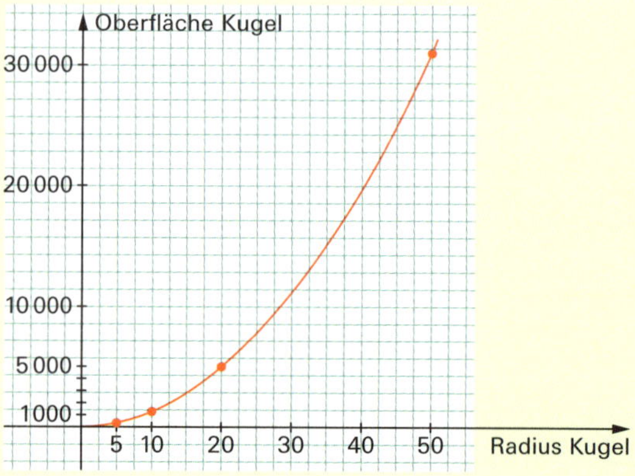

C

r	1	2	3	4	5
v	4,2	34	113	268	524

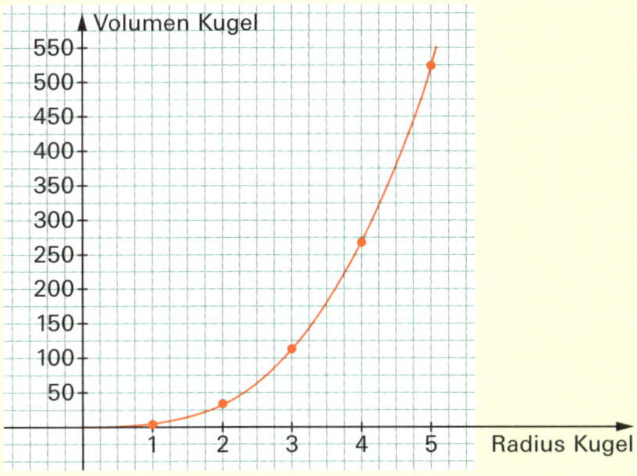

6 A 8

B 1 000

C Der Radius der grossen Kugel ist 10-mal so gross wie der Radius der kleinen Kügelchen.
Die Oberfläche von 1 000 kleinen Kügelchen ist insgesamt 10-mal grösser als die Oberfläche einer einzigen grossen Kugel, die das gleiche Volumen hat wie die 1 000 Kügelchen zusammen.

7 O = 20 106 mm^2
Dicke = 0,0001 = 10^{-4} mm

8 A **Situation 1** 52 %
Situation 2 52 %
Situation 3 52 %

Begründung: Der Anteil des Kugelvolumens am Volumen des Würfels bleibt immer derselbe. Dies kann man aus der Formel für das Kugelvolumen entnehmen. Wir vergleichen Situation 1 mit Situation 2:

In Situation 1 beträgt das Volumen der Kugel $\frac{4}{3}\pi r^3$.

In Situation 2 ist der Radius einer Kugel halb so gross wie bei der grossen Kugel, er beträgt also in Bezug auf die Kugel in Situation 1 $\frac{r}{2}$.

Das Volumen einer Kugel aus Situation 2 beträgt also
$\frac{4}{3}\pi(\frac{r}{2})^3 = \frac{4}{3}\pi\frac{r^3}{8} = \frac{1}{8} \cdot \frac{4}{3}\pi r^3$.

Die acht Kugeln in Situation 2 haben also das gleiche Volumen wie die Kugel in Situation 1.

B 1 : 1,90 986 …

9 A Wenn der Durchmesser von Kugel 2 doppelt so gross ist wie derjenige von Kugel 1, dann …

	w	f
ist der Radius von Kugel 2 auch doppelt so gross wie derjenige von Kugel 1.	☒	☐
ist die grösste Schnittfläche von Kugel 2 doppelt so gross wie diejenige von Kugel 1.	☐	☒
ist die Oberfläche von Kugel 2 doppelt so gross wie diejenige von Kugel 1.	☐	☒
ist das Volumen von Kugel 2 achtmal so gross wie dasjenige von Kugel 1.	☒	☐

B Wenn das Kugelvolumen von Kugel 2 27-mal so gross ist wie dasjenige von Kugel 1, dann …

	w	f
ist die Oberfläche von Kugel 2 neunmal so gross wie diejenige von Kugel 1.	☒	☐
ist die grösste Schnittfläche von Kugel 2 dreimal so gross wie diejenige von Kugel 1.	☐	☒
ist der Durchmesser von Kugel 2 neunmal so gross wie derjenige von Kugel 1.	☐	☒
ist der Radius von Kugel 2 dreimal so gross wie derjenige von Kugel 1.	☒	☐

C Wenn die Oberfläche von Kugel 1 einen Hundertstel der Oberfläche von Kugel 2 beträgt, dann …

	w	f
ist der Durchmesser von Kugel 2 auch $\frac{1}{100}$ des Durchmessers von Kugel 1.	☐	☒
ist der Radius von Kugel 1 zehnmal kleiner als derjenige von Kugel 2.	☒	☐
ist die grösste Schnittfläche von Kugel 1 auch 100-mal kleiner als die grösste Schnittfläche von Kugel 2.	☒	☐
ist das Volumen von Kugel 1 200-mal kleiner als das Volumen von Kugel 2.	☐	☒

S. 145–148 26 Bevölkerungswachstum

1

t [min]	0	3	6	9	12	15	18	21	24	27	30	33	36	39	42	45
y [°C]	60	54	49	44,5	41	37,5	35	33	31	29,5	28	26,5	25,5	25	24	23,5
y – 20 [°C]	40	34	29	24,5	21	17,5	15	13	11	9,5	8	6,5	5,5	5	4	3,5

A

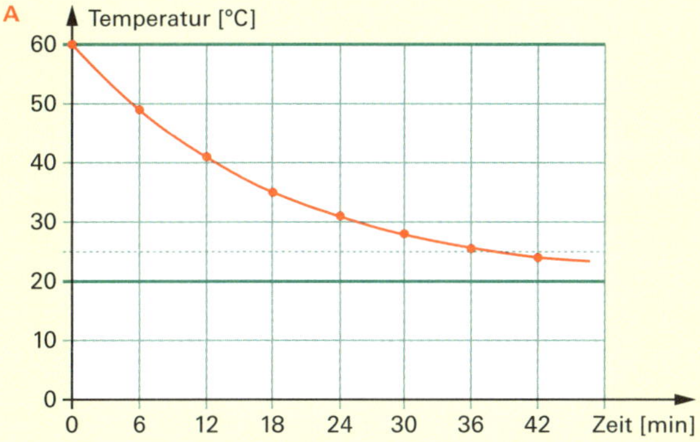

B Die Temperaturabnahme pro Zeiteinheit wird immer geringer und geht allmählich gegen Null.

C 20 Grad

2 A 25 Grad

B Mögliche Lösung:
Nach 3 Minuten vielleicht 55 Grad, nach 6 vielleicht 50 Grad.

3 A Die Aussage stimmt. Es braucht etwa 13 Minuten zum Halbieren von 40 auf 20 Grad. Zum Halbieren von 29 auf 14,5 Grad braucht es ebenfalls etwa 13 Minuten.

B jeweils etwa 13 Minuten

4 A 0,15

B Für jedes Grad Temperaturdifferenz zwischen Flüssigkeit und Umgebung nimmt die Temperatur um 0,15 Grad pro Zeitschritt (das sind hier 3 Minuten) ab.

5 Individuelle Lösungen

6 A Diese Formel geht davon aus, dass die Zunahme der Temperatur innert einer bestimmten Zeit proportional zur Differenz der Umgebungstemperatur (hier 20 Grad) und der Wassertemperatur ist.

B Individuelle Lösungen

C Individuelle Lösungen

S. 149–152 27 Einmaleinstafel

1 Mögliche Lösungen:

A

Beispiele	Feststellung	Erklärung
$4 \cdot 2 + 5 \cdot 3 = 23$ $4 \cdot 3 + 5 \cdot 2 = 22$ $7 \cdot 6 + 8 \cdot 7 = 98$ $7 \cdot 7 + 8 \cdot 6 = 97$	Die Summe der zwei gelben Felder ist immer um 1 grösser als die Summe der zwei grünen Felder.	**gelb** $ab + (a+1)(b+1) = 2ab + a + b + 1$ **grün** $a(b+1) + b(a+1) = 2ab + a + b$

B

Beispiele	Feststellung	Erklärung
$5 \cdot 4 + 7 \cdot 6 = 62$ $5 \cdot 6 + 7 \cdot 4 = 58$ $1 \cdot 1 + 3 \cdot 3 = 10$ $1 \cdot 3 + 3 \cdot 1 = 6$	Die Summe der zwei gelben Felder ist immer um 4 grösser als die Summe der zwei grünen Felder.	**gelb** $ab + (a+2)(b+2) = 2ab + 2a + 2b + 4$ **grün** $a(b+2) + b(a+2) = 2ab + 2a + 2b$

C

Beispiele	Feststellung	Erklärung
$2 \cdot 7 + 2 \cdot 9 = 32$ $1 \cdot 8 + 3 \cdot 8 = 32$ $4 \cdot 9 + 4 \cdot 11 = 80$ $3 \cdot 10 + 5 \cdot 10 = 80$	Die Summe der zwei gelben Felder ist gleich wie die Summe der zwei grünen Felder.	**gelb** $ab + a(b+2) = 2ab + 2a$ **grün** $(a-1)(b+1) + (a+1)(b+1) = 2a(b+1)$ $= 2ab + 2a$

D

Beispiele	Feststellung	Erklärung
$8 \cdot 3 - 8 \cdot 2 = 8$ $9 \cdot 3 - 8 \cdot 3 = 3$ $7 \cdot 9 - 7 \cdot 8 = 7$ $8 \cdot 9 - 7 \cdot 9 = 9$	Die beiden Differenzen stimmen mit den beiden Faktoren im oberen Feld überein.	$ab - a(b-1)$ $= ab - ab + a = a$ $(a+1)b - ab$ $= ab + b - ab = b$

E

Beispiele	Feststellung	Erklärung
$4 \cdot 1 = 4$ $5 \cdot 2 = 10$ $6 \cdot 3 = 18$ $7 \cdot 4 = 28$ $8 \cdot 5 = 40$ $9 \cdot 6 = 54$	Die Produkte wachsen von links nach rechts auf den Waagrechten immer schneller an. Wir finden ein quadratisches Wachstum mit folgendem Merkmal: Die Differenz zweier benachbarter Felder nimmt von links nach rechts immer um 2 zu.	Differenz: $(a+1)(b+1) - ab = a + b + 1$ $a + b + 1 - ((a-1) + (b-1) + 1)$ $= a + b + 1 - a + 1 - b + 1 - 1 = 2$

F

Beispiele	Feststellung	Erklärung
$6 \cdot 12 = 72$ $7 \cdot 11 = 77$ $8 \cdot 10 = 80$ $9 \cdot 9 = 81$ $10 \cdot 8 = 80$ $11 \cdot 7 = 77$	Die Produkte wachsen von oben nach unten auf den Senkrechten immer langsamer an. Die Differenz zweier benachbarter Felder nimmt von oben nach unten immer um 2 ab.	Differenz: $(a+1)(b-1) - ab = -a + b - 1$ $-a + b - 1 - (-a + b + 1)$ $= -a + b - 1 + a - b - 1$ $= -2$

G

Beispiele	Feststellung	Erklärung
$4 \cdot 3 = 12$ $5 \cdot 2 = 10$ $5 \cdot 4 = 20$ $6 \cdot 3 = 18$ $6 \cdot 5 = 30$ $7 \cdot 4 = 28$ $7 \cdot 6 = 42$ $8 \cdot 5 = 40$	Die Differenzen sind allgemein um 1 grösser als die Differenz der beiden Faktoren a und b, die im Feld mit dem grösseren Produkt stehen.	$ab - (a+1)(b-1)$ $= ab - ab + a - b + 1$ $= a - b + 1$

2 A Sie ist immer durch 13 teilbar.
B Der erste der zwei Faktoren links und der zweite der Faktoren rechts ergeben die Summe 13. Ebenso ergeben der zweite Faktor rechts und der erste Faktor links die Summe 13.

Mit Variablen ausgedrückt heisst das:
1. Faktor links a
2. Faktor rechts $(13 - a)$
1. Faktor rechts b
2. Faktor links $(13 - b)$

Somit präsentiert sich die Differenz der beiden Produkte wie folgt:
$a\,(13 - b) - b\,(13 - a)$
$= 13a - ab - 13b + ab$
$= 13a - 13b$
$= 13 \cdot (a - b)$

Die Differenz ist also durch 13 teilbar.

3 A Die Differenz $2 \cdot 5 - 1 \cdot 6$ ist gleich 4.
Die Differenz $3 \cdot 6 - 2 \cdot 7$ ist auch gleich 4.
Die Differenz $4 \cdot 7 - 3 \cdot 8$ ist auch gleich 4.
B $a \cdot (a + 3) - (a - 1) \cdot (a + 4)$
$= a^2 + 3a - a^2 + a - 4a + 4$
$= 4a - 4a + 4$
$= 4$

4 A Die Differenz von zwei aufeinander folgenden Quadratzahlen ist immer gleich der Summe der beiden aufeinander folgenden Zahlen, aus denen die Quadrate gebildet worden sind.

Algebraisch gesagt:
$(a + 1)^2 - a^2 = a^2 + 2a + 1 - a^2 = 2a + 1$
$2a + 1 = a + (a + 1)$

B $30^2 + (30 + 31) = 31^2 = 900 + 62$
$30^2 + (30 + 31) + (31 + 32) = 32^2 = 900 + 124$
$30^2 + (30 + 31) + (31 + 32) + (32 + 33) = 33^2 = 900 + 189$

Algebraische Verallgemeinerung:
$a^2 + (a + a + 1) + (a + 1 + a + 2) + (a + 2 + a + 3) + \ldots$
$+ (a + n - 1 + a + n) = (a + n)^2$

C $5^2 - 2 \cdot 5 + 1 = 16 = 4^2$
$12^2 - 2 \cdot 12 + 1 = 121 = 11^2$

Algebraische Verallgemeinerung:
$a^2 - 2a + 1 = (a - 1)^2$

S. 153–159 28 Algorithmen

1 Beide Algorithmen funktionieren nach dem Prinzip des Aufteilens und wieder Zusammenfügens. Bei Quicksort findet die Sortierung beim Aufteilen statt, bei Mergesort wird im Prozess des Zusammenfügens (Mischen) sortiert.

2 **Schritt 1** $84 = 1 \cdot 49 + 35$
Schritt 2 $49 = 1 \cdot 35 + 14$
Schritt 3 $35 = 2 \cdot 14 + 7$
Schritt 4 $14 = 2 \cdot 7 + 0$

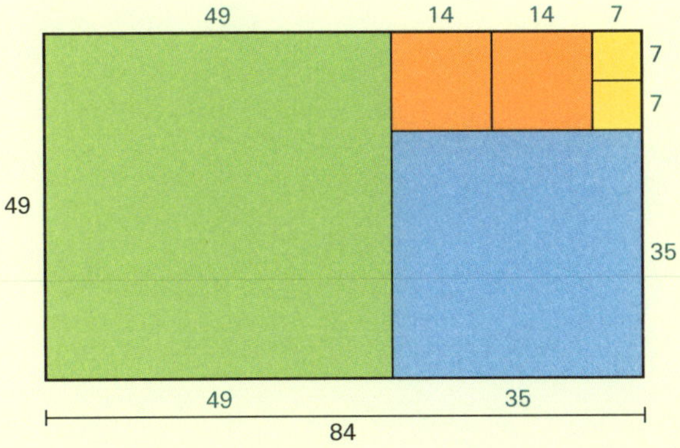

3 A 2
B 17
C 18
D 24

4 A $6 = 2 \cdot 3$
$8 = 2 \cdot 2 \cdot 2$
ggT $= 2$
B $85 = 5 \cdot 17$
$357 = 3 \cdot 7 \cdot 17$
ggT $= 17$
C $144 = 2 \cdot 2 \cdot 2 \cdot 2 \cdot 3 \cdot 3$
$378 = 2 \cdot 3 \cdot 3 \cdot 3 \cdot 7$
ggT $= 2 \cdot 3 \cdot 3 = 18$
D $264 = 2 \cdot 2 \cdot 2 \cdot 3 \cdot 11$
$552 = 2 \cdot 2 \cdot 2 \cdot 3 \cdot 23$
ggT $= 2 \cdot 2 \cdot 2 \cdot 3 = 24$

5 **Lösung 1** $1 + 2 + 2 + 2 + 2 + 3 + 3 + 3 = 18$
Lösung 2 $1 + 2 + 2 + 2 + 2 + 3 + 3 + 3 = 18$
Lösung 3 $1 + 2 + 2 + 2 + 2 + 3 + 3 + 3 = 18$

In allen drei Fällen wird die Summe 18 erreicht.

6 Individuelle Lösungen

7 Die Seitenmittelpunkte eines Dreiecks werden miteinander verbunden. So wird das ursprüngliche Dreieck in vier deckungsgleiche Dreiecke geteilt.
Das mittige Dreieck wird entfernt.
In die übrig gebliebenen Dreiecke wird erneut je ein Dreieck gezeichnet, indem die jeweiligen Seitenmitten verbunden werden.
Auch diese mittigen Dreiecke werden entfernt.
Usw.

8 A

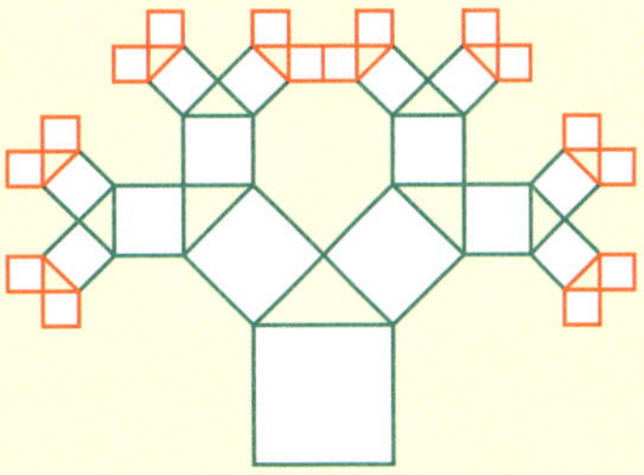

B Vom Original zu Stufe 1 findet ein Zuwachs von 4-mal ein Viertel des Quadrats mit der Grundfläche a statt: $4 \cdot \frac{a^2}{4}$
Von Stufe 1 zu Stufe 2 findet ein Zuwachs von 8-mal ein Achtel des Quadrats mit der Grundfläche a statt: $8 \cdot \frac{a^2}{8}$
Von Stufe 2 zu Stufe 3 findet ein Zuwachs von 16-mal ein Sechzehntel des Quadrats mit der Grundfläche a statt: $16 \cdot \frac{a^2}{16}$
$16 \cdot \frac{a^2}{16} = 8 \cdot \frac{a^2}{8} = 4 \cdot \frac{a^2}{4} = a^2$

C $1\,150\ cm^2$
D Stufe 9
E 1 023 Dreiecke und 2 047 Quadrate

mathbuch

Mathematik für die Sekundarstufe I

Merkheft von

3+

Schulverlag plus AG
Klett und Balmer Verlag

Liebe Schülerin, lieber Schüler

Am Ende der Übungen im Arbeitsheft wird jeweils auf das sogenannte Merkheft verwiesen. Dieses Heft hast du nicht erhalten – du wirst es selber schreiben! Und das aus gutem Grund: Man hat festgestellt, dass man etwas Gelerntes viel besser und länger behalten kann, wenn man nach dem Unterricht in eigenen Worten aufschreibt, was einem besonders wichtig ist und was man sich unbedingt merken will.

Auf den folgenden Seiten findest du einige Hilfestellungen und Vorlagen für dein persönliches Merkheft. Ergänzende Materialien gibt es auf www.mathbuch.info.

So kannst du bei deinen Einträgen vorgehen:

1. Du schneidest das Kärtchen zur bearbeiteten Lernumgebung aus und klebst es oben auf die nächste leere Seite deines Merkhefts.
2. Du überlegst dir dann selbstständig, was du bei der Lernumgebung gelernt hast, und schreibst es in dein persönliches Merkheft. Du kannst dir auch notieren, was du besonders wichtig findest, was dir gut gefallen hat, was dir Schwierigkeiten bereitet hat, was du dir für die kommende Prüfung unbedingt merken willst usw. Die Checkliste auf der nächsten Seite kann dir dabei eine Hilfe sein.
3. Schreibe deine Gedanken so ins Heft, dass sie dir später nützlich sind und andere sie verstehen können. Du kannst sie auch mit Zeichnungen, Grafiken und Tabellen illustrieren.
4. Das Inhaltsverzeichnis kannst du auf die erste oder letzte Seite deines Hefts kleben und darin jeweils die fehlende Seitenzahl notieren.

Tipp:
Bei den Selbstbeurteilungen im Arbeitsheft kannst du überprüfen, was du in der Lernumgebung gelernt hast oder noch nicht kannst. Je nachdem kannst du entsprechende weitere Aufgaben im Arbeitsheft oder mithilfe des Zusatzmaterials auf www.mathbuch.info lösen.

Checkliste

Wähle zur bearbeiteten Lernumgebung einen, vielleicht auch einmal zwei oder drei der folgenden Punkte aus.

- ☐ Notiere zu einem oder mehreren neuen Begriffen der Lernumgebung ein Beispiel.
- ☐ Notiere eine Aufgabe, die dir schwierig erschien, die du aber dennoch lösen konntest.
- ☐ Notiere eine Aufgabe, die du besonders gerne und gut gelöst hast.
- ☐ Notiere einen gemachten Fehler und was du daraus gelernt hast.
- ☐ Notiere, was für dich ganz neu war.
- ☐ Notiere, welche zusätzlichen Übungen du wann noch machen willst, damit du schneller und sicherer wirst.
- ☐ Schreibe auf, wo du dich besonders sicher fühlst.
- ☐ Schreibe auf, wo du dich noch nicht so sicher fühlst und was du machen könntest, um mehr Sicherheit zu gewinnen.
- ☐ Schreibe auf, was du von deinen Kolleginnen oder Kollegen gelernt hast.
- ☐ Schreibe einen Spickzettel, den du beim nächsten Test benutzen würdest, wenn du dürftest. Das ist auch nützlich, wenn man ihn nicht benützen darf!
- ☐ Schreibe jemandem einen Brief, in welchem steht, was du gelernt hast.
- ☐ Notiere, welche Zusammenhänge mit anderen Lernumgebungen dir aufgefallen sind.
- ☐ Notiere, was du zum Thema sonst noch wissen möchtest.

Dir selbst oder deiner Lehrerin/deinem Lehrer sind weitere Punkte wichtig:

- ☐ ______________________________

  ____
- ☐ ______________________________

  ____
- ☐ ______________________________

  ____

Von Zeit zu Zeit …

… ist es sinnvoll, über das persönliche Arbeitsverhalten nachzudenken:

- Überlege dir, was du machst, wenn du einmal nicht weiter kommst. Frage auch Kolleginnen oder Kollegen, wie sie in einem solchen Fall vorgehen. Schreibe auf, was du bei der nächsten Lernumgebung in diesem Punkt verbessern könntest.
- Überlege dir, wie du mit deinen Fehlern umgehst. Nutzt du die Gelegenheit, aus deinen Fehlern etwas zu lernen?
- Überlege dir, wie du mit Kolleginnen oder Kollegen zusammenarbeitest. Schreibe auf, was du eventuell bei der nächsten Lernumgebung in der Zusammenarbeit verbessern könntest.
- Überlege dir, ob du auf eine hilfreiche Darstellung mit Zeichnungen, Skizzen und Tabellen achtest oder ob du diesbezüglich in der nächsten Lernumgebung etwas verbessern könntest.

Deine Lehrerin oder dein Lehrer wird dir beim Führen des Merkhefts sicher helfen. Sie/er hat wohl auch eigene Ideen und Vorschläge, wie du vorgehen könntest. Zeige dein Merkheft ab und zu einer Kollegin oder einem Kollegen. So könnt ihr voneinander lernen, wie man ein solches Merkheft immer besser führen kann.

Inhalt

A Arithmetik/Algebra (Zahl und Variable) **G** Geometrie (Form und Raum)

S Sachrechnen (Grössen, Funktionen, Daten und Zufall)

Handy-Abos 1

- Informationen aus Texten, Tabellen und Graphen entnehmen und vergleichen
- Kosten für ein Handy-Abo berechnen, vergleichen und mit dem Nutzerprofil in Bezug bringen
- Graphen zu Kosten und Nutzen des Handys interpretieren und zeichnen

Schulbuch+ S. 6–7 Arbeitsheft+ S. 5–10

Rechentraining 2

- Die vier Grundoperationen mit Zahlen und Grössen durchführen
- Den Wert von Zahlentermen mithilfe von Rechengesetzen berechnen
- Einfache Gleichungen lösen

Schulbuch+ S. 8–9 Arbeitsheft+ S. 11–16

Warenkorb 3

- Diagramme lesen und zeichnen
- Diagramme und Wertetabellen miteinander in Verbindung bringen und beschreiben
- Entwicklung eines Indexes verstehen und Veränderungen im Verlauf der Zeit beschreiben

Schulbuch+ S. 10–11 Arbeitsheft+ S. 17–22

Formeln für Formen 4

- Ebene Figuren zeichnen, Flächeninhalte und Umfänge berechnen
- Oberflächen und Volumen von Prismen und Zylindern berechnen
- Formeln nach einer Variablen umformen

Schulbuch+ S. 12–13 Arbeitsheft+ S. 23–28

Gold 5

- Sich Einheitsgrössen für Flächen- und Rauminhalte vorstellen
- Einheiten von Flächen und Rauminhalten umrechnen
- Beziehungen zwischen Masse, Dichte und Volumen kennen und damit Berechnungen durchführen

Schulbuch+ S. 14–15 Arbeitsheft+ S. 29–30

Figur – Muster – Term 6

- Zu Figurenfolgen Wertetabellen erstellen und Terme finden
- Zu Wertetabellen Figurenfolgen angeben
- Gleichwertigkeit von Termen durch Termumformung aufzeigen

Schulbuch+ S. 16–17 Arbeitsheft+ S. 31–36

Niesenbahn 7

- Angaben aus Landeskarten entnehmen und in Tabellen und Profile umsetzen
- Steigungen und reale Distanzen mit Kartenangaben berechnen
- Kartenmassstab für Berechnungen anwenden

Schulbuch+ S. 18–19 Arbeitsheft+ S. 37–40

Ecco! 8

- Mit ausgewählten Beispielen argumentieren
- Skizzen zu Problemstellungen anfertigen
- Bei Problemstellungen experimentieren und beispielhafte Berechnungen durchführen

Schulbuch+ S. 20–21 Arbeitsheft+ S. 41–42

Ähnlichkeit 9

- Den Unterschied zwischen Kongruenz und Ähnlichkeit kennen
- Figuren mit Streckfaktor vergrössern oder verkleinern
- Strecken- und Flächenverhältnisse ähnlicher Figuren bestimmen

Schulbuch+ S. 22–25 Arbeitsheft+ S. 43–52

Alt und Jung 10

- Zu Statistiken, grafischen Darstellungen und Texten zur Demografie Fragen stellen und beantworten
- Bevölkerungspyramiden interpretieren und vergleichen
- Statistische Angaben mit Grafiken darstellen

Schulbuch+ S. 26–29 Arbeitsheft+ S. 53–58

Gleichungen lösen

11

- Einfache Gleichungen im Kopf lösen
- Gleichungen durch geschicktes Umformen lösen
- Allgemeingültige, lösbare und unlösbare Gleichungen erkennen

Schulbuch+ S. 30–33 Arbeitsheft+ S. 59–64

Ganz einfach gerade

12

- Beziehungen zwischen linearen Funktionsgleichungen, Graphen und Wertetabellen erkennen und beschreiben
- Entscheiden, ob ein Punkt auf einer Geraden liegt, die einer linearen Funktionsgleichung entspricht
- Die Geradengleichung bei gegebenen Koordinaten zweier Punkte bestimmen

Schulbuch+ S. 34–37 Arbeitsheft+ S. 65–70

Reell: rational – irrational

13

- Unterschiede zwischen rationalen und irrationalen Zahlen mit Beispielen erläutern
- Operationen mit Wurzeltermen mithilfe elektronischer Hilfsmittel durchführen
- Flächen und Strecken mit irrationalen Zahlen mithilfe des Pythagoras-Satzes berechnen

Schulbuch+ S. 38–41 Arbeitsheft+ S. 71–76

Pyramide und Kegel

14

- Beziehung von Prisma und Pyramide mit gleicher Grundfläche und gleicher Höhe beschreiben
- Die Begriffe Körperhöhe, Grund-, Mantel- und Oberfläche, Volumen, Zentriwinkel und Kreissektor für Berechnungen verwenden
- Volumen von Pyramiden und Kegeln berechnen

Schulbuch+ S. 42–45 Arbeitsheft+ S. 77–86

Algebraisch gesagt 15

- Situationen, Wertetabellen, Terme und Graphen einander zuordnen
- Gesamtkosten und Stückkosten tabellarisch erfassen und berechnen
- Gesamtkosten und Stückpreise mit Funktionsgleichungen darstellen

Schulbuch+ S. 46–49 Arbeitsheft+ S. 87–92

Lohn und Steuern 16

- Die Daten in einer Lohnabrechnung verstehen und erklären
- Prozentuale Anteile berechnen, z. B. die Sozialabzüge in CHF
- Beziehungen zwischen Anfangs- und Endkapital, Zinsen und Zinsfuss kennen und für Berechnungen nutzen

Schulbuch+ S. 50–53 Arbeitsheft+ S. 93–96

Wachstum: linear, quadratisch und exponentiell 17

- Lineares und nicht lineares Wachstum in Sachsituationen und Graphen erkennen
- Eigenschaften von linearem und exponentiellem Wachstum beschreiben
- Kapitalentwicklung unter Berücksichtigung des Zinseszinses darstellen und berechnen

Schulbuch+ S. 54–57 Arbeitsheft+ S. 97–102

Roulette und Zahlenlotto 18

- In einfachen kombinatorischen Problemstellungen die Anzahl Möglichkeiten berechnen und begründen
- Statistische Ergebnisse bei Zufallsversuchen interpretieren und dazu Berechnungen anstellen
- Einfache Wahrscheinlichkeiten beim Zahlenlotto berechnen

Schulbuch+ S. 58–61 Arbeitsheft+ S. 103–108

Gleichungssysteme

19

- Lineare Gleichungssysteme mit zwei Unbekannten und zwei Gleichungen lösen
- Spezialfälle unlösbarer und allgemeingültiger Gleichungssysteme geometrisch interpretieren
- Verfahren zum Lösen linearer Gleichungssysteme in Sachsituationen anwenden

Schulbuch+ S. 62–63 Arbeitsheft+ S. 109–114

Quadratische Funktion und Gleichung

20

- Quadratische Ergänzung bei quadratischen Gleichungen finden
- Quadratische Gleichungen mithilfe der quadratischen Ergänzung lösen
- Lösungen quadratischer Gleichungen berechnen

Schulbuch+ S. 64–65 Arbeitsheft+ S. 115–120

Bruchteile in Figuren

21

- Grundoperationen mit Brüchen und Bruchtermen durchführen
- Grenzwerte von Folgen durch Anschauung bestimmen
- Einfache Bruchgleichungen lösen

Schulbuch+ S. 66–67 Arbeitsheft+ S. 121–122

Wie genau ist genau?

22

- Relative und absolute Fehler berechnen
- Zahlen und Grössen mit sinnvoller Genauigkeit angeben
- Doppelrechnung durchführen

Schulbuch+ S. 68–69 Arbeitsheft+ S. 123–126

Rollerkauf

23

- Begriffe wie Leasing, Kredit, Laufzeit, Monatsrate, Zinsfuss, Jahreszins verstehen und erklären
- Kostenberechnungen bei Kredit- und Leasinggeschäften durchführen
- Beschreiben, was mit den Monatsraten geschieht, wenn die Laufzeit oder der Zinsfuss verändert wird

Schulbuch+ S. 70–71 Arbeitsheft+ S. 127–130

Grösse – Lage – Form

24

- Ähnlichkeiten erkennen und beschreiben
- Algebraische Beschreibung von geometrischen Abbildungen verstehen
- Geometrische Abbildungen mithilfe von Koordinaten darstellen

Schulbuch+ S. 72–73 Arbeitsheft+ S. 131–138

Kugelrund

25

- Formeln für Kugelvolumen und Kugeloberfläche herleiten
- Beziehungen zwischen Kreisformel und Kugelformeln erkennen
- An Kugeln verschiedene Berechnungen durchführen

Schulbuch+ S. 74–75 Arbeitsheft+ S. 139–144

Bevölkerungswachstum

26

- Relatives Wachstum als Wachstum mit konstanten Raten verstehen
- Relatives und lineares Wachstum in einem Modell miteinander verknüpfen
- Rekursive Vorschriften variieren und entsprechende qualitative Veränderungen erkennen

Schulbuch+ S. 76–77 Arbeitsheft+ S. 145–148

Einmaleinstafel

27

- Beziehungen zwischen Produkten in der Einmaleinstafel erkennen und visualisieren
- Verwandtschaft zwischen Zahlentermen algebraisch darstellen
- Zahlenstrukturen beschreiben und begründen

Schulbuch+ S. 78–79 Arbeitsheft+ S. 149–152

Algorithmen

28

- Verschiedene Sortieralgorithmen vergleichen und ausführen
- Flussdiagramme lesen und befolgen
- Fraktale als Algorithmen sehen, zeichnen und vergleichen

Schulbuch+ S. 80–81 Arbeitsheft+ S. 153–159

mathbuch

Mathematatik für die Sekundarstufe I

Arbeitsheft

3+

Walter Affolter
Guido Beerli
Hanspeter Hurschler
Beat Jaggi
Werner Jundt
Rita Krummenacher
Annegret Nydegger
Beat Wälti
Gregor Wieland

Schulverlag plus AG
Klett und Balmer Verlag

Üben, üben, üben

«Übung macht den Meister». Das ist kein hohler Spruch, sondern eine Tatsache, die im Sport gilt, in der Musik und auch in der Mathematik.
Das «mathbuch» bietet dir – neben all den Aufgaben im Schulbuch und im Arbeitsheft – auf www.mathbuch.info zusätzliche Gelegenheiten zum Üben.

Weitere Aufgaben

Am Ende der meisten Lernumgebungen im Arbeitsheft findest du einen Verweis auf weitere Aufgaben aus den Bereichen «Grundanforderungen» und «Zusatzanforderungen».

☐ Weitere Aufgaben
«Grundanforderungen» **D509-02**

☐ Weitere Aufgaben
«Zusatzanforderungen» **D509-03**

Der Code führt dich direkt zur entsprechenden Datei mit Aufgaben, die du ausdrucken und dann auf Papier lösen kannst.

Rechentraining

Im Schulbuch und im Arbeitsheft zeigt dir die Rubrik «Rechentraining» jeweils an, wie du selbstständig weitere Trainingseinheiten für dich oder deine Kolleginnen und Kollegen erstellen kannst.

Rechentraining Stellt eigene Beispiele her, tauscht sie aus und übt immer wieder.

Zusammengesetzte Grössen — Rechentraining online **D105-01**

$3\ km^2 = \ldots\ m^2$	$2\ dm^3 = \ldots\ cm^3$
$100\ m^2 = \ldots\ ha$	$19\ g/cm^3 = \ldots\ kg/m^3$

Der Code führt zu einer entsprechenden Aufgabenserie, die du direkt am Computer lösen kannst. Wenn du lieber auf Papier arbeitest, kannst du die Aufgabenserie (mit oder ohne Lösungen) auch ausdrucken.

Kopfgeometrie

Im Schulbuch und im Arbeitsheft findest du in der Rubrik «Kopfgeometrie» Aufgaben, die dein Vorstellungsvermögen trainieren.

Kopfgeometrie

e + f = k + 2 — Kopfgeometrie online **D514-02**

Ein Polyeder ist ein Körper, der durch mehrere ebene Flächen begrenzt wird. Zählt man bei einem Polyeder die Anzahl der Ecken (e), die Anzahl der Flächen (f) und die Anzahl der Kanten (k), stellt man den folgenden Zusammenhang fest:

e + f = k + 2 Dieser Zusammenhang wird eulerscher Polyedersatz genannt.

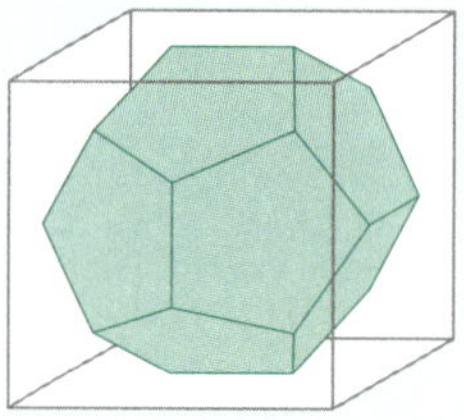

Der nebenstehende Polyeder besteht aus lauter regelmässigen Fünfecken und ist (als mögliche Zählhilfe) in einen Würfel eingebettet: Jede Würfelfläche trägt eine Kante des Fünfeck-Körpers.

Versuche die Werte von f, k und e auf verschiedene Wege zu zählen. Mit der Formel kannst du prüfen, ob du korrekt gezählt hast.

Hinweis: Für Körper, die durch ebene Flächen begrenzt sind, aber ein oder mehrere Löcher aufweisen, gilt der eulersche Polyedersatz nicht.

Auch hier führt dich der Code zu einer Aufgabenserie, die du direkt am Computer lösen kannst.

Inhalt

Lernstandserhebung und Wiederholung

Grundlegung

Vertiefung und Weiterführung

A Arithmetik/Algebra (Zahl und Variable) **G** Geometrie (Form und Raum)
S Sachrechnen (Grössen, Funktionen, Daten und Zufall)

Kosten berechnen und Angebote vergleichen

Angebote vergleichen

1 Handynutzerinnen und -nutzer werden für Vergleiche in Gruppen eingeteilt. Es handelt sich um Annahmen zur durchschnittlichen Nutzung innerhalb eines Monats. Die Nutzung des Internets mit dem Handy wird nicht berücksichtigt.

Wenignutzer	60 Minuten Telefonie	30 SMS	5 MMS
Durchschnittsnutzer	120 Minuten Telefonie	60 SMS	10 MMS
Vielnutzer	480 Minuten Telefonie	150 SMS	25 MMS

Folgende Abonnemente stehen zur Verfügung:

	Free	**Start**	**Basic**	**Classic**
monatliche Grundgebühr [CHF]	0.00	19.00	33.00	65.00
Kosten je Minute Gespräch [CHF]	0.40	0.30	0.20	unlimitiert
Kosten für 1 SMS [CHF]	0.12	unlimitiert	unlimitiert	unlimitiert
Kosten für 1 MMS [CHF]	0.50	unlimitiert	unlimitiert	unlimitiert
Gratisminuten je Monat	0	50	30	–

A Berechne für unterschiedliches Nutzerverhalten die Kosten der Abonnemente Free, Start und Basic und trage sie in der Tabelle ein.

	Free [CHF]	**Start [CHF]**	**Basic [CHF]**	**Classic [CHF]**
Wenignutzer	____	____	____	65.00
Durchschnittsnutzer	____	____	____	65.00
Vielnutzer	____	____	____	65.00

B Stelle die Gesprächskosten (ohne SMS und MMS) der vier Abos als Graph dar.

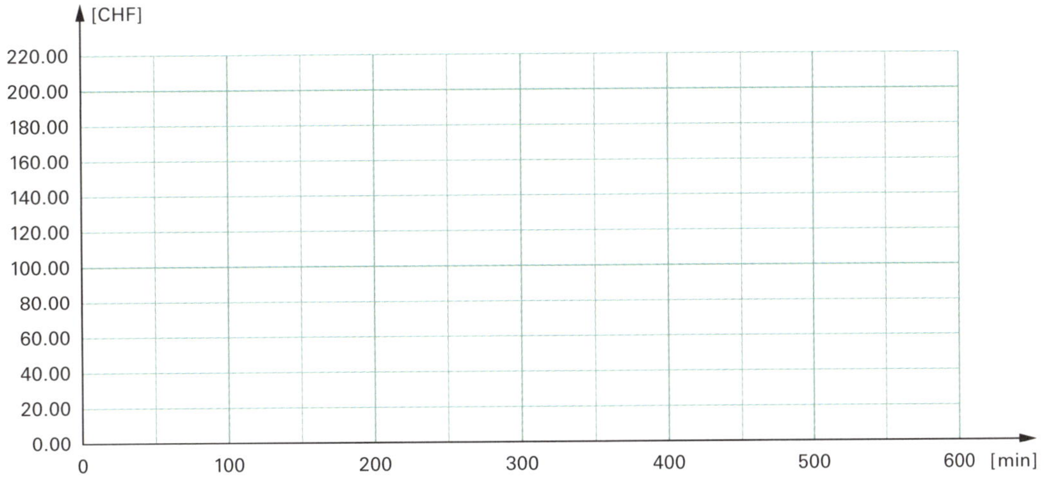

C Mit welchem Abo kann man für CHF 20.00 am längsten telefonieren?
D Mit welchem Abo kann man für CHF 40.00 am längsten telefonieren?
E Welches Abo eignet sich am besten für Personen, die vor allem SMS verschicken?
F Gib für jeden Nutzertyp eine Abo-Empfehlung ab.

Wenignutzer	____
Durchschnittsnutzer	____
Vielnutzer	____

2 Schlage mögliche Gebühren für drei verschiedene Abos vor und halte sie in der Tabelle fest.

	Abo 1	Abo 2	Abo 3
monatliche Grundgebühr [CHF]			
Kosten je Minute Gespräch [CHF]			

A Stelle die Gesprächskosten der drei Abos als Graph dar.

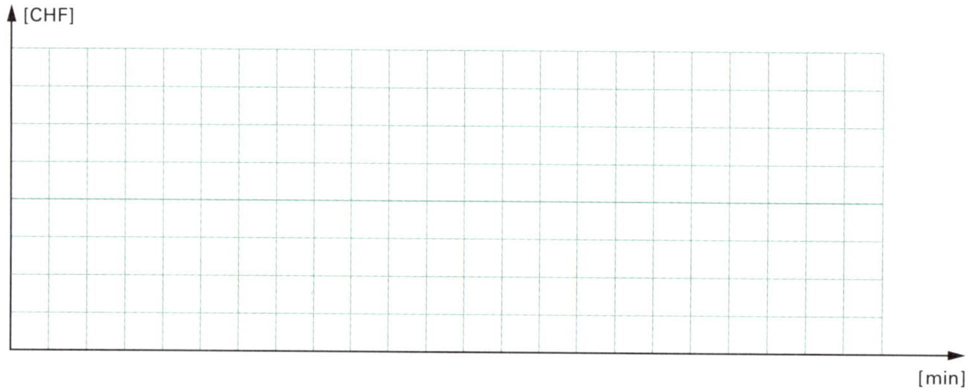

B Stelle für eine Person ein Benutzerprofil zusammen und berechne die monatlichen Kosten bei jedem der drei Abonnemente.

Benutzerprofil	
Gesprächsminuten pro Monat	

monatliche Kosten	
Abo 1	
Abo 2	
Abo 3	

Graphen

3 Petra kauft sich ein Handy. Ihr werden für Gespräche unterschiedliche Tarife angeboten:
Normaltarif N: Monatliche Grundgebühr CHF 15.00, Kosten pro Minute CHF 0.15.
Spezialtarif S: Monatliche Grundgebühr CHF 0.00, Kosten pro Minute CHF 0.40.
Welcher der folgenden Graphen zeigt den Normaltarif N? Begründe deine Entscheidung.

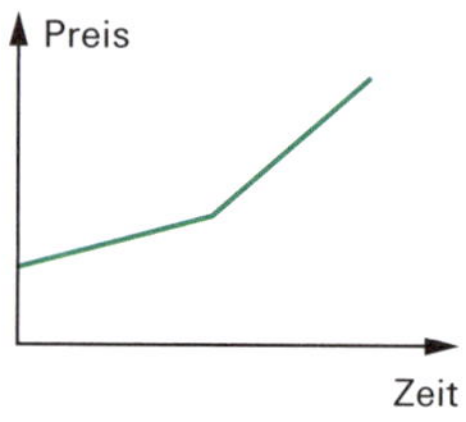

Graph 1

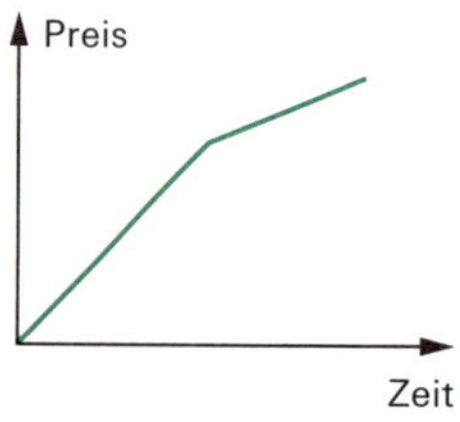

Graph 2

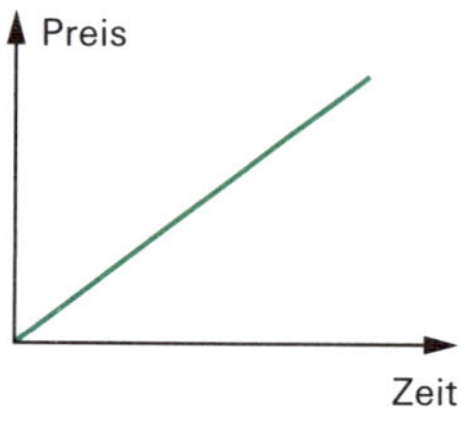

Graph 3

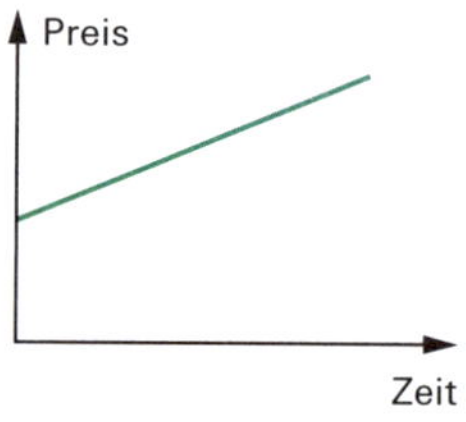

Graph 4

4

Miro kauft sich ein Handy. Ihm werden für Gespräche unterschiedliche Tarife angeboten:

Normaltarif N	monatliche Grundgebühr CHF 10.00	Kosten pro Minute CHF 0.20
Spezialtarif S	monatliche Grundgebühr CHF 0.00	Kosten pro Minute CHF 0.30

A Stelle die beiden Tarife im Koordinatensystem unten dar.

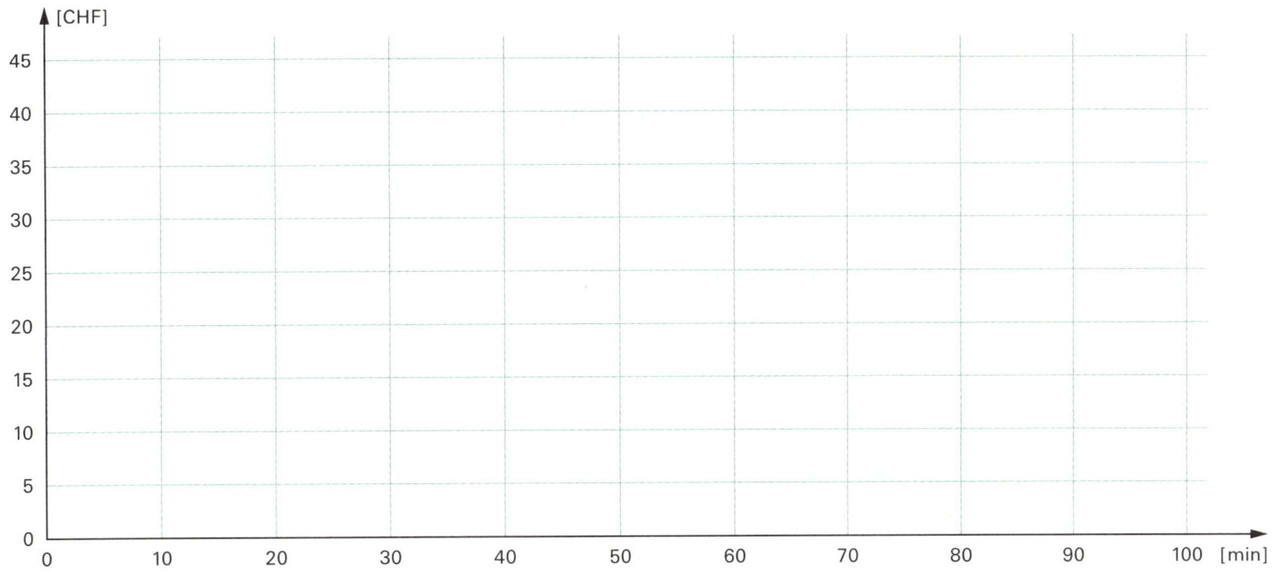

B Ab welcher Gesprächsdauer lohnt sich der Abschluss eines Abos zum Normaltarif?

____

5

Welches Monatsabo passt zu welchem der dargestellten Graphen?

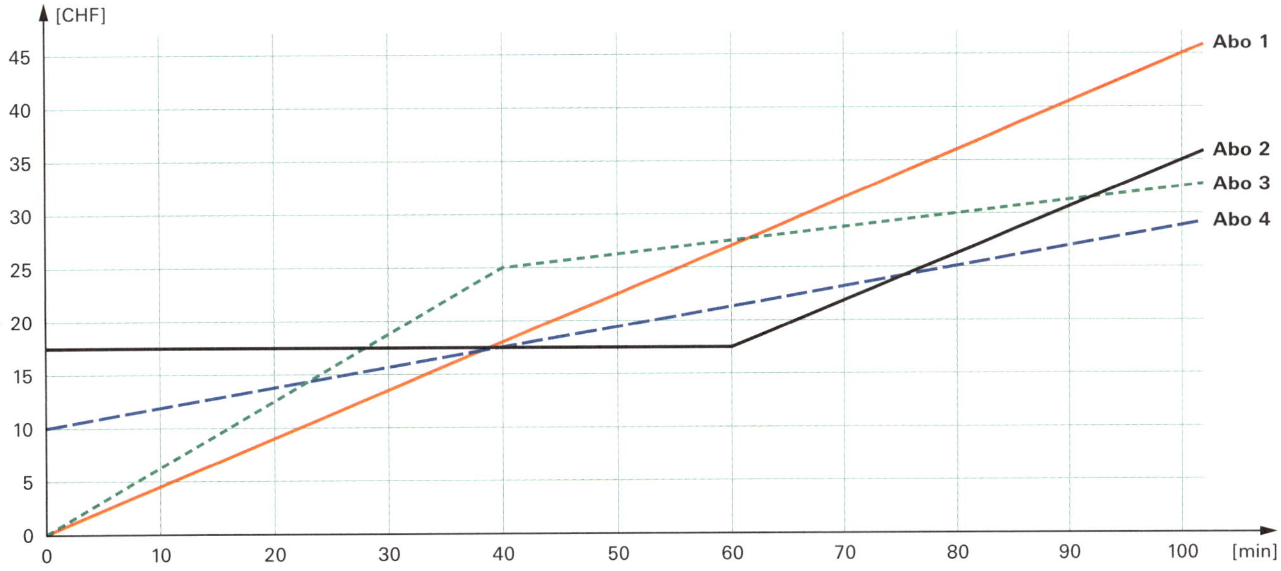

A Die ersten 40 Gesprächsminuten werden zu einem höheren Preis verrechnet als darüber hinausgehende Gesprächsminuten. Keine Grundgebühr.

B Zusätzlich zu einem fixen Preis je Gesprächsminute wird eine monatliche Grundgebühr verrechnet.

C Es wird lediglich ein fixer Preis je Gesprächsminute verrechnet.

D In der monatlichen Grundgebühr sind 60 Gesprächsminuten inbegriffen.

6 Welches der vier bei Aufgabe 5 dargestellten Monatsabos ist am günstigsten, wenn der Nutzer …

A weniger als 40 Minuten pro Monat telefoniert?

B mehr als 200 Minuten pro Monat telefoniert?

C in der Regel ca. eine Stunde pro Monat telefoniert?

D zwischen einer und zwei Stunden monatlich telefoniert?

Ist das möglich?

7 Entscheide, ob die Sachverhalte möglich sind und begründe.

A Herr König telefoniert 20 Minuten: einige Minuten zu 0.20 CHF/min und einige Minuten zu 0.30 CHF/min.
Frau Kaiser telefoniert ebenfalls 20 Minuten: einige Minuten zu 0.25 CHF/min und einige Minuten zu 0.35 CHF/min.
Herr König bezahlt für die 20 Minuten insgesamt mehr als Frau Kaiser.

B Annalena führt drei Gespräche. Insgesamt telefoniert sie 20 Minuten und bezahlt dafür CHF 11.00.

Tarif Gespräch 1 0.45 CHF/min
Tarif Gespräch 2 0.55 CHF/min
Tarif Gespräch 3 0.08 CHF/min

C Jean Pierre telefoniert zuerst für 0.04 CHF/min, dann für 0.08 CHF/min. Er berechnet, dass ihn eine Gesprächsminute im Durchschnitt 0.05 CHF/min gekostet hat.
Nach einem dritten Gespräch zu 0.55 CHF/min stellt er fest, dass eine Gesprächsminute nun im Durchschnitt 0.50 CHF/min kostet.

Mobiltelefone im Ländervergleich

8 **Mobiltelefonteilnehmer und -teilnehmerinnen pro 100 Einwohner und Einwohnerinnen im internationalen Vergleich, Entwicklung 1990–2012**

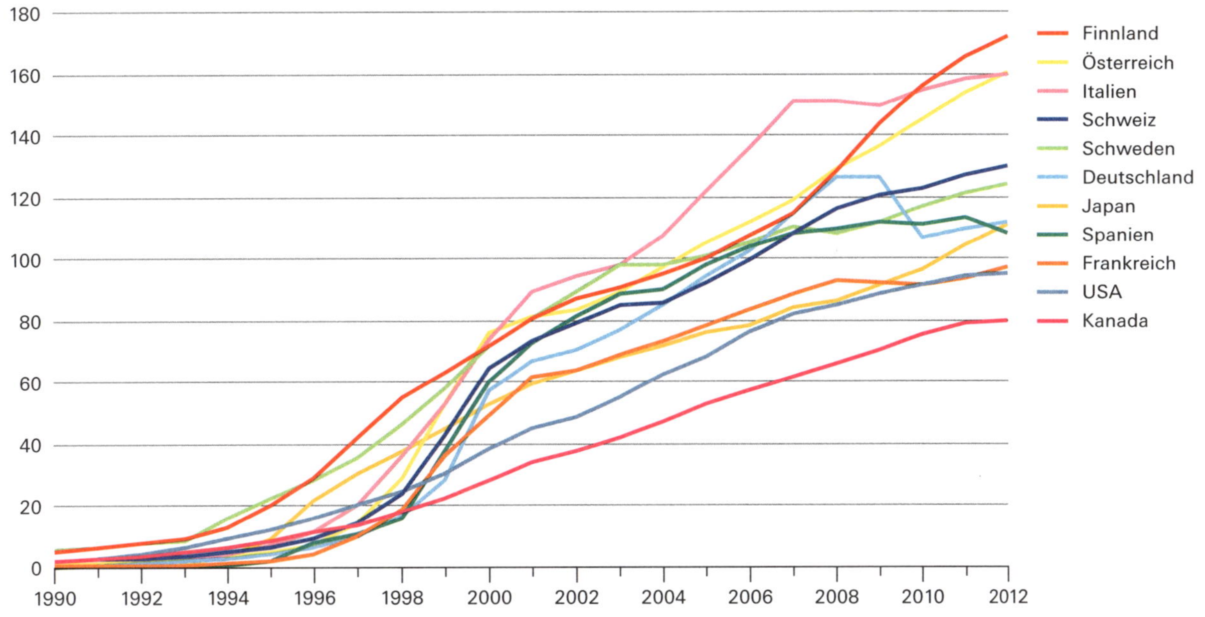

Quelle: ITU, BFS eigene Berechnungen © OFS

Beurteile, ob die Aussagen wahr (w) oder falsch (f) sind. Korrigiere die falschen Aussagen.

A	Im Jahr 2012 gab es in der Schweiz auf 100 Einwohner 130 Mobiltelefonabonnemente.	☐ w	☐ f
B	In den Jahren 2000 bis 2006 nahmen die Mobiltelefonabonnemente in Finnland prozentual stärker zu als in Italien.	☐ w	☐ f
C	In Kanada gab es im Jahr 2012 rund doppelt so viele Mobiltelefonabonnemente wie in Italien.	☐ w	☐ f
D	Während die Nutzerzahlen in der Schweiz Ende der 90er-Jahre kräftige Wachstumssprünge verzeichneten, schwächte sich dieser Trend zwischen 2003 und 2004 wieder ab.	☐ w	☐ f
E	In Österreich gab es zwischen 2008 und 2010 einen kräftigen Wachstumsrückgang.	☐ w	☐ f
F	In der Schweiz zeichnet sich seit 2009 gegenüber dem Zeitraum zwischen 2004 und 2008 ein leichter Wachstumsrückgang ab.	☐ w	☐ f

Selbstbeurteilung «Handy-Abos»

Ich kann ...

- ☐ Informationen aus Texten, Tabellen und grafischen Darstellungen entnehmen und damit Berechnungen und Vergleiche durchführen. **SB+ 2 und 3 AH+ 1**
- ☐ Graphen interpretieren und die Abhängigkeit zweier Grössen beschreiben. **SB+ 6 AH+ 3**
- ☐ Graphen zeichnen und anhand dieser Graphen Aussagen beurteilen. **AH+ 4 und 5**

Zusätzlich kann ich ...

Im Bereich «Lernstandserhebung und Wiederholung» werden keine Zusatzanforderungen ausgewiesen.

- ☐ Weitere Aufgaben **D501-01**

- ☐ Arbeitsrückschau im Merkheft **D501-02**

Die vier Grundoperationen

Rechentraining online **D502-01**

1

A Addition und Subtraktion	B Multiplikation und Division	C Rechnen mit und ohne Klammern
$2{,}88 + 0{,}22 =$ ______	$5{,}6 : (-0{,}8) =$ ______	$2 \cdot (-3 \cdot 0{,}5) =$ ______
$(-0{,}7) + (-0{,}7) =$ ______	$(-0{,}25) \cdot (-0{,}3) =$ ______	$3 + 3 \cdot (-0{,}8) =$ ______
$2 - 5{,}5 =$ ______	$(-0{,}3) \cdot (-0{,}3) \cdot 2 =$ ______	$(8{,}4 - 1{,}6) - (6{,}4 - 1{,}6) =$ ______
$(-2{,}5) - (3{,}5) =$ ______	$(-0{,}72) : 0{,}9 =$ ______	$5{,}4 \cdot ((-3) \cdot 1{,}5 + (-0{,}5)) =$ ______
$4{,}5 - (-0{,}9) =$ ______	$(-0{,}35) : 7 =$ ______	$24 : ((-4) \cdot (0{,}2)) =$ ______

Grundoperationen mit Grössen

2

A	B	C
$0{,}8\ \text{cm} \cdot 2{,}5\ \text{cm} =$ ______	$105\ \text{mm} =$ ______ m	$0{,}5\ \text{m} - 0{,}5\ \text{mm} =$ ______
$3\ \text{t} : 60 =$ ______	$0{,}7\ \text{m}^2 =$ ______ cm^2	$0{,}1\ \text{km} + 150\ \text{m} =$ ______
$0{,}1\ \text{a} : 10\ \text{m} =$ ______	$2\,500\ \text{dm}^3 =$ ______ m^3	$0{,}5\ \text{l} - 2{,}5\ \text{dl} =$ ______
$0{,}5\ \text{m} \cdot 0{,}4\ \text{m} \cdot 0{,}8\ \text{m} =$ ______	$2{,}5\ \text{h} =$ ______ min	$2\ \text{t} - 125\ \text{kg} =$ ______
$48\ \text{cm}^3 : 0{,}6\ \text{cm}^3 =$ ______	$75\ \text{min} =$ ______ h	$2{,}5\ \text{m}^2 - 0{,}8\ \text{m}^2 =$ ______

Geometrische Figuren

Rechentraining online **D502-02**

3

A Bei einem rechtwinkligen Dreieck misst die eine Kathete 10,5 cm, die andere 4,0 cm.
Berechne den Flächeninhalt des Dreiecks.

____

B Ein Kreis hat den Umfang von 27 cm. Berechne den Flächeninhalt mit $\pi = 3$.

____

C Ein Quader hat die Kantenlängen $a = 3$ dm, $b = 4$ dm und $c = 5$ dm.
Berechne das Volumen und die Oberfläche des Quaders.

____

D Ein Quadrat hat den Flächeninhalt von $1{,}44\ \text{m}^2$. Berechne Seitenlänge und Umfang des Quadrates.

____

E Der Durchmesser eines Zylinders misst $d = 8$ cm und die Höhe $h = 15$ cm.
Berechne das Volumen und die Oberfläche des Zylinders mit $\pi = 3$.

____

Brüche addieren und subtrahieren

4 Die beiden Abbildungen veranschaulichen jeweils eine Bruchaddition im Flächenmodell.

Addition 1

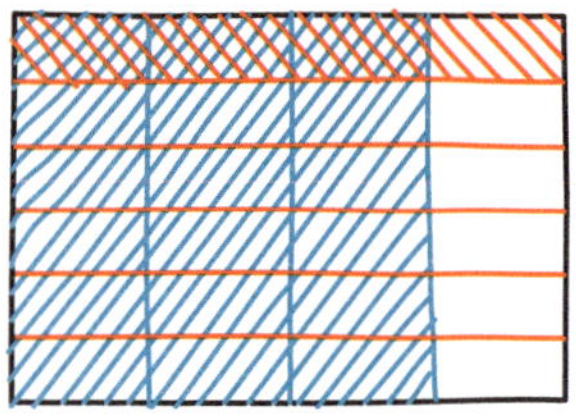

Addition 2

A Notiere zu jeder Abbildung die Bruchaddition und bestimme das Ergebnis.

B Beschreibe, wie man Bruchrechnungen in der Art $\frac{x}{a} + \frac{y}{b}$ und $\frac{x}{a} - \frac{y}{b}$ lösen kann.

5

A	B	C
$\frac{4}{5} + \frac{2}{3} =$ ______	$\frac{4}{5} - \frac{1}{2} =$ ______	$\frac{3}{4} + \frac{5}{8} =$ ______
$\frac{3}{5} + \frac{2}{3} =$ ______	$\frac{2}{3} - \frac{5}{8} =$ ______	$\frac{3}{4} - \frac{5}{8} =$ ______
$\frac{2}{5} + \frac{3}{4} =$ ______	$\frac{4}{5} - \frac{2}{3} =$ ______	$\frac{4}{5} + \frac{3}{4} =$ ______
$\frac{5}{8} + \frac{5}{6} =$ ______	$\frac{5}{8} - \frac{2}{5} =$ ______	$\frac{4}{5} - \frac{3}{4} =$ ______
$\frac{2}{3} + \frac{3}{4} =$ ______	$\frac{5}{6} - \frac{3}{4} =$ ______	$\frac{5}{8} - \frac{3}{4} =$ ______

Brüche multiplizieren und dividieren

6 Die drei Abbildungen veranschaulichen jeweils eine Bruchmultiplikation im Einheitsquadrat.

Multiplikation 1

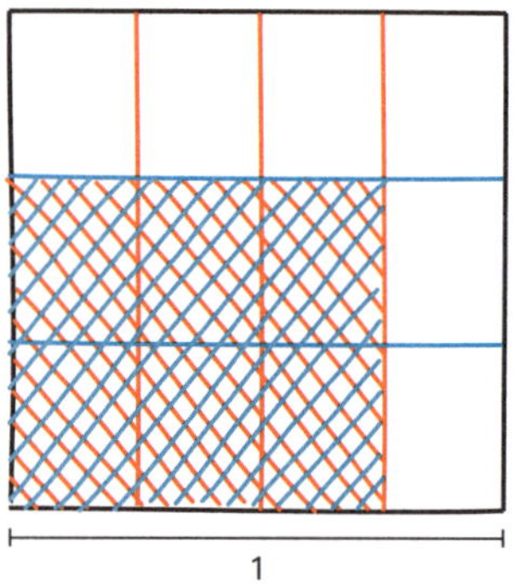

Multiplikation 2

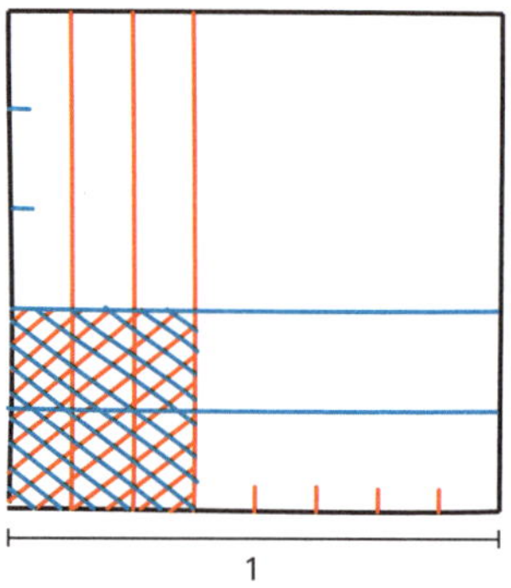

Multiplikation 3

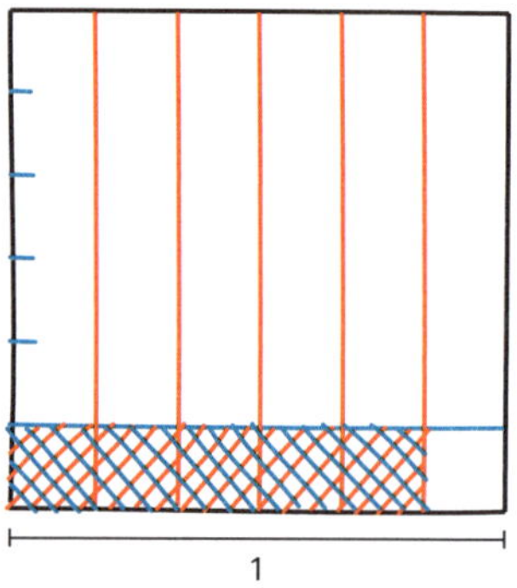

A Notiere zu jeder Abbildung die Bruchmultiplikation und bestimme das Ergebnis.

B Beschreibe, wie man Bruchrechnungen in der Art $\frac{x}{a} \cdot \frac{y}{b}$ lösen kann.

7

A

$\frac{1}{2}$ von $\frac{3}{5}$ = ____

$\frac{3}{4}$ von $\frac{5}{6}$ = ____

$\frac{2}{3}$ von $\frac{7}{8}$ = ____

$\frac{5}{12}$ von $\frac{3}{2}$ = ____

$\frac{3}{8}$ von $\frac{4}{5}$ = ____

B

$\frac{3}{4} \cdot \frac{4}{3}$ = ____

$\frac{5}{6} \cdot \frac{2}{3}$ = ____

$\frac{3}{5} \cdot \frac{3}{8}$ = ____

$\frac{7}{8} \cdot \frac{3}{4}$ = ____

$\frac{1}{10} \cdot \frac{1}{10}$ = ____

C

$\frac{3}{8}$ von 200 = ____

$\frac{5}{6}$ von 10 = ____

$\frac{2}{3}$ von 1,2 = ____

$\frac{2}{5}$ von 0,3 = ____

$\frac{3}{4}$ von 0,1 = ____

8

A

$\frac{3}{8} : 2$ = ____

$\frac{4}{5} : 5$ = ____

$\frac{7}{6} : 3$ = ____

$\frac{2}{3} : 6$ = ____

$\frac{9}{10} : 3$ = ____

B

$2 : \frac{1}{2}$ = ____

$4 : \frac{2}{5}$ = ____

$10 : \frac{3}{8}$ = ____

$5 : \frac{3}{2}$ = ____

$6 : \frac{2}{3}$ = ____

C

$\frac{3}{8} : \frac{3}{4}$ = ____

$\frac{3}{4} : \frac{2}{3}$ = ____

$\frac{3}{5} : \frac{3}{4}$ = ____

$\frac{5}{6} : \frac{5}{8}$ = ____

$\frac{4}{5} : \frac{7}{10}$ = ____

Zusammengesetzte Grössen

9

Was passt zusammen? Markiere jeweils zusammengehörende Angaben mit gleicher Farbe.

A

Ausflug/Reise	Distanz [km]	Zeit [h]	mittlere Geschwindigkeit [km/h]
Bahnreise Bern – Luzern	≈ 17 km	≈ 3 h	≈ 108 km/h
Wanderung Aarberg – Büren an der Aare	≈ 108 km	≈ 9 h	≈ 4,250 km/h
Autofahrt Basel – Chiasso	≈ 6 300 km	≈ 1 h	≈ 700 km/h
Flug Zürich – New York	≈ 290 km	≈ 4 h	≈ 97 km/h

B

Ausflug/Reise	Distanz [km]	Zeit [h]	mittlere Geschwindigkeit [km/h]
Flug Zürich – Tokyo	≈ 22 km	≈ 4 h	≈ 10 km/h
Radfahrt Bellinzona – Locarno	≈ 25 km	≈ 12 h	≈ 82 km/h
Schifffahrt Kreuzlingen – Stein am Rhein	≈ 330 km	≈ 1 h	≈ 800 km/h
Bahnreise Basel – Chiasso	≈ 9 600 km	≈ 2 h 30 min	≈ 22 km/h

Sachsituationen

10 A Ein Auto fährt mit einer Durchschnittsgeschwindigkeit von 90 km/h. Wie weit fährt es bei dieser Geschwindigkeit in 20 Minuten?

___

B Ein Auto braucht etwa 8 Liter Benzin für 100 km. Wie viel Benzin etwa braucht es für 25 km?

___

C Der Benzinpreis liegt bei 1.80 CHF/l. Wie viel kostet eine Tankfüllung von 50 Litern?

___

D Benzin hat eine Dichte von 0,75 kg/dm^3. Wie schwer sind 20 Liter Benzin?

___

E Buchenholz hat eine Dichte von 0,7 kg/dm^3. Welches Volumen hat ein 3,5 kg schweres Stück?

___

F Bei Bern fliesst die Aare mit einer mittleren Geschwindigkeit von 3 m/s. Wie lange etwa dauert eine Fahrt mit dem Schlauchboot auf der rund 18 km langen Strecke von Wichtrach nach Bern?

___

Prozent

Prozent – Dezimalbruch – Bruch

11 Ergänze.

Prozent	Dezimalbruch	Bruch
80 %	______	______
______	0,875	______
______	______	$\frac{5}{6}$
125 %	______	______
______	______	$\frac{4}{25}$

Relativ – absolut

12

A 25 % entsprechen 120
100 % entsprechen ______

B 30 % entsprechen 150
100 % entsprechen ______

C 500 entsprechen 100 %
150 entsprechen ______

D 0,5 entsprechen 100 %
0,1 entspricht ______

E 500 % entsprechen 10
100 % entsprechen ______

F 7,5 entsprechen 60 %
5 entsprechen ______

Sachsituationen

13 A Bei 20 % Ermässigung spart man CHF 75.00. Bestimme den ursprünglichen Verkaufspreis.

______

B Berechne den Jahreszins für ein Kapital von CHF 6 000.00 bei einem Zinssatz von 0,75 %.

______

C Projektion (Horizontaldistanz) = 4 m, Höhendifferenz = 2 m

Steigung = ______ %

D Der Zinssatz beträgt 2 %. Für welches Kapital erhält man einen Jahreszins von CHF 100.00?

______

E Bei welchem Zinssatz ergibt ein Kapital von CHF 5 000.00 einen Halbjahreszins von CHF 25.00?

______

Gleichungen

Rechentraining online **D502-03**

14

A

$48 : x = 12$	$x =$ ___	
$5(x-3) = 60$	$x =$ ___	
$\frac{x}{6} = 12$	$x =$ ___	
$7x - 18 = 17$	$x =$ ___	
$16x - 80 = 0$	$x =$ ___	

B

$4(y+7) = 48$	$y =$ ___
$2(12y-4) = 112$	$y =$ ___
$7y - 6 = 15$	$y =$ ___
$6y : 8 = 6$	$y =$ ___
$\frac{5}{y} = 0{,}5$	$y =$ ___

C

$9(3x+5) = 126$	$x =$ ___
$42 : (x-4) = 6$	$x =$ ___
$12(\frac{x}{3}) = 72$	$x =$ ___
$4x + 6 = 6x - 4$	$x =$ ___
$6(5x-6) = 54$	$x =$ ___

Potenzen und Wurzeln

Rechentraining online **D502-04**

15

A

- $3^2 \cdot 3^3 =$ ___
- $4^2 + 2^4 =$ ___
- $7 \cdot 2^3 =$ ___
- $3^4 - 3^3 =$ ___
- $5^3 : 5^1 =$ ___

B

- $10^9 : 10^3 =$ ___
- $(10^4)^2 =$ ___
- $10^4 \cdot 10^3 =$ ___
- $10^3 : 10^{-3} =$ ___
- $10^{-4} \cdot 10^3 =$ ___

C

- $\sqrt{25} \cdot 5 =$ ___
- $(\sqrt{9})^2 =$ ___
- $\sqrt{25-9} =$ ___
- $\sqrt{10^4} =$ ___
- $1000 : \sqrt{10000} =$ ___

Selbstbeurteilung «Rechentraining»

Ich kann …

- ☐ die vier Grundoperationen mit gebrochenen Zahlen und Grössen sicher und geläufig durchführen. **SB+2 AH+1, 2, 5, 7 und 8**
- ☐ den Wert von Zahlentermen berechnen und dabei Rechengesetze berücksichtigen. **SB+2 AH+1**
- ☐ einfache Gleichungen lösen. **SB+4 AH+14**
- ☐ einfache Rechnungen mit Potenzen und Wurzeln lösen. **SB+5 AH+15**

Zusätzlich kann ich …

Im Bereich «Lernstandserhebung und Wiederholung» werden keine Zusatzanforderungen ausgewiesen.

- ☐ Arbeitsrückschau im Merkheft **D502-05**

Die Entwicklung der Lebenskosten

Der Landesindex der Konsumentenpreise (LIK) wird seit 1922 berechnet. Seither wurde er mehrmals neu eingestellt. Das ist nötig, weil neue Waren und Dienstleistungen auf den Markt kommen und sich das Konsumverhalten der Bevölkerung mit der Zeit verändert.

Die Warenkörbe von 1926 und von 2014

KV «Säulendiagramm» **D503-01**

1 **Warenkorb und Gewichtung 1926**

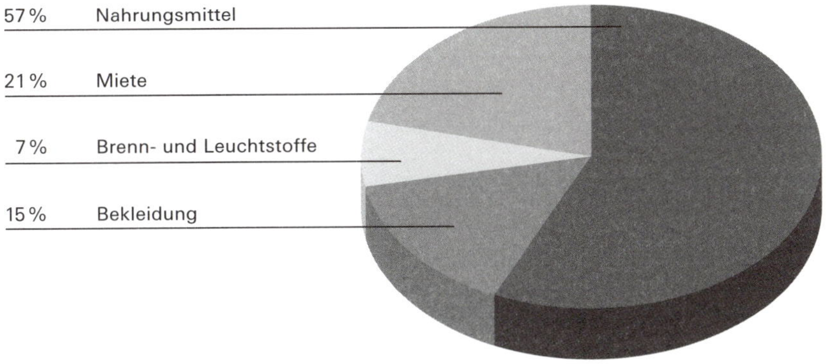

Warenkorb und Gewichtung 2014

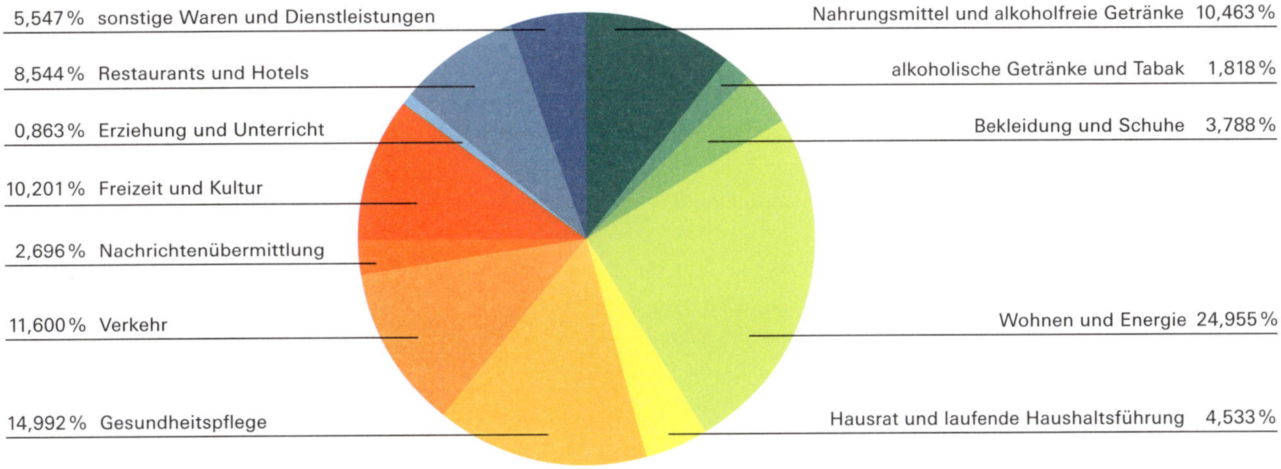

Quelle: Bundesamt für Statistik (BFS), Website Statistik Schweiz (Stand 2014)

A Vergleiche die Kategorien der beiden Warenkörbe und halte deine Ergebnisse stichwortartig fest.

____

____

B Stelle die Daten von 1926 und 2014 für die drei Kategorien «Nahrungsmittel» – «Wohnen/Energie» – «Bekleidung/Schuhe» in einem Säulendiagramm dar. Für 1926 fasst du die beiden Bereiche «Miete» und «Brenn- und Leuchtstoffe» in einer Säule zusammen.

C Schreibe zu deinem Säulendiagramm einen erklärenden Text.

Entwicklung des Landesindexes

2 Die Tabelle zeigt die Entwicklung des Landesindexes der Konsumentenpreise (LIK) seit 1985.

	Jan.	Feb.	März	April	Mai	Juni	Juli	Aug.	Sept.	Okt.	Nov.	Dez.
1985	65.9	66.4	66.8	66.7	66.7	66.6	66.5	66.5	66.7	66.9	67.3	67.4
1990	74.0	74.2	74.4	74.6	75.0	75.1	75.1	75.9	76.3	76.7	77.4	77.4
1995	87.3	88.1	88.1	88.2	88.0	88.2	88.2	88.4	88.5	88.4	88.3	88.4
2000	90.9	91.2	91.2	91.2	91.2	91.5	91.6	91.4	91.8	91.7	92.2	92.1
2005	94.6	94.8	95.0	95.8	95.7	95.5	95.0	95.1	95.5	96.4	96.1	96.0
2010	99.4	99.5	99.7	100.5	100.4	100.0	99.2	99.2	99.2	99.7	100.0	100.0
2011	99.6	100.0	100.7	100.8	100.8	100.5	99.7	99.4	99.7	99.6	99.4	99.3
2012	98.9	99.1	99.7	99.8	99.8	99.5	99.0	99.0	99.3	99.4	99.1	98.9
2013	98.6	98.9	99.1	99.1	99.2	99.3	99.0	98.9	99.2	99.1	99.1	98.9
2014	98.6	98.7	99.1	99.2	99.5	99.4	99.0	99.0	99.1	99.1	99.1	98.6
2015	98.2	97.9										
2016												
2017												

A Betrachte die Tabelle und kreuze dann die zutreffenden Aussagen an.

Aussage 1	Der Landesindex für Konsumentenpreise steigt von Monat zu Monat gleichmässig an.	☐
Aussage 2	Die grösste Teuerung gab es im Jahr 1990.	☐
Aussage 3	Die geringste Teuerung gab es im Jahr 2013.	☐
Aussage 4	Sowohl 2005 als auch 2010 gibt es zwischen März und April eine markante Teuerung. Bis zum Juli gibt es dann aber jeweils eine rückläufige Entwicklung.	☐
Aussage 5	1990 ist ein Jahr mit keiner bemerkenswerten Teuerung zwischen Januar und Dezember.	☐
Aussage 6	Im zweiten Halbjahr 1995 haben sich die Konsumentenpreise nur minim verändert.	☐

B Stelle die Daten für das Jahr 2010 in einem Liniendiagramm dar.

LIK 2010: monatliche Entwicklung

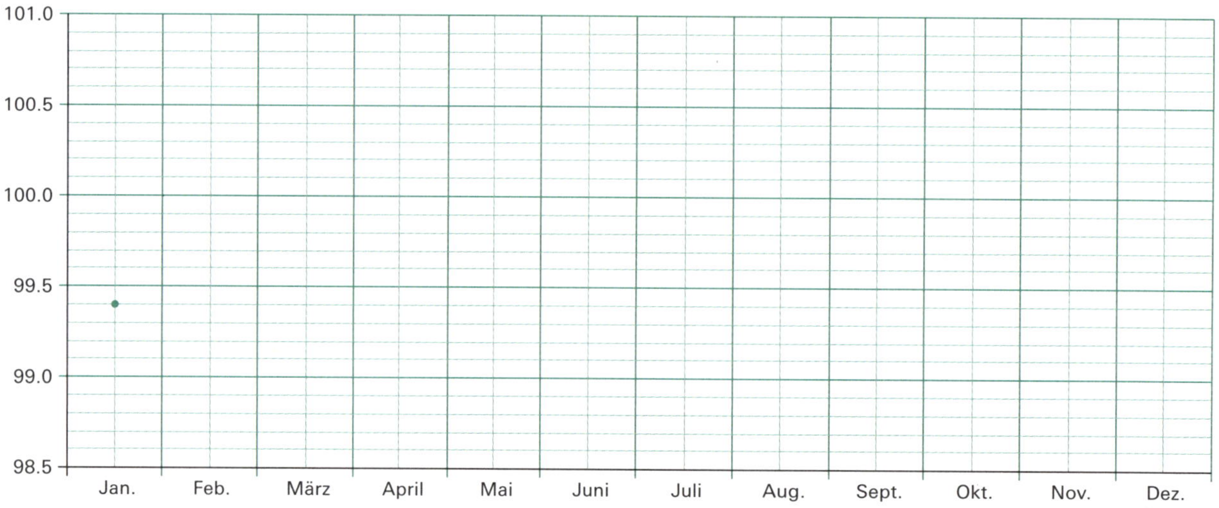

Mietpreise

3 Die Tabelle stellt die Entwicklung der Mietpreise in der Schweiz dar.
(Vierteljährliche Erhebung. Basis Mai 1993 = 100).

	Index	Veränderungen in % zum		durchschnittliche Mietpreise gemäss Wohnungstyp in CHF					
		Vorquartal	Vorjahr	1 Zi.	2 Zi.	3 Zi.	4 Zi.	5 Zi.	6 Zi.
Februar 2010	124.3	0,7	1,2	685	936	1 140	1 385	1 755	2 131
Mai 2010	124.5	0,2	1,0	696	938	1 138	1 384	1 784	2 110
August 2010	124.3	−0,2	0,9	702	935	1 134	1 393	1 762	2 082
November 2010	125.1	0,6	1,4	709	939	1 145	1 402	1 791	2 166
Februar 2011	126.3	0,9	1,5	700	948	1 146	1 407	1 809	2 181
Mai 2011	126.0	−0,2	1,2	693	945	1 146	1 408	1 801	2 123
August 2011	126.1	0,1	1,4	710	953	1 144	1 409	1 788	2 152
November 2011	126.5	0,3	1,1	709	959	1 152	1 412	1 790	2 206
Februar 2012	127.2	0,5	0,7	717	964	1 157	1 413	1 771	2 211
Mai 2012	126.9	−0,2	0,7	731	962	1 162	1 406	1 769	2 171
August 2012	126.8	−0,1	0,5	733	960	1 165	1 404	1 760	2 150
November 2012	126.5	−0,2	0,0	730	960	1 164	1 409	1 753	2 159

A Überprüfe die folgenden Behauptungen.

Behauptung 1 Wohnen wird ständig teurer.

____

____

Behauptung 2 Von 2010 bis 2012 hat die Jahresteuerung immer zugenommen.

____

____

Behauptung 3 Die Teuerung betrifft alle Wohnungstypen gleichermassen.

____

____

B Berechne die prozentuale Teuerung für die einzelnen Wohnungstypen zwischen Februar 2010 und November 2012.

1 Zi.	2 Zi.	3 Zi.	4 Zi.	5 Zi.	6 Zi.
______	______	______	______	______	______

Schweizer zahlen wenig fürs Essen

4

Absolut gesehen sind Nahrungsmittel in der Schweiz teuer. Es gibt aber nur vier Länder, in denen die Bevölkerung gemessen an ihrem Einkommen ähnlich wenig fürs Essen ausgibt wie in der Schweiz: Amerika (6,7 %), Singapur (7,4 %), Grossbritannien und Kanada (je 9,5 %). Im restlichen Europa wendet die Bevölkerung 10,9 bis 22,6 % fürs Essen auf. In Ländern wie Marokko, Ägypten oder Pakistan liegt der entsprechende Wert bei über 40 %.
«Das Essen wird immer billiger», titelte kürzlich eine Zeitung. Nur noch 6,8 % seiner Ausgaben wende der durchschnittliche Schweizer Haushalt gemäss Bundesamt für Statistik für Nahrungsmittel auf (dazu 4,7 % für Konsumationen in Restaurants und Take-aways).
Das sind 2012 in einem Durchschnittshaushalt mit 2,3 Personen monatlich CHF 1 104.00.
«Noch nie zuvor haben die Nahrungsmittel das Haushaltsbudget so gering belastet», meldet die Zeitung. 1980 hätten die Haushalte noch 11 % dafür ausgegeben.

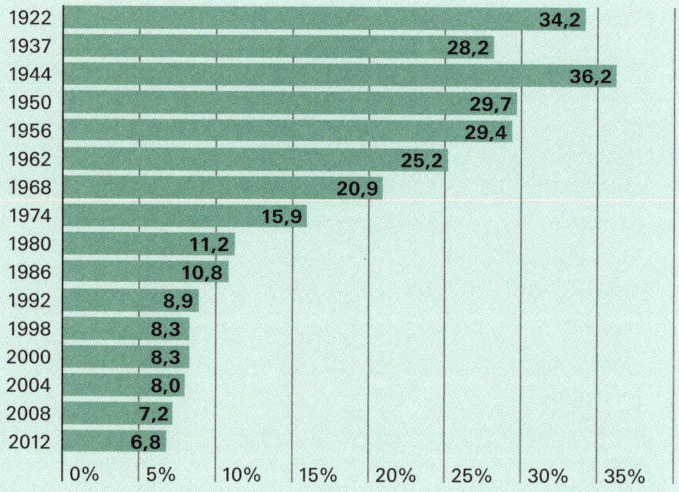

A Von welchem monatlichen Bruttoeinkommen pro Haushalt im Jahr 2012 geht man hier aus?

____

B Stell dir vor, die Kosten für das Essen wären 2012 prozentual gleich hoch gewesen wie 1922. Berechne den entsprechenden Betrag.

____

C Berechne, wie viel das Essen und Trinken für eine Person im Monat durchschnittlich kostet.

____

D Suche nach einer Begründung, wie die Schwankungen im oberen Teil der Grafik erklärt werden könnten.

____

E Wage eine Prognose, wie die Fortsetzung der Grafik für die nächsten 20 Jahre aussehen könnte.

____

Unterhaltung, Erholung und Kultur 2011

5

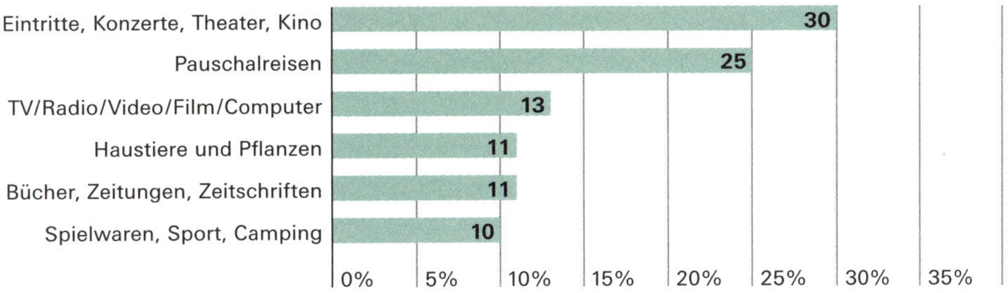

Die Ausgaben für Unterhaltung, Erholung und Kultur machen in einem Schweizer Durchschnittshaushalt rund 6,5 % des Gesamtbudgets aus. Das sind gut CHF 7 392.00 pro Jahr.

A Mit welchem monatlichen Bruttoeinkommen für einen Schweizer Durchschnittshaushalt wird hier gerechnet? Rechne mit einem Einkommen ohne 13. Monatslohn, also mit 12 Monatslöhnen pro Jahr.

____

B Wie viele Franken etwa gab ein Schweizer Durchschnittshaushalt nach diesen Angaben pro Monat für Unterhaltung, Erholung und Kultur aus?

____

C Wie viele Franken wurden im Durchschnitt pro Monat für TV, Radio, Video, Film und Computer ausgegeben?

____

D Wie viel wurde in einem Schweizer Durchschnittshaushalt pro Monat für Eintritte, Konzerte, Theater und Kino ausgegeben?

____

E Deckt die Grafik 100 % der Ausgaben für Unterhaltung, Erholung und Kultur ab?

____

F Deckt die Grafik 100 % der Haushaltsausgaben ab?

____

G Wie viele Prozente der monatlichen Ausgaben eines Schweizer Durchschnittshaushaltes wurden für Pauschalreisen eingesetzt?

____

H Wie viele Prozente der jährlichen Ausgaben eines Schweizer Durchschnittshaushaltes wurden für Haustiere und Pflanzen aufgewendet?

____

Diagramme vergleichen

6 **A** Welches sind wesentliche Unterschiede zwischen dem Diagramm in Aufgabe 4 («Schweizer zahlen wenig fürs Essen») und dem Diagramm in Aufgabe 5 («Unterhaltung, Erholung und Kultur»)?

B Welche andere Art von Diagramm würde sich für die Darstellung der beiden Sachverhalte eignen?

«Schweizer zahlen wenig fürs Essen»

«Unterhaltung, Erholung und Kultur»

Selbstbeurteilung «Warenkorb»

Ich kann …

- [ ] Diagramme lesen und zeichnen. **SB+1 und 2 AH+1 und 2**
- [ ] Wertetabellen lesen und auf Zusammenhänge hin untersuchen. **SB+5 AH+2 und 3**
- [ ] mit den Daten Berechnungen durchführen. **SB+3 und 5 AH+2 bis 5**
- [ ] die Bedeutung von gewichteten Anteilen an einer Gesamtgrösse erkennen. **SB+4 AH+5 und 6**
- [ ] die Entwicklung eines Indexes verstehen. **SB+5 AH+2 bis 4**

Zusätzlich kann ich …

Im Bereich «Lernstandserhebung und Wiederholung» werden keine Zusatzanforderungen ausgewiesen.

- [ ] Weitere Aufgaben **D503-02**

- [ ] Arbeitsrückschau im Merkheft **D503-03**

Symmetrien erkennen

1 Diese Puzzlebilder lassen sich durch Kongruenzabbildungen zur Deckung bringen.

A Gib an, mit welcher Kongruenzabbildung du von Puzzle 1 zu Puzzle 2, von Puzzle 2 zu Puzzle 3, … bis Puzzle 6 kommst. Zeichne entsprechende Spiegelachsen und Drehpunkte ein.

Puzzlebild 1

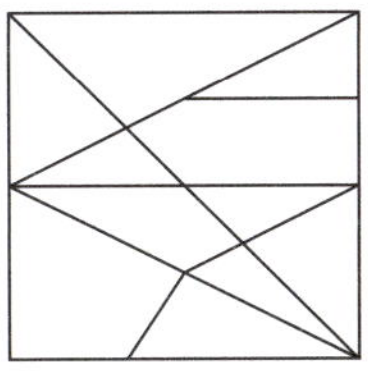

Puzzlebild 2

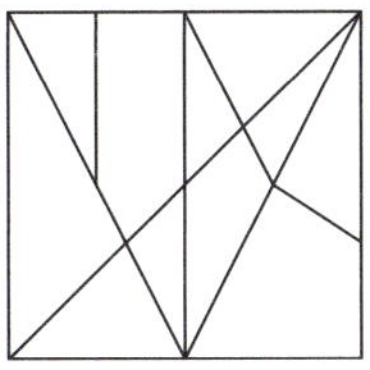

Puzzlebild 3

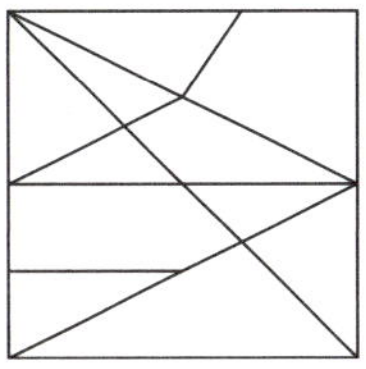

Puzzlebild 4

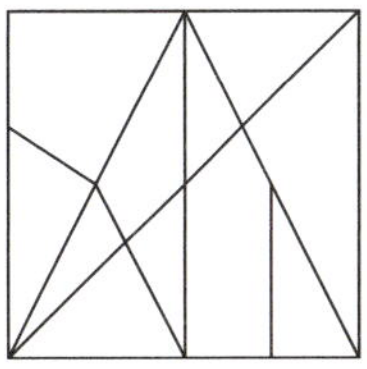

Puzzlebild 5

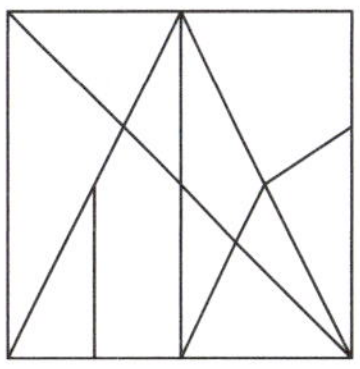

Puzzlebild 6

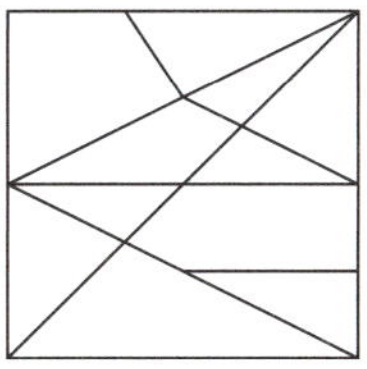

B Welche Kongruenzabbildung führt von Puzzlebild 1 direkt zu Puzzlebild 6?

2 Färbe in den Puzzlebildern Flächen so, dass …

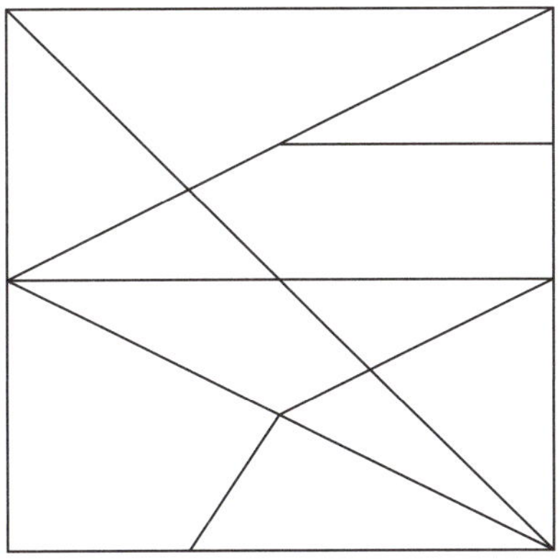

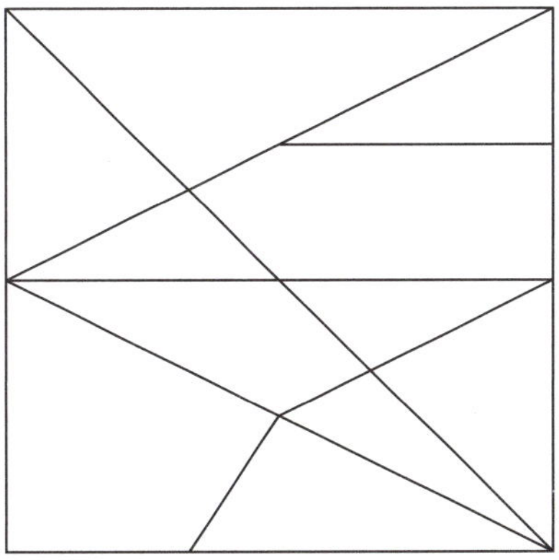

Beispiel für punktsymmetrisches Bild

A die gefärbten Flächen ein punktsymmetrisches Bild ergeben.

B die gefärbten Flächen ein achsensymmetrisches Bild ergeben.

Bruchteile

3

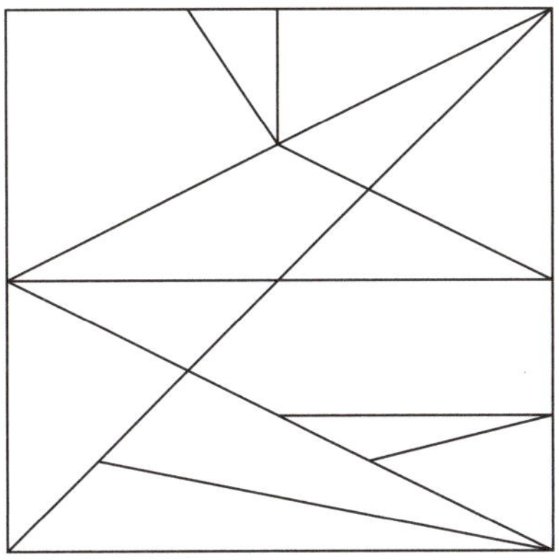

A Färbe die verschiedenen Bruchteile $\frac{1}{2}$ $\frac{1}{4}$ $\frac{1}{3}$ $\frac{1}{6}$ $\frac{1}{8}$ des Puzzles.

B Ist es möglich, alle Bruchteile aus Aufgabe A so zu färben, dass sie sich nicht überdecken? Begründe.

Holzpuzzle

4

Angaben zur Herstellung des Puzzles
Die Grundplatte bedeckt eine Fläche von 400 mm · 400 mm und ist 5 mm dick.
Der Rahmen ist auf die Grundplatte geklebt. Die Puzzleteile sind 1 cm hoch, der Rahmen ist etwas niedriger, nämlich 8 mm.

A Erstelle eine Skizze und beschrifte mit a die Seitenlänge der Grundplatte und mit b die Breite des Rahmens.

B In den drei Beispielen ist der Rahmen unterschiedlich breit. Ergänze die Tabelle.

	Beispiel 1	Beispiel 2	Beispiel 3	allgemeine Formel
Fläche der Grundplatte [mm^2]	400 · 400	400 · 400	400 · 400	a · a
Breite des Rahmens [mm]	20	15	12	b
Seitenlänge des Puzzles [mm]	360	______	______	______
Holzvolumen Rahmen [mm^3]	______	______	______	______
Holzvolumen Puzzle [mm^3]	______	______	______	______
gesamtes Holzvolumen [mm^3]	______	______	______	______

Puzzle im Koordinatensystem

5

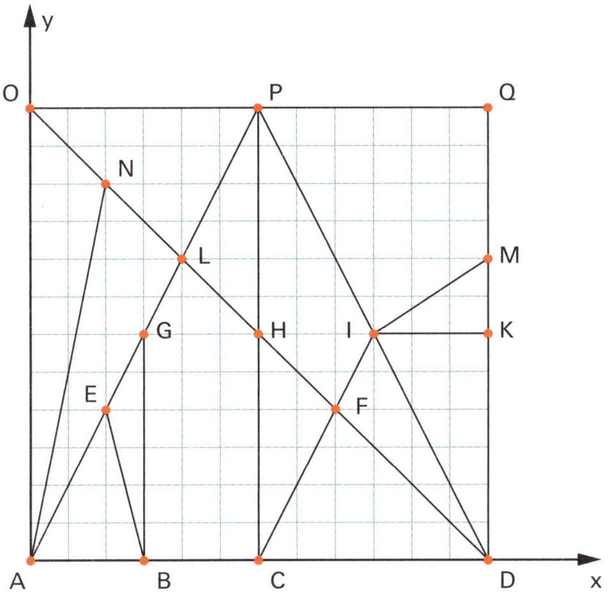

Die Koordinaten von Punkt A sind (0/0), von Punkt E (2/4).

A Gib zu drei Puzzleteilen jeweils die Koordinaten der Eckpunkte an.

B Der Raster des Puzzles wird verändert. Die Seite des Puzzles misst nun 24 Häuschen.
Somit liegen zwischen den Punkten A und B sechs Häuschenlängen.
Gib von den Puzzleteilen aus Aufgabe A die neuen Koordinaten an.

C Beschreibe allgemein, wie sich die Koordinaten der Puzzleecken verändern.

D Die Achsen des Koordinatensystems werden verschoben.
Die Koordinate von Punkt H ist (0/0), von Punkt E (–4/–2).
Gib zu fünf Puzzleteilen jeweils die Eckpunkte als Koordinaten an.

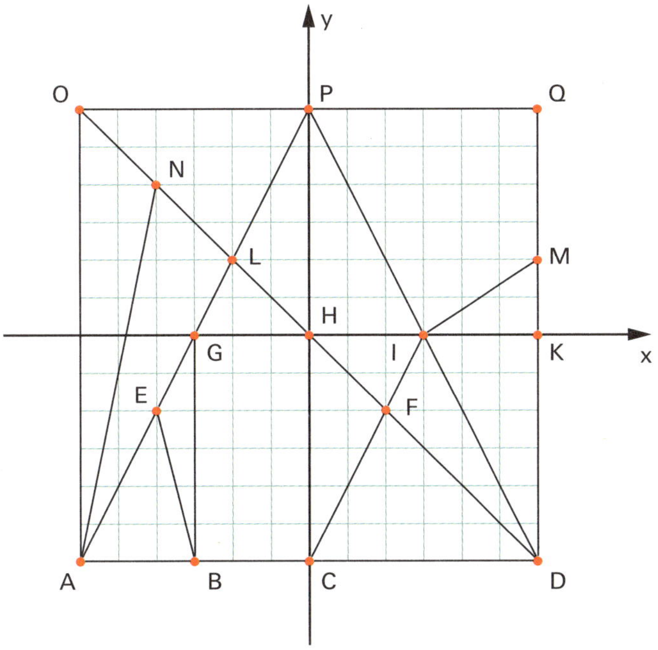

E Beschreibe allgemein die Veränderung der Koordinaten.

Formeln für geometrische Figuren

6 Die folgenden Figuren haben jeweils einen Flächeninhalt von 60 cm^2.
Zeichne die Figuren in Originalgrösse. Wie gehst du vor? Schreibe den Lösungsweg auf.

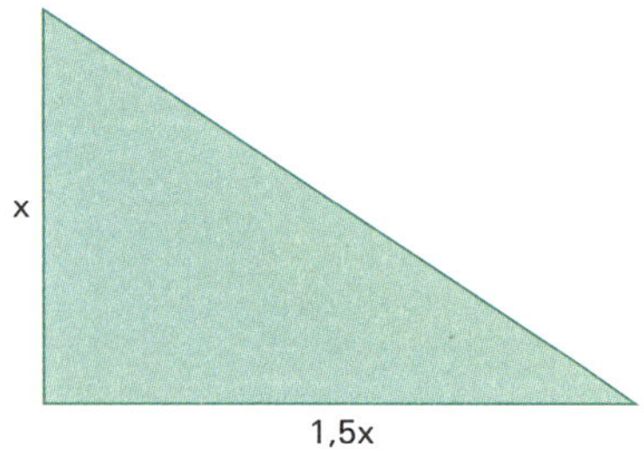

rechtwinkliges Dreieck

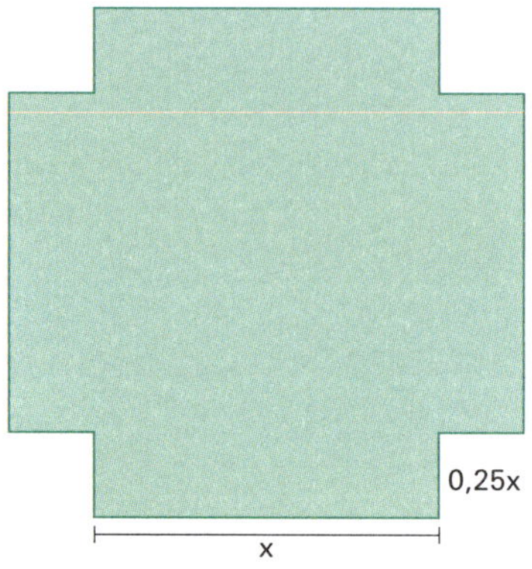

Quadrat mit ausgeschnittenen Quadraten

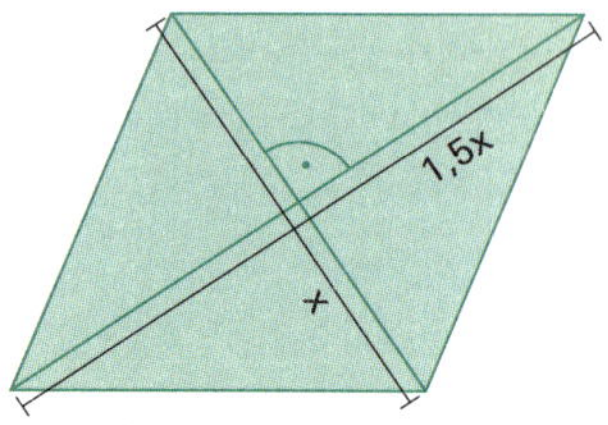

Rhombus

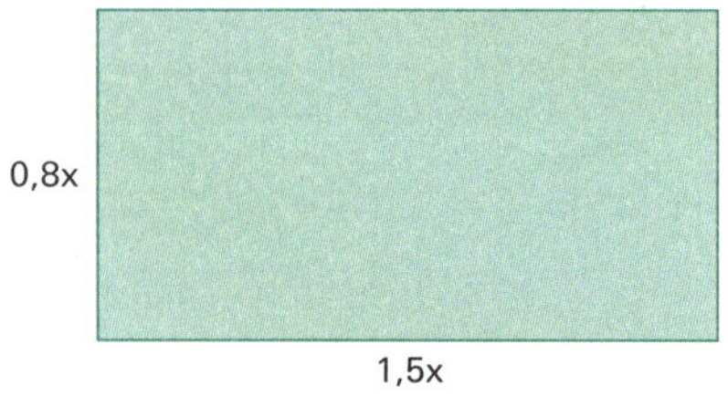

Rechteck

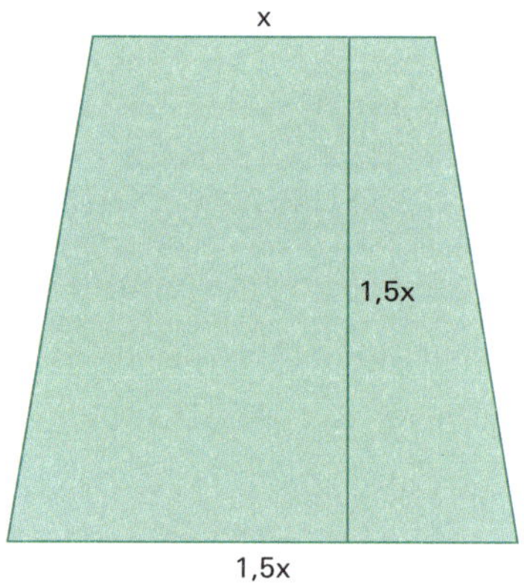

symmetrisches Trapez

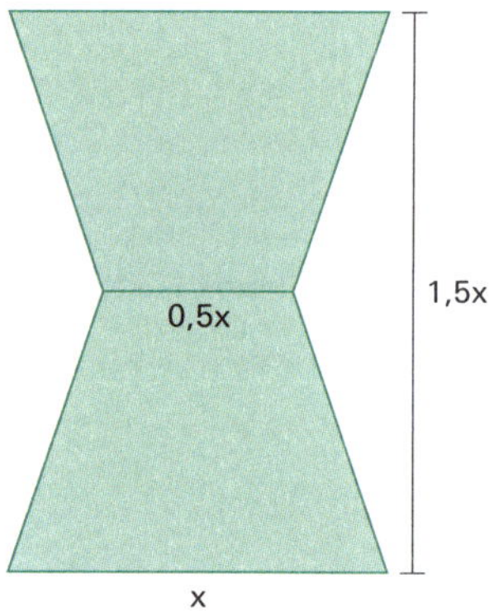

Doppeltrapez

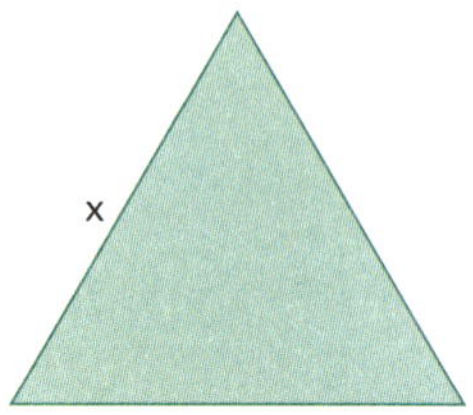

gleichseitiges Dreieck

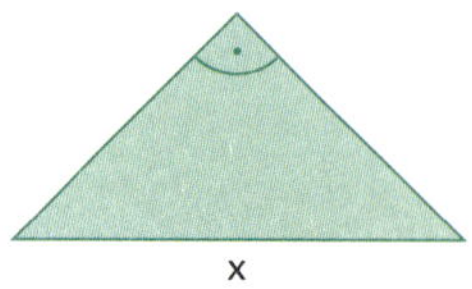

gleichschenklig-rechtwinkliges Dreieck

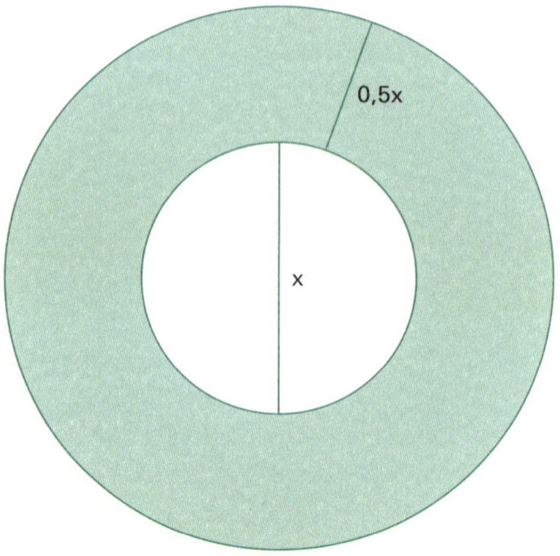

Kreisring

Konstante Mantelfläche

7

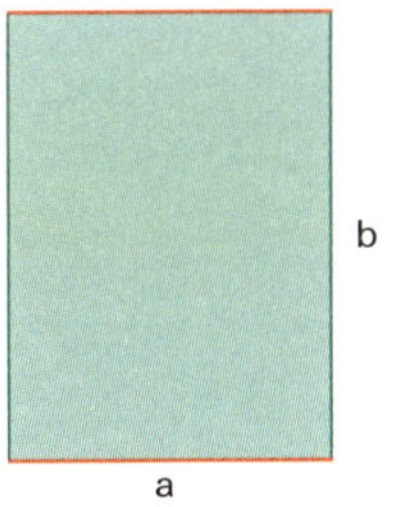

A4-Blatt

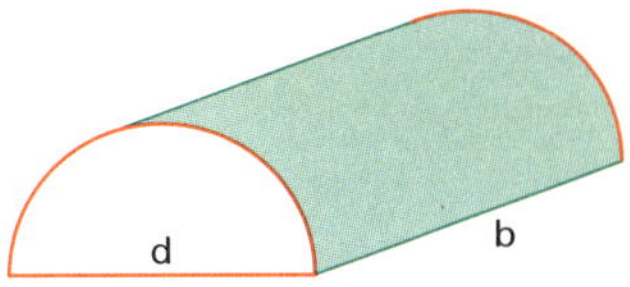

Körper 1

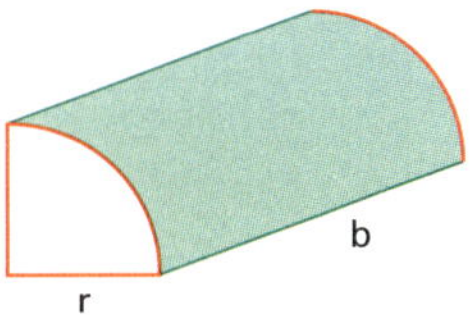

Körper 2

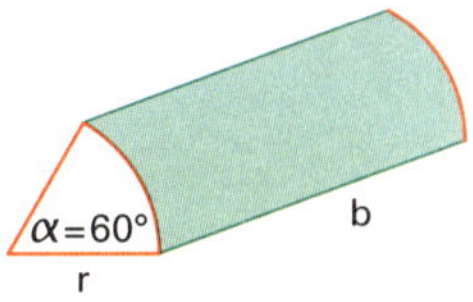

Körper 3

A Bestimme für jeden Körper ungefähr den Radius r und das Volumen V, wenn die Mantelfläche einem A4-Blatt entspricht. Rechne mit π = 3.

B Gib für jeden Körper die Formel für den Radius und das Volumen an, wenn die Mantelfläche einem beliebigen Rechteck $a \cdot b$ entspricht.

Konstantes Volumen

8 Alle drei Körper haben ein Volumen von 1 dm^3 und h_k = 20 cm.

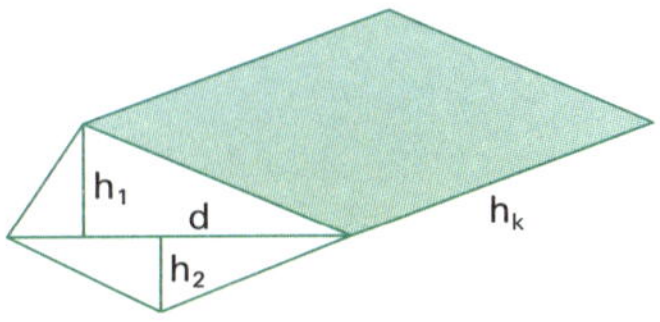

Körper 1

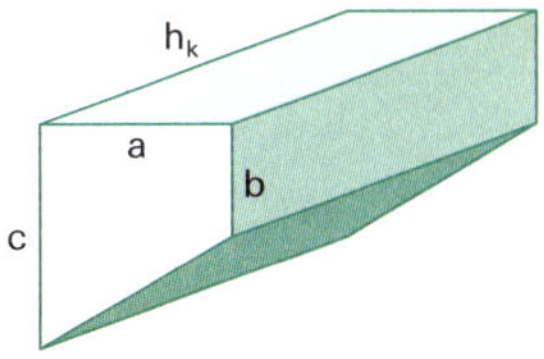

Körper 2

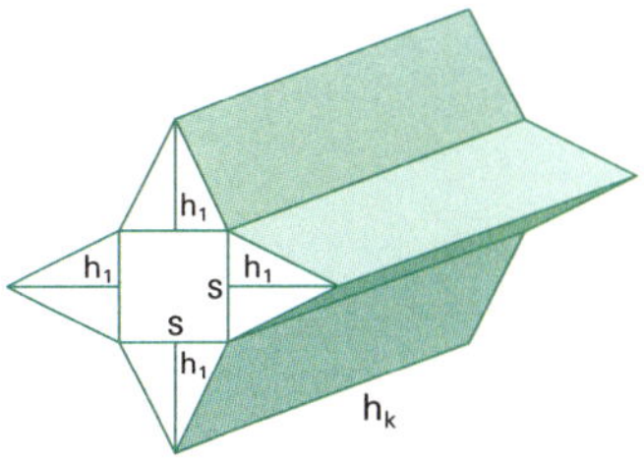

Körper 3

h_1 = 6 cm	b = 4 cm	s = 4
h_2 = 4 cm	c = 8 cm	h_1 = ______
d = ______	a = ______	

A Berechne die gesuchte Grösse.

B Gib jeweils mit den entsprechenden Variablen die allgemeinen Formeln zur Berechnung der gesuchten Grösse an.

Sitzkissen

9 Ein rundes Sitzkissen soll 40 cm hoch sein und einen Durchmesser von 40 cm haben.

A Welche Form und welche Grösse muss der Stoff für die Seitenfläche haben? Die Nahtzugabe beträgt jeweils 1 cm.

B Die Sitzfläche hat die Form eines Kreises. Wie viel Stoff benötigt man für die beiden Sitzflächen? Auch hier gibt es eine Nahtzugabe von 1 cm.

C Gib eine allgemeine Formel zur Berechnung des Umfangs u, des Flächeninhalts der Sitzfläche A und des Kissenvolumens V an (ohne Nahtzugabe).

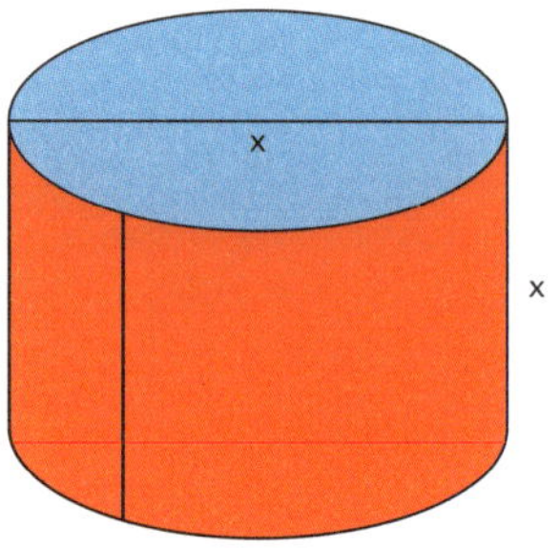

Nackenrolle

10 Für die Nackenrolle steht ein rechteckiges Stück Stoff mit der Länge 60 cm und der Breite 40 cm zur Verfügung. Für die beiden Kreise werden andere Stoffresten verwendet.

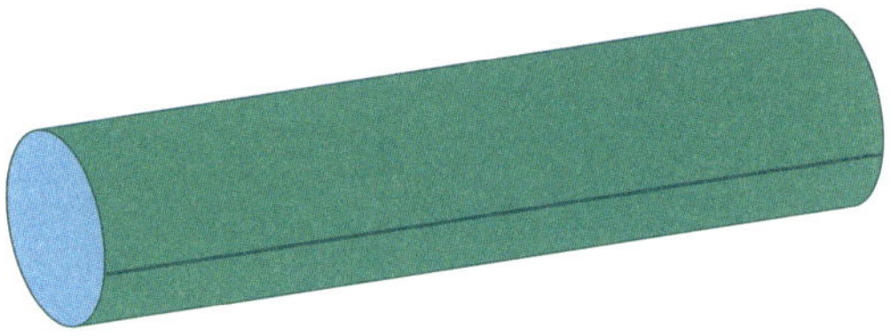

A Welche Ausmasse hat diese Nackenrolle? Die Nahtzugabe beträgt 1 cm. Ohne Stoffverschnitt gibt es zwei Lösungen.

B Berechne den Durchmesser der beiden möglichen Rollen.

C Berechne die Flächeninhalte der beiden Kreisflächen (ohne Nahtzugabe).

D Wie viel Stopfmaterial braucht es? Berechne das Volumen der beiden möglichen Rollen.

Selbstbeurteilung «Formeln für Formen»

Ich kann …

- [ ] ebene Figuren zeichnen und ihren Flächeninhalt und Umfang durch Messen und Berechnen bestimmen. **SB+ 2**
- [ ] Formeln für die Berechnung von Flächeninhalten, Oberflächen und Volumen bei Prismen und Zylindern angeben und anwenden. **SB+ 3, 6 und 7 AH+ 6, 9 und 10**
- [ ] Formeln nach gesuchten Grössen umformen. **AH+ 7 und 8**
- [ ] Punkte im Koordinatensystem benennen. **AH+ 5**

Zusätzlich kann ich …

Im Bereich «Lernstandserhebung und Wiederholung» werden keine Zusatzanforderungen ausgewiesen.

- [ ] Weitere Aufgaben **D504-01**

- [ ] Arbeitsrückschau im Merkheft **D504-02**

Silber

1 Silber hat die Dichte 10,49 g/cm^3.

A Wie viel wiegt 1 dm^3 Silber, wie viel 1 m^3 Silber?

B Die Dichte von Gold ist 19,32 g/cm^3. Wie viel schwerer als 1 m^3 Silber ist 1 m^3 Gold?

Versilbern

2 Silberüberzüge sind verschieden dick. In der Elektronik reichen oft wenige µm.

A Weise nach, dass man mit einem dm^3 Silber eine Fläche von 1000 m^2 beschichten kann, wenn die Schichtdicke 1 µm beträgt.

B Welche Menge Silber braucht es, um eine Fläche von 1000 m^2 mit einer Schichtdicke von 2 µm Silber zu beschichten?

C Wie dick ist die Silberschicht, wenn man mit 1 dm^3 Silber eine Fläche von 100 m^2 beschichtet?

3 Versilbertes Besteck besteht im Innern aus einem anderen Metall als Silber. Es ist aber mit einer Silberschicht überzogen. Es gibt Besteck mit einer 90er-Versilberung oder mit einer 100er-Versilberung. 24 dm^2 entsprechen der Oberfläche von 12 Gabeln und 12 Löffeln eines Essbestecks.

A Wie dick ist die Silberschicht bei einer 90er-Versilberung?

B Wie dick ist die Silberschicht bei einer 100er-Versilberung?

C Wie gross ist das Volumen von 90 g Silber?

D Wie viele Besteck-Sets zu 12 Gabeln und 12 Löffeln können etwa mit 1 dm^3 Silber bei einer 100er-Versilberung beschichtet werden?

90er-Versilberung Mit 90 g Silber wird eine Fläche von 24 dm^2 beschichtet.

100er-Versilberung Mit 100 g Silber wird eine Fläche von 24 dm^2 beschichtet.

Silberdraht

4 Silberdraht für die Schmuckherstellung besteht in der Regel aus einer Legierung von 925 Gewichtsanteilen Silber und 75 Gewichtsanteilen Kupfer. Die Dichte von Kupfer beträgt 8,92 g/cm^3.

A Berechne das Volumen des Silberanteils in 1 kg Silberdraht.

B Berechne das Volumen des Kupferanteils in 1 kg Silberdraht.

C Berechne das Volumen von 1 kg Silberdraht.

D Wie viele Meter Silberdraht von 1 mm Dicke kann man aus 1 dm^3 Silberdrahtlegierung herstellen?

E Wie gross etwa ist die Oberfläche des Silberdrahtes aus Aufgabe D?

Silberdrahtspulen

5 Ergänze die Tabelle.

Drahtdurchmesser [mm]	0,2	0,3	0,4	0,5	1	1,2	2,5
Drahtlänge [m]	30	30	20	20	10	10	10
Volumen [cm^3]	______	______	______	______	______	______	______

Rohstoffverbrauch

6 Gemäss einer Studie werden für einen Menschen in Deutschland während eines 80-jährigen Lebens etwa folgende Mengen an Rohstoffen verbraucht:

Sand und Kies (1300 kg/m³)	245 t
Hartsteine (2300 kg/m³)	215 t
Erdgas (0,75 kg/m³)	71,25 t
Stahl (7900 kg/m³)	40 t
Zement (3000 kg/m³)	27 t
Aluminium (2710 kg/m³)	3 t
Kupfer (8940 kg/m³)	2 t
Zink (7130 kg/m³)	0,7 t
Blei (11340 kg/m³)	0,4 t

A Rechne diese Angaben in den Tagesverbrauch um.

B Berechne jeweils das Volumen dieser Rohstoffe während eines Menschenlebens.

Selbstbeurteilung «Gold»

Ich kann …

- ☐ mir Einheitsgrössen für Flächen- und Rauminhalte vorstellen. **AH+ 2 und 6**
- ☐ Flächen und Rauminhalte von einer Einheit in die benachbarte umrechnen. **Rechentraining**
- ☐ von einem Material mit bekannter Dichte und bekannter Masse das Volumen bestimmen und umgekehrt. **SB+ 1 AH+ 1**
- ☐ Tabellen und Graphen interpretieren und damit Berechnungen anstellen. **SB+ 1 und 3**

Zusätzlich kann ich …

Im Bereich «Lernstandserhebung und Wiederholung» werden keine Zusatzanforderungen ausgewiesen.

- ☐ Weitere Aufgaben **D505-01**
- ☐ Arbeitsrückschau im Merkheft **D505-02**

Ebene Figuren

1

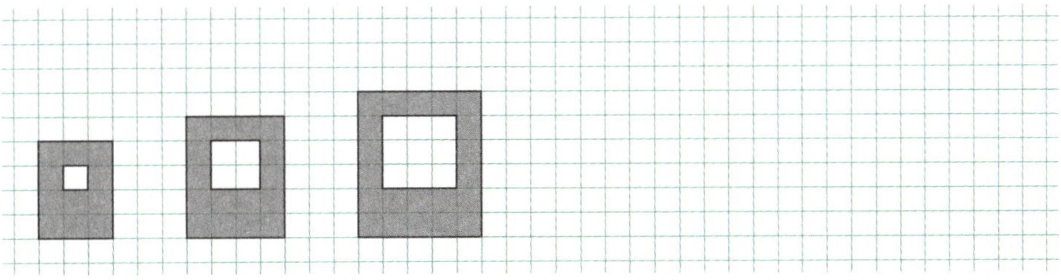

Figur 1 **Figur 2** **Figur 3** **Figur 4** **Figur 5**

A Zeichne Figur 4 und Figur 5.

B Ergänze die Wertetabelle und gib den Term für die x-te Figur an.

	Figur 1	Figur 2	Figur 3	Figur 4	Figur 10	Figur 50	Figur x
Anzahl Häuschen	11						

C Zeichne eine eigene Figurenfolge, die zur Wertetabelle in Aufgabe B passt.

2

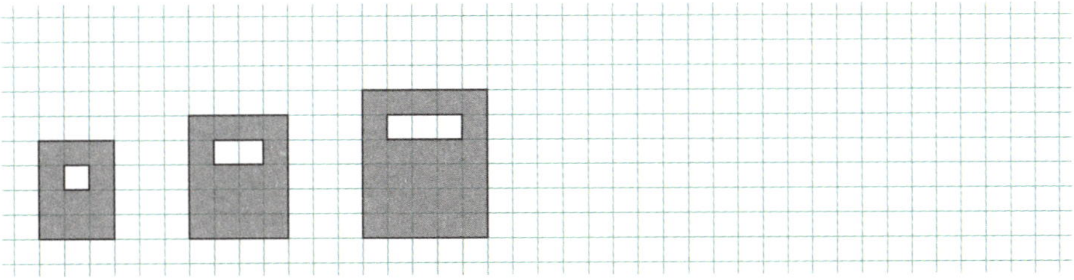

Figur 1 **Figur 2** **Figur 3** **Figur 4** **Figur 5**

A Zeichne Figur 4 und Figur 5.

B Ergänze die Wertetabelle und gib die Anzahl Häuschen für die x-te Figur an.

	Figur 1	Figur 2	Figur 3	Figur 4	Figur 10	Figur 50	Figur x
Anzahl Häuschen	11						

C Zeichne eine eigene Figurenfolge, die zur Wertetabelle in Aufgabe B passt.

Würfel

3

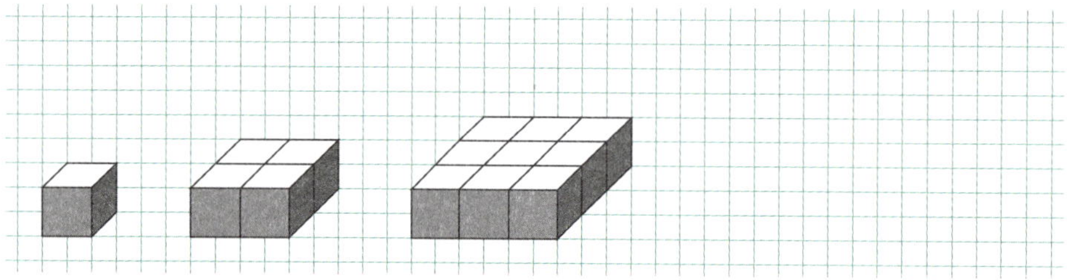

Figur 1 Figur 2 Figur 3 Figur 4

A Skizziere die Figur 4.

B Ergänze die Tabelle.

Anzahl	Figur 1	Figur 2	Figur 3	Figur 4	Figur 10	Figur 50	Figur x
Würfel	1	4					
alle Würfelflächen	6						
alle sichtbaren Würfelflächen	5	12					
alle unsichtbaren Würfelflächen	1						

4

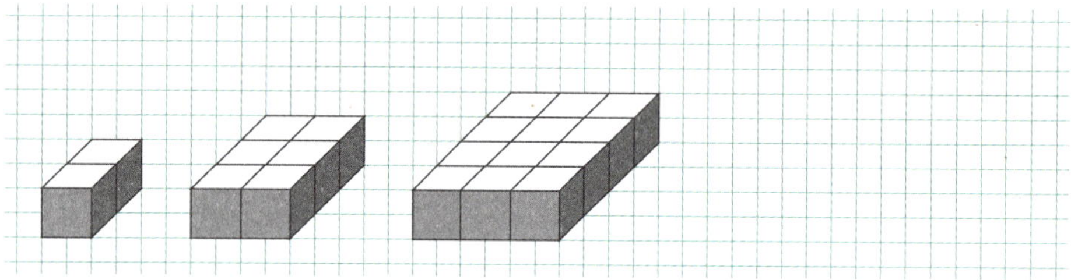

Figur 1 Figur 2 Figur 3 Figur 4

A Skizziere die Figur 4.

B Ergänze die Tabelle.

Anzahl	Figur 1	Figur 2	Figur 3	Figur 4	Figur 10	Figur 50	Figur x
Würfel	2	6					
alle Würfelflächen							
alle sichtbaren Würfelflächen	8						
alle unsichtbaren Würfelflächen	4						

Gleichwertige Terme

5 **A** Drei der fünf Terme sind gleichwertig. Markiere sie und begründe deine Wahl.

Term 1	$x^2 + 4x + 1$	☐
Term 2	$(x + 2)^2$	☐
Term 3	$(x + 1)^2 + 2x \cdot 1$	☐
Term 4	$(3x + 1)(x + 1) - 2x^2$	☐
Term 5	$(x + 1)(x + 2)$	☐

B Ergänze zu den drei gleichwertigen Termen die Wertetabelle.
In der Tabelle bezeichnet y die Anzahl Häuschen, die für die x-te Figur benötigt werden.

x = Figur	1	2	3	4	10	50
y = Anzahl Häuschen	______	______	______	______	______	______

C Zeichne eine eigene Figurenfolge, die zur Wertetabelle in Aufgabe B passt.

Welcher Term passt?

6

Figur 1 Figur 2 Figur 3 Figur 4 Figur 5

A Ergänze die Wertetabelle.

x = Figur	1	2	3	4	10	50
y = Anzahl Häuschen	______	______	______	______	______	______

B Die Figur 3 aus Aufgabe A ist in vier verschiedenen Arten gezeichnet.
Welcher Term passt zu welcher Variante?

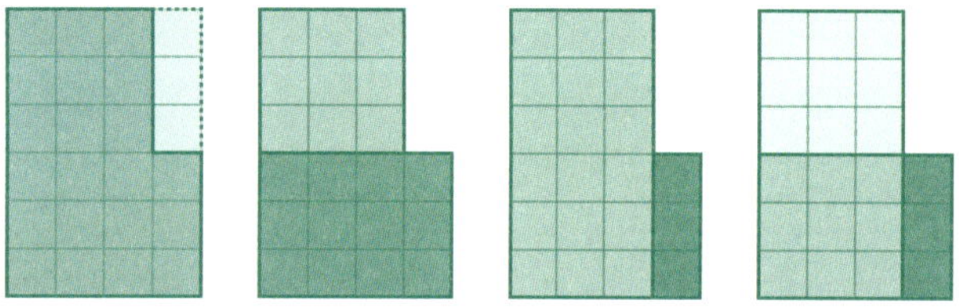

Variante 1 Variante 2 Variante 3 Variante 4

		Variante 1	Variante 2	Variante 3	Variante 4
Term 1	$x^2 + 3x + 3$	☐	☐	☐	☐
Term 2	$x (x + 3) + 3$	☐	☐	☐	☐
Term 3	$3 (x + 1) + x^2$	☐	☐	☐	☐
Term 4	$(x + 3) (x + 1) - x$	☐	☐	☐	☐

C Zeige durch Umformen, dass alle vier Terme gleichwertig sind.

7

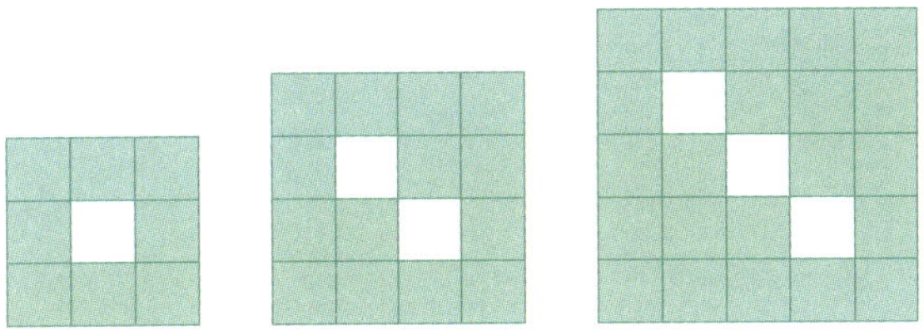

Figur 1 Figur 2 Figur 3

A Die n-te Figur wird mit unterschiedlichen Termen beschrieben.
Welche Variante passt zu welchem Term?

		Variante 1	Variante 2	Variante 3	Variante 4
Term 1	$(n+2)^2 - n \cdot 1$	☐	☐	☐	☐
Term 2	$n^2 - n \cdot 1 + 2 \cdot (n+2) \cdot 1 + 2n \cdot 1$	☐	☐	☐	☐
Term 3	$(n+2)(n+1) + 2 \cdot 1$	☐	☐	☐	☐
Term 4	$n^2 - n + 4(n+1) \cdot 1$	☐	☐	☐	☐

Varianten für Figur 3:

Variante 1 Variante 2 Variante 3 Variante 4

B Zeige durch Umformen, dass alle vier Terme gleichwertig sind.

Selbstbeurteilung «Figur – Muster – Term»

Ich kann …

- [ ] zu Figurenfolgen eine entsprechende Wertetabelle erstellen.
  SB+ 1, 2 und 5 AH+ 1 bis 4
- [ ] zu einer Wertetabelle verschiedene Figurenfolgen angeben. **AH+ 1, 2 und 5**
- [ ] eine Figurenfolge mit einem Term oder mehreren Termen beschreiben.
  SB+ 2 und 6 AH+ 1 bis 4
- [ ] durch Umformen zeigen, dass zwei Terme gleichwertig sind.
  SB+ 3 und 6 AH+ 5 bis 7

Zusätzlich kann ich …

Im Bereich «Lernstandserhebung und Wiederholung» werden keine Zusatzanforderungen ausgewiesen.

- [ ] Weitere Aufgaben **D506-01**
- [ ] Arbeitsrückschau im Merkheft **D506-02**

Karten und Profile

1

A Zeichne auf der Karte ein: 1 km^2, 10 ha, 1 ha, 10 a.

B Wie gross ist die Projektion der auf der Karte abgebildete Fläche in Wirklichkeit ungefähr?

C Auf wie viele Meter genau lassen sich die horizontale Distanz («Projektion») und die wahre Distanz («Luftlinie») zwischen zwei beliebigen Punkten mithilfe der Karte etwa berechnen?

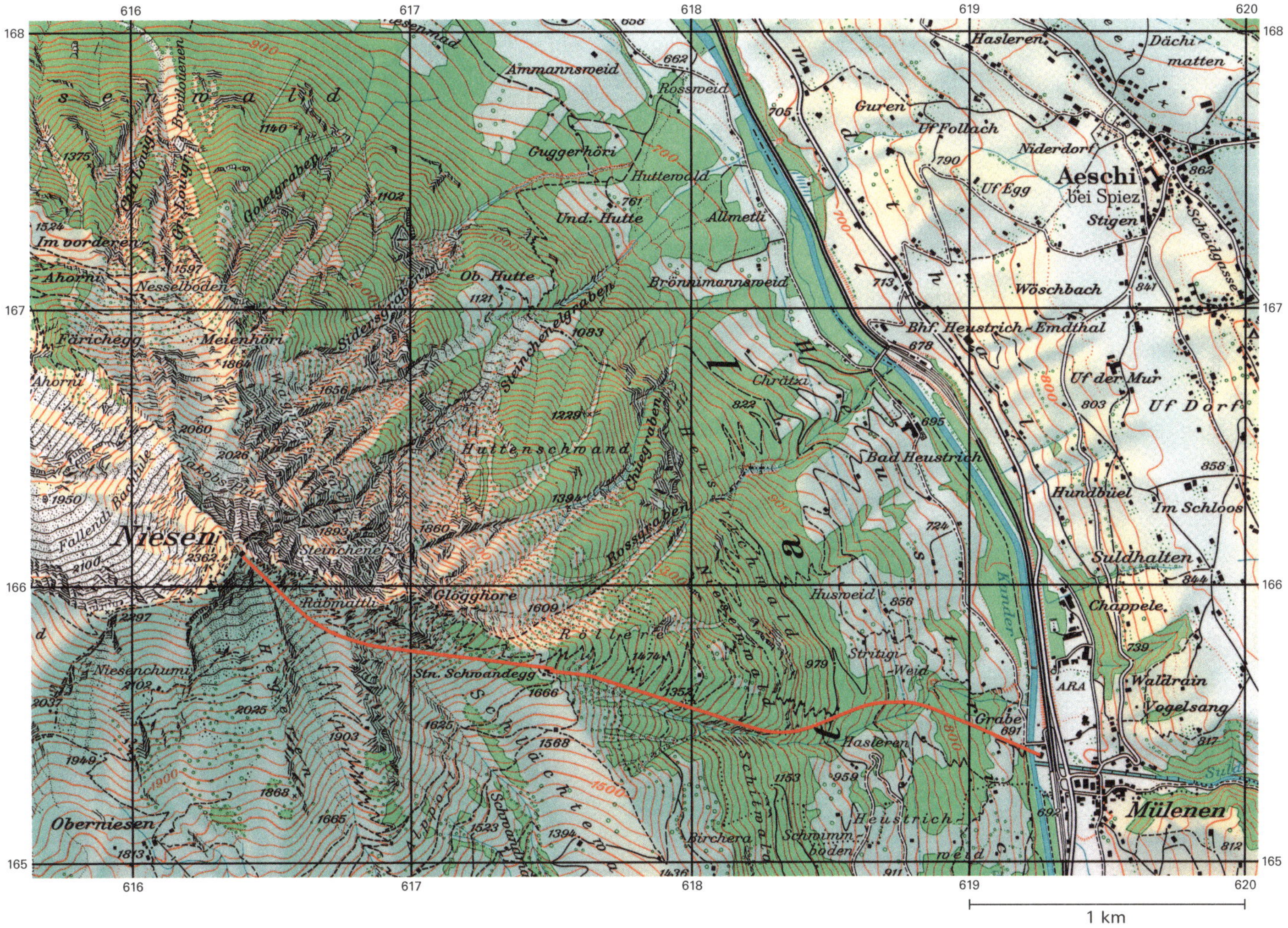

2

Denke dir in der Landschaft einen geraden Schnitt durch Aeschi und Niesen Kulm.
Das ergibt ein Querschnittprofil.

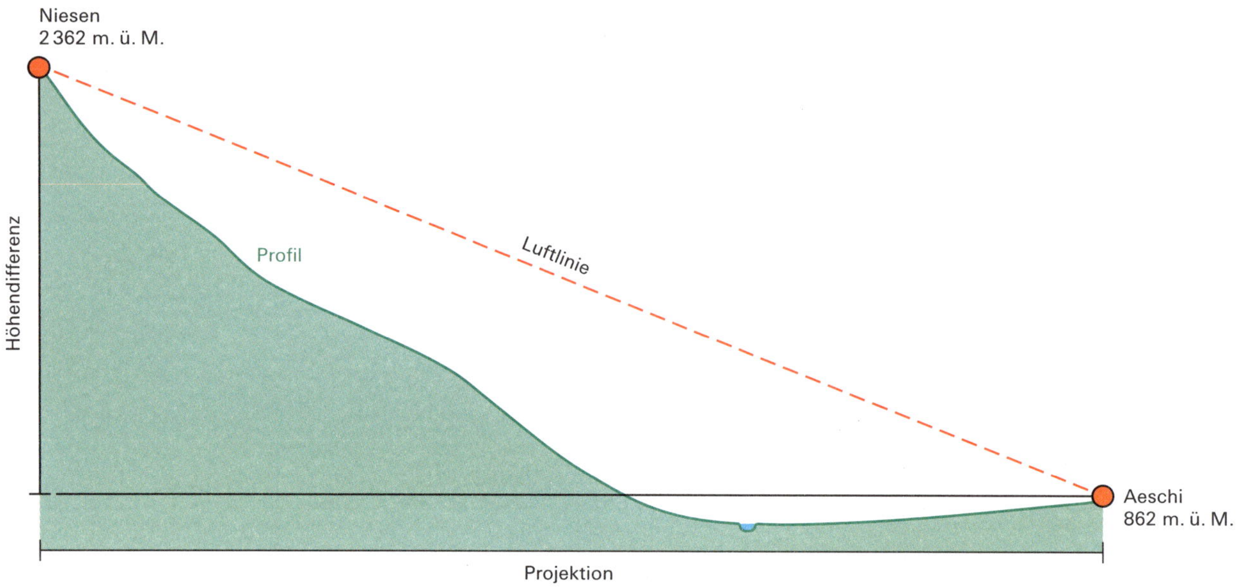

A Erkläre die Begriffe: «Projektion», «Höhendifferenz», «Luftlinie» und «Profil».

B Bestimme mit der Karte die Höhendifferenz zwischen Aeschi und Niesenspitze.

C Bestimme die Länge der Projektion auf der Karte und in Wirklichkeit.

D Berechne die wirkliche Länge der Luftlinie.

E Die Steigung berechnet man mit dem Verhältnis $\frac{\text{Höhendifferenz}}{\text{Projektion}}$.
Sie wird meistens in Prozent angegeben.
Berechne die Steigung der Luftline Aeschi – Niesenkulm.

F Wähle zwei beliebige Punkte auf der Karte.
Bestimme die entsprechende Projektion die Höhendifferenz, die Länge der Luftlinie und die Steigung.

G Das Bahngleis ist total 3 500 m lang. Berechne die Distanz von der Station Niesen Kulm bis zu Talstation (Luftlinie). Erkläre die Differenz.

3 In der Grafik sind die Landschaftsprofile entlang y = 167 000 und y = 166 500 eingezeichnet.

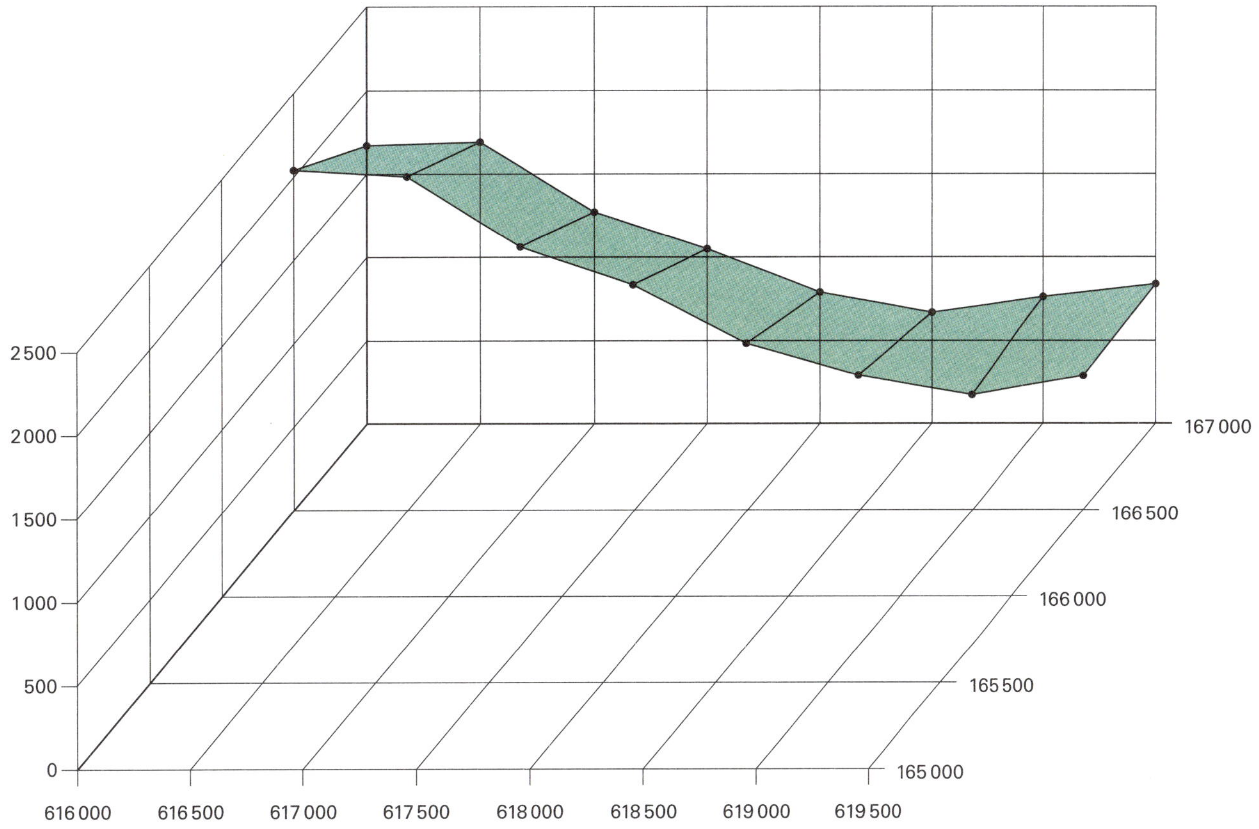

A Vergleiche mit der Karte.

B Zeichne die Profile für y = 166 000, y = 165 500 und y = 165 000.

Selbstbeurteilung «Niesenbahn»

Ich kann ...

- [ ] Kartenangaben in Tabellen und Profile übersetzen. **SB+ 1 und 3 AH+ 3**
- [ ] Steigungen und wahre Distanzen berechnen. **SB+ 7 AH+ 2**
- [ ] bei Berechnungen und Darstellungen den Massstab von Karten einbeziehen. **SB+ 4**

Zusätzlich kann ich ...

Im Bereich «Lernstandserhebung und Wiederholung» werden keine Zusatzanforderungen ausgewiesen.

- [ ] Weitere Aufgaben **D507-01**

- [ ] Arbeitsrückschau im Merkheft **D507-02**

Seitenmittenvierecke

1 Wenn man die Seitenmittelpunkte eines Vierecks verbindet, entsteht ein Seitenmittenviereck.
Untersuche folgende Sachverhalte und ergänze die Aussagen.

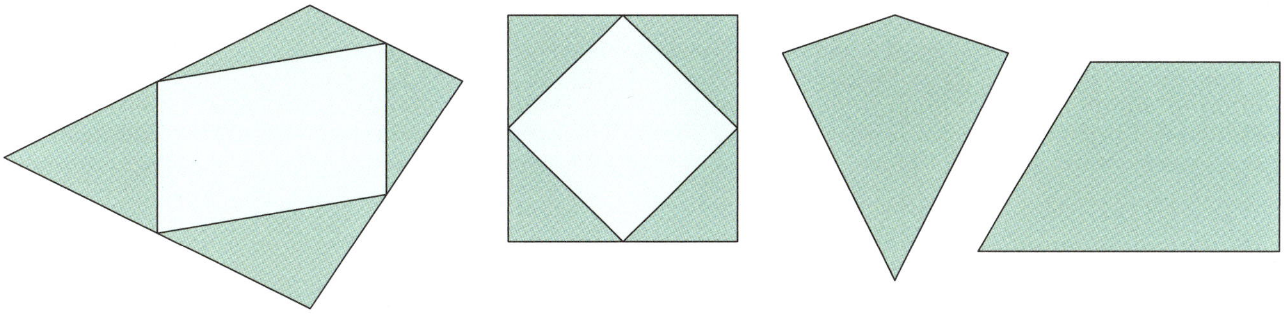

A Wenn das ursprüngliche Viereck ein Quadrat ist, ist das Seitenmittenviereck …

B Wenn das ursprüngliche Viereck ein Rechteck ist, ist das Seitenmittenviereck …

C Wenn das ursprüngliche Viereck ein Trapez ist, ist das Seitenmittenviereck …

D Wenn das Seitenmittenviereck ein Rechteck ist, ist das ursprüngliche Viereck …

E Wenn das Seitenmittenviereck ein Rhombus ist, dann ist das ursprüngliche Viereck …

2 Antworte und begründe.

A Kann ein unregelmässiges Viereck ein quadratisches Seitenmittenviereck haben?
B Kann ein Seitenmittenviereck mehr Symmetrieachsen haben als das ursprüngliche Viereck?
C Kann ein Seitenmittenviereck weniger Symmetrieachsen haben als das ursprüngliche Viereck?
D Sind alle Seitenmittenvierecke Parallelogramme?

3 Stelle Untersuchungen zu den unten dargestellten Dreiecken und Sechsecken an.
Formuliere dann Aufgaben dazu, die du anderen stellst.

Beispiel oder Gegenbeispiel

4 Um eine Existenz-Behauptung zu beweisen, genügt ein Beispiel.
Um eine All-Behauptung zu widerlegen, genügt ein Gegenbeispiel.

A Beweise die folgenden Behauptungen.
- Es gibt regelmässige Vielecke, mit denen man parkettieren kann.
- Es gibt Trapeze mit einem Umkreis.
- Es gibt Kubikzahlen mit einer ungeraden Anzahl Teiler.
- Es gibt Vierecke, deren Hälfte zum ganzen Viereck ähnlich ist.

B Widerlege die folgenden Behauptungen.
- Man kann mit allen regelmässigen Vielecken parkettieren.
- Alle Trapeze haben einen Umkreis.
- Alle Kubikzahlen haben eine ungerade Anzahl Teiler.
- Man kann alle Vierecke in zwei Hälften teilen, welche zum Ganzen ähnlich sind.

Beweise oder widerlege

5 A Jede Zahl der Form LEO LEO (zum Beispiel 754 754) ist durch 13 teilbar.
B Jede Zahl der Form UHU HUH (zum Beispiel 747 474) ist durch 13 teilbar.
C Jede Zahl der Form UHU HUH (zum Beispiel 747 474) ist durch 37 teilbar.

Selbstbeurteilung «Ecco!»

Ich kann …

- ☐ mit ausgewählten Beispielen argumentieren. **SB+ 1 und 2 AH+ 5**
- ☐ Existenz-Behauptungen mit einem Beispiel beweisen. **SB+ 4 AH+ 4**
- ☐ All-Behauptungen mit einem Beispiel widerlegen. **SB+ 4 AH+ 4**

Zusätzlich kann ich …

Im Bereich «Lernstandserhebung und Wiederholung» werden keine Zusatzanforderungen ausgewiesen.

Auch wenn «Ecco!» Teil der Lernstandserhebung und Wiederholung ist, sind einige Aufgaben anspruchsvoll.

- ☐ Weitere Aufgaben **D508-01**
- ☐ Arbeitsrückschau im Merkheft **D508-02**

Wie geht das?

1 Studiere die beiden folgenden Figuren und beantworte die Fragen.

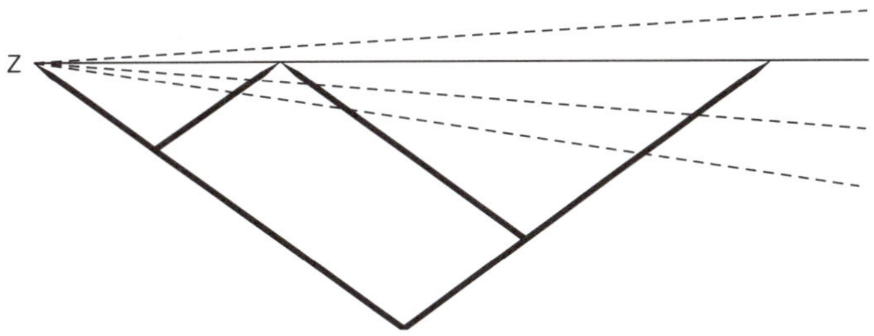

A Warum kann man überhaupt mit dem Pantografen Figuren vergrössern?
B Wie hängt der Vergrösserungsmassstab mit dem Gerät zusammen?

Figuren strecken

2

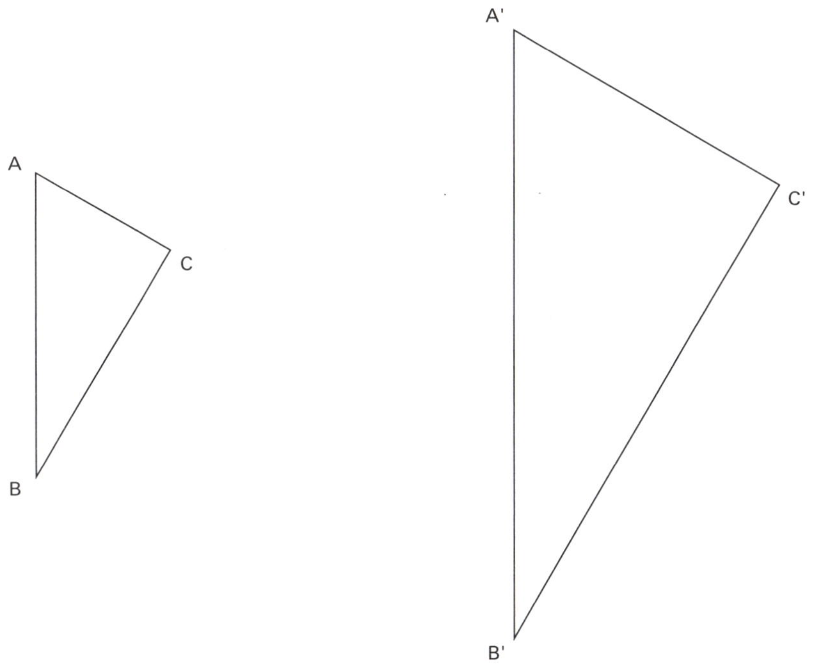

A Wo muss in der Figur die Nadel stecken, wenn die Vergrösserung mit einem Pantografen gemacht wird?
B Konstruiere das Streckzentrum. Bezeichne es mit Z.
C Bestimme den Streckfaktor.

3 A Zeichne bei Aufgabe 2 ein Dreieck A''B''C'' mit dem Streckfaktor 1,5 zum Dreieck ABC. Benutze dafür das gleiche Zentrum Z.
B Vergleiche die Seiten der drei ähnlichen Dreiecke. Beschreibe ihre Eigenschaften.
C Vergleiche die Abstände der Eckpunkte vom Zentrum Z. Was stellst du fest?
D Vergleiche die Winkel der drei ähnlichen Dreiecke. Was stellst du fest?

Ähnliche Flächen erkennen

4 Die Tabelle enthält Angaben zu den Seitenlängen von Dreiecken (in cm).

	Seite a	Seite b	Seite c
Dreieck 1	3	4	5
Dreieck 2	3	4	6
Dreieck 3	6	8	10
Dreieck 4	6	8	12
Dreieck 5	6	4	3
Dreieck 6	16	14	13
Dreieck 7	5	12	13
Dreieck 8	15	36	39
Dreieck 9	15	12	9
Dreieck 10	15	20	25
Dreieck 11	15	20	30
Dreieck 12	15	13	12
Dreieck 13	2	3	4
Dreieck 14	9	12	18

A Markiere ähnliche Dreiecke mit der gleichen Farbe. Woran erkennst du die Ähnlichkeit?

____

B Welche Dreiecke sind rechtwinklig? Woran erkennst du sie?

____

C Sind alle rechtwinkligen Dreiecke zueinander ähnlich? Begründe.

____

____

D Welche Dreiecke sind zueinander kongruent? Woran erkennst du sie?

____

5 Die Tabelle enthält Angaben zu je zwei Winkeln von Dreiecken.

	Winkel 1	Winkel 2	Winkel 3
Dreieck 1	30°	60°	______
Dreieck 2	90°	30°	______
Dreieck 3	45°	45°	______
Dreieck 4	60°	30°	______
Dreieck 5	20°	80°	______
Dreieck 6	75°	75°	______
Dreieck 7	30°	70°	______
Dreieck 8	100°	20°	______
Dreieck 9	80°	20°	______
Dreieck 10	30°	75°	______
Dreieck 11	30°	100°	______
Dreieck 12	60°	60°	______
Dreieck 13	45°	90°	______
Dreieck 14	30°	80°	______

A Berechne je den dritten Winkel und entscheide, welche Dreiecke ähnlich sind. Markiere sie mit der gleichen Farbe.

B In welchen Fällen kannst du ohne Berechnung des dritten Winkels entscheiden, ob die Dreiecke ähnlich sind?

C Hat es in der Tabelle Dreiecke, die möglicherweise kongruent sind? Woran erkennst du sie?

D Hat es in der Tabelle Dreiecke, die sicher kongruent sind? Woran erkennst du sie?

Wahr oder falsch?

6 Begründe oder widerlege die folgenden Behauptungen.

A Alle Quadrate sind zueinander ähnlich.

B Alle Rechtecke sind zueinander ähnlich.

C Alle Rhomben sind zueinander ähnlich.

D Alle gleichseitigen Dreiecke sind zueinander ähnlich.

E Alle gleichschenkligen Dreiecke sind zueinander ähnlich.

F Alle rechtwinkligen Dreiecke sind zueinander ähnlich.

G Alle rechtwinklig gleichschenkligen Dreiecke sind zueinander ähnlich.

H Alle Kreise sind zueinander ähnlich.

I Alle Kreisringe sind zueinander ähnlich.

Streckung

7

A Strecke mithilfe von Zirkel und Lineal das Dreieck ABC mit dem Streckfaktor 2. Streckzentrum ist P.

B Miss die Winkel des ursprünglichen Dreiecks und des Bilddreiecks.

C Bestimme das Verhältnis des Umfangs des Bilddreiecks mit dem Umfang des ursprünglichen Dreiecks.

D Führe die Aufgaben A, B und C mit dem Streckfaktor 1,5 durch.

E Führe die Aufgaben A, B und C mit dem Streckfaktor 0,5 durch.

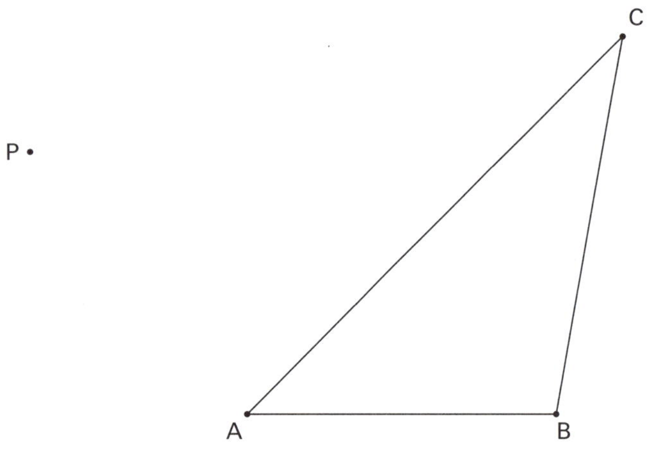

8 Wird ABC von P aus mit dem Faktor –1 gestreckt, so entsteht die Figur A'B'C'.
Strecke das Dreieck ABC mit dem Streckfaktor –2 von P aus.

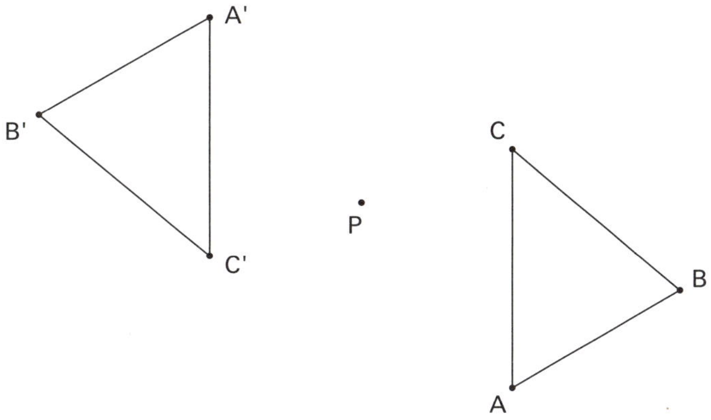

Ähnliche Körper

9 **A** Zeichne die Abwicklung (das Netz) eines Quaders mit den Kantenlängen a = 2 cm, b = 4 cm und c = 6 cm.
B Stelle Vergrösserungen mit den Faktoren 1,5   2   2,5 her.
C Schneide die Netze aus uns falte sie zu Quadern.

10 **A** Fülle die folgende Tabelle für die vier Quader aus Aufgabe 9 aus.

	Länge [cm]	Breite [cm]	Höhe [cm]	Volumen [cm^3]	grösste Seitenfläche [cm^2]	kleinste Seitenfläche [cm^2]	Oberfläche [cm^2]	Gesamtkantenlänge [cm]	grösste Flächendiagonale [cm]	Raumdiagonale [cm]
Quader 1	2	4	6	____	____	____	____	____	____	____
Quader 2	____	____	____	____	____	____	____	____	____	____
Quader 3	____	____	____	____	____	____	____	____	____	____
Quader 4	____	____	____	____	____	____	____	____	____	____

B Suche Zusammenhänge in der Tabelle und erkläre sie.

Berechnungen

11 **A** Berechne die fehlenden Längen. Seiten auf gestrichelten Geraden sind parallel.

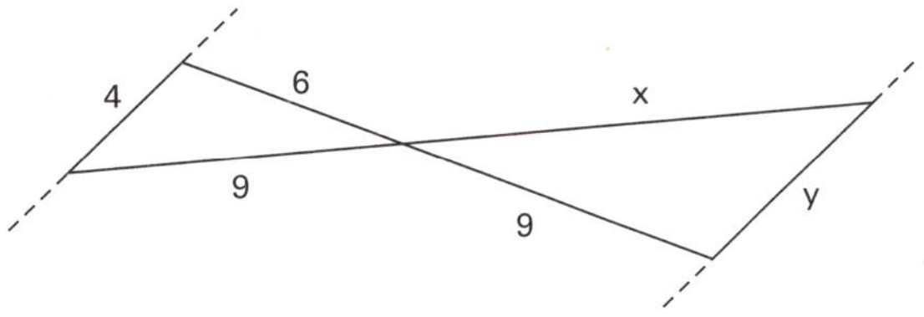

Figur 1

x = ______

y = ______

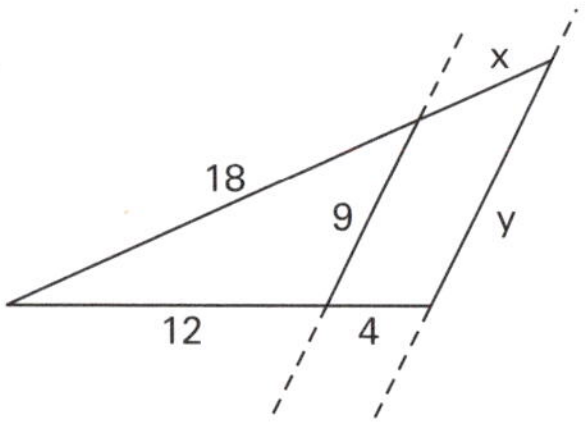

Figur 2

x = ______

y = ______

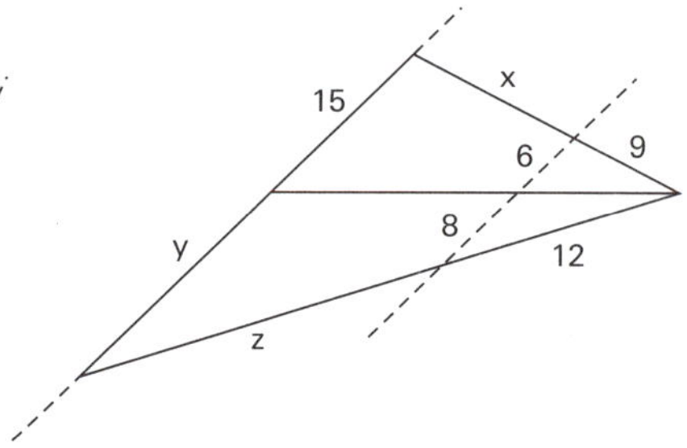

Figur 3

x = ______

y = ______

z = ______

B Erfindet weitere Aufgaben von diesem Typ und gebt sie einander zum Lösen.

Anwendungen

12 **A** Strecke einen Arm aus, schliesse ein Auge und peile über den Daumen einen fernen Punkt an. Blicke dann mit dem anderen Auge über den Daumen, ohne dass du diesen bewegst. Was stellst du fest?

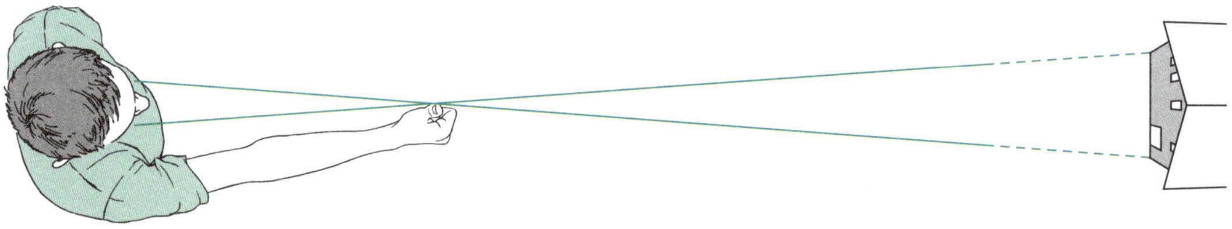

B Wenn du die Breite, die der Daumen zu überspringen scheint, ungefähr kennst, kannst du daraus die Distanz berechnen. Die Armlänge beträgt nämlich etwa das Zehnfache des Augenabstandes. Miss bei dir nach. Erkläre, warum diese Berechnung funktioniert.

C Dein Daumen überspringt die Breite eines Hauses, die du auf 20 m schätzt. Wie weit etwa ist das Haus entfernt?

A-Formate

13 Aus dem Papierformat A0 entsteht durch fortlaufendes Halbieren das Format A1, dann A2, A3 usw. In der unten stehenden Zeichnung werden die Blätter der verschiedenen Formate aufeinandergelegt.

A Zeichne die Formate A1, A3, A4, … ein.
B Mit welchem Massstab ist die Zeichnung verkleinert worden?

Höhensatz

14

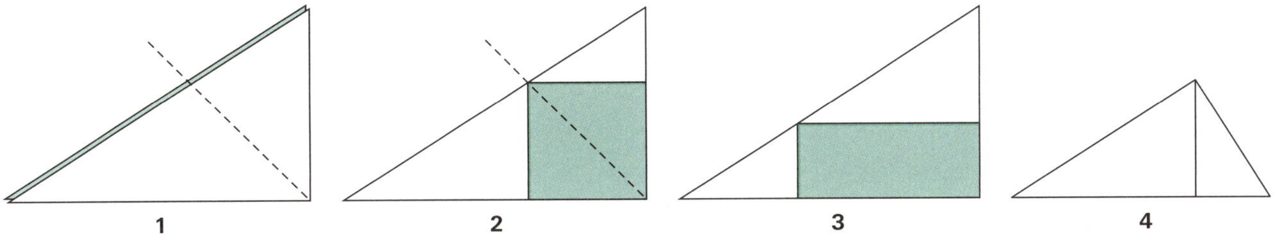

A Schneide zwei kongruente rechtwinklige Dreiecke aus, eines aus weissem, eines aus farbigem Papier. Lege sie aufeinander (1). Bestimme durch Falten die Winkelhalbierende und schneide aus dem weissen Dreieck ein Quadrat aus (2). Das weisse Dreieck zerfällt dabei in zwei kleinere Dreiecke.
B Vergleiche die beiden weissen Dreiecke und das farbige Quadrat.
C Lege mit den Dreiecken abwechselnd die Figuren (2) und (3). Beschreibe Zusammenhänge.
D Füge die beiden weissen Dreiecke zu einem weiteren Dreieck zusammen (4). Beschreibe das neue Dreieck.
E Färbe in den Figuren (2) und (3) die Quadratseite und die Rechteckseiten mit drei verschiedenen Farben. Färbe in der Figur (4) die gleichen Längen mit den gleichen Farben.

Der griechische Mathematiker Euklid hat um 300 v. Chr. das gesamte damalige mathematische Wissen in einem dreizehnbändigen Werk zusammengestellt. Darin findet sich auch der Höhensatz:

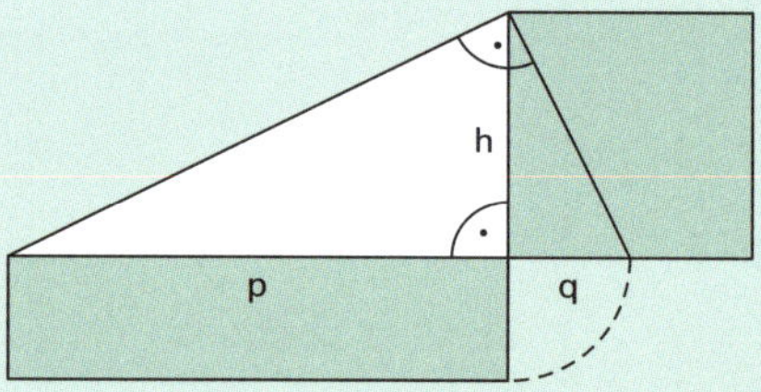

Im rechtwinkligen Dreieck ist das Quadrat der Höhe gleich gross wie das Rechteck aus den beiden Hypotenusenabschnitten. $h^2 = p \cdot q$

15

A Überlege dir den Höhensatz anhand der Figuren von Aufgabe 14.

B Zeige, dass der Höhensatz für alle rechtwinkligen Dreiecke gilt.

16

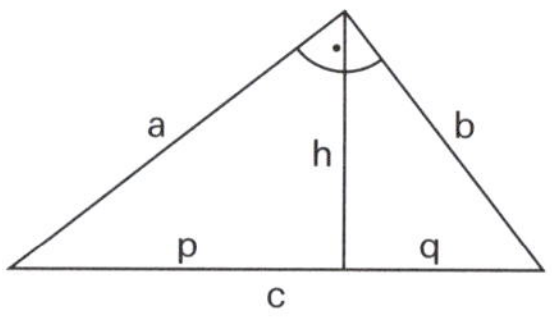

Dieses Dreieck findest du in der unteren Figur wieder. Anhand der Figur unten kannst du mithilfe des Satzes des Pythagoras den Höhensatz beweisen.

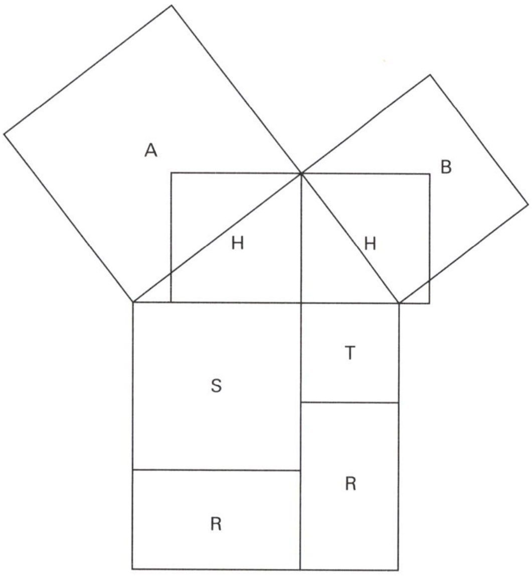

Kathetensatz

17

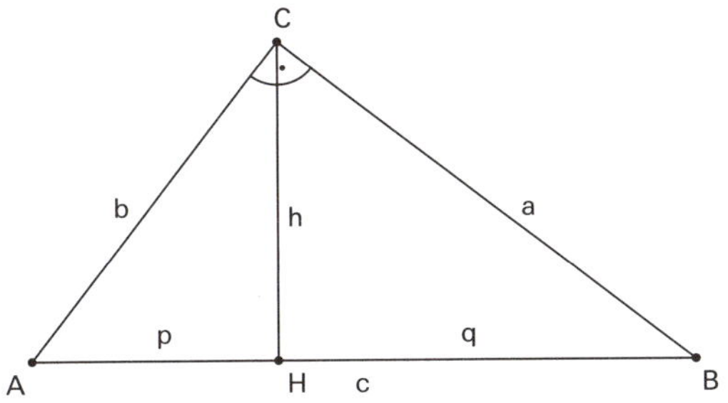

A Begründe, warum in diesem rechtwinkligen Dreieck die Dreiecke ABC, ACH und CBH zueinander ähnlich sind.

B Beweise mithilfe dieser Ähnlichkeiten den Kathetensatz: $a^2 = c \cdot q$ und $b^2 = c \cdot p$

Rechentraining Stellt eigene Beispiele her, tauscht sie aus und übt immer wieder.

Massstab – Ähnlichkeit

Rechentraining online **D509-01**

Umfang u = 60 cm

Ein Quadrat mit der Seitenlänge s = 5 cm wird mit dem Faktor 3 vergrössert.

Umfang des vergrösserten Quadrates u = ?

Länge l = 3 km

Auf einer Karte mit dem Massstab 1:100 000 ist ein See mit der Länge 3 cm eingetragen.

Länge des Sees in Wirklichkeit l = ?

Selbstbeurteilung «Ähnlichkeit»

Ich kann …

- ☐ jemandem den Unterschied zwischen kongruenten und ähnlichen Figuren erklären. **SB+1 und 2**
- ☐ eine Figur von einem Punkt aus mit einem Streckfaktor vergrössern oder verkleinern. **SB+4 und 5** **AH+7**
- ☐ an Beispielen erklären, dass die Fläche einer mit dem Streckfaktor k vergrösserten oder verkleinerten Figur mit dem Faktor k^2 vergrössert oder verkleinert wird. **SB+6 und 7**
- ☐ an Beispielen erklären, dass das Volumen einer mit dem Streckfaktor k vergrösserten oder verkleinerten Figur mit dem Faktor k^3 vergrössert oder verkleinert wird. **SB+6 und 7**

Zusätzlich kann ich …

- ☐ eine Figur von einem Punkt aus auch mit einem negativen Streckfaktor vergrössern oder verkleinern. **AH+8**
- ☐ anhand der Seitenlängen zweier Dreiecke entscheiden, ob sie ähnlich sind oder nicht. **AH+4**
- ☐ Längen, Flächen, Winkel und Volumen einer zu einer gegebenen Figur ähnlichen Figur bei bekanntem Streckfaktor berechnen. **AH+10**
- ☐ begründen, warum die Papierformate A0 bis A6 zueinander ähnlich sind. **SB+12**

☐ Weitere Aufgaben «Grundanforderungen» **D509-02**

☐ Weitere Aufgaben «Zusatzanforderungen» **D509-03**

☐ Arbeitsrückschau im Merkheft **D509-04**

☐ Teste dich selbst **D509-05**

Alterspyramiden

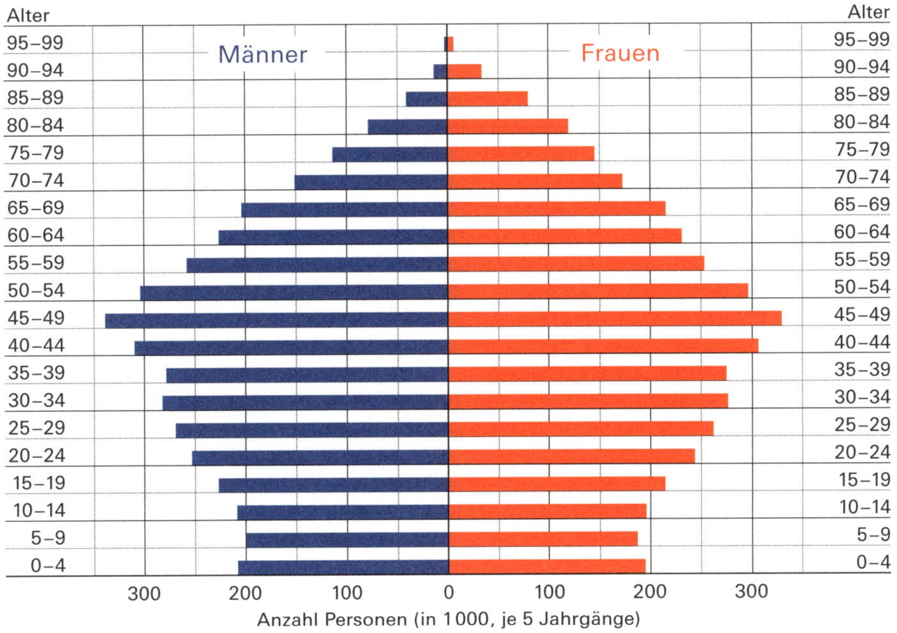

Quelle: Bundesamt für Statistik (BFS), Website Statistik Schweiz (Stand 2011) – VZ, STATPOP

Alterspyramide 2012

Die Aufgaben 1 und 2 beziehen sich auf die Alterspyramide 2012.

1
A In welchem Balken wirst du mitgezählt?
B Wo ist in der Grafik ist die Anzahl Personen ersichtlich, die vor 1972 geboren wurden?
C In welcher Altersgruppe ist der Unterschied zwischen Männern und Frauen grösser als 10 000?
D Wie lässt sich aufgrund dieser Grafik die Anzahl Einwohner der Schweiz im Jahr 2012 ungefähr bestimmen?

2
A In welchem Balken sind Mädchen dargestellt, die zwischen 2003 und 2007 geboren wurden?
B Enthält dieser Balken alle in der Schweiz lebenden Mädchen, die in dieser Zeitspanne geboren wurden?
C Welche Balken stellen die männlichen Personen dar, die im Jahr 1962 oder früher geboren wurden?

3

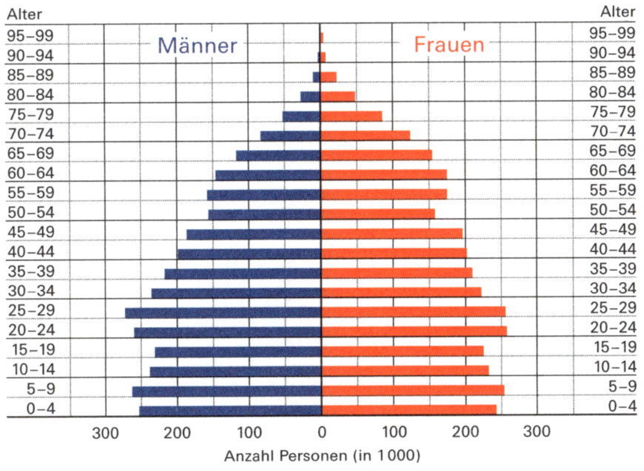

Alterspyramide 1970

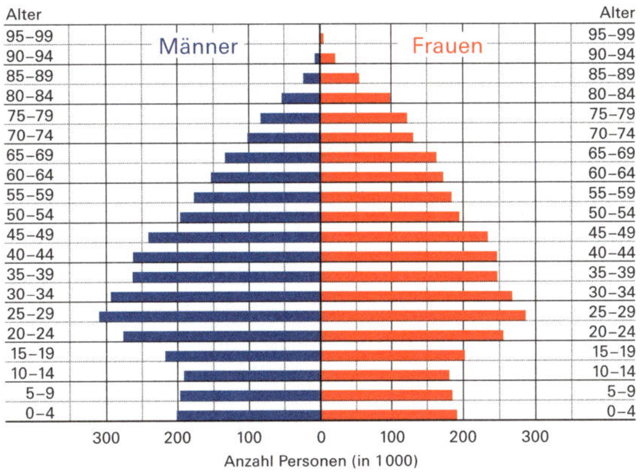

Alterspyramide 1990

A Wo sind in den beiden Grafiken die Frauen dargestellt, die vor 1960 geboren wurden?
B Woran sieht man, dass die Lebenserwartung zwischen 1970 und 1990 gestiegen ist?
C Wie viele Männer gibt es im Durchschnitt pro Balken (5 Jahrgänge)?
Multipliziere deine Schätzung mit 20. Was bedeutet das Ergebnis?

Bevölkerungsdaten im Zeitvergleich

Wohnbevölkerung der Schweiz

4

	1950	1960	1970	1980	1990	1995	2000	2005	2010
Total (in 1 000)	4 717	5 360	6 193	6 335	6 751	7 062	7 204	7 459	7 870
nach Wohnort (in 1 000)									
städtisch	–	–	–	4 722	4 983	5 147	5 259	5 469	5 799
ländlich	–	–	–	1 614	1 767	1 916	1 945	1 990	2 071
Altersgruppen (in %)									
0–19 Jahre	30,6	31,8	31,0	27,5	23,4	23,3	23,1	21,9	20,9
20–64 Jahre	59,8	57,9	57,5	58,6	62,0	61,9	61,5	62,1	62,2
65 und mehr Jahre	9,6	10,3	11,5	13,9	14,6	14,8	15,4	16,0	16,9
Lebenserwartung (in Jahren)									
Männer	66,4	68,7	70,3	72,3	74,0	75,3	76,9	78,7	80,2
Frauen	70,9	74,1	76,2	78,8	80,8	81,8	82,6	83,9	84,6

A Was hat sich seit 1950 verändert? Notiere zwei Aussagen zu den Tabellen.

B Was hat sich zwischen 2000 und 2010 verändert? Notiere zwei weitere Aussagen.

C Wähle aus den Tabellen Daten der Jahre 2000 und 2010 aus, die du in einer Grafik darstellen kannst. Entscheide, welche Art von Grafik sich für die ausgewählten Daten eignet (Graph, Balkendiagramm, Kuchendiagramm …) und erstelle die Grafik.

Szenarien für die Zukunft

5

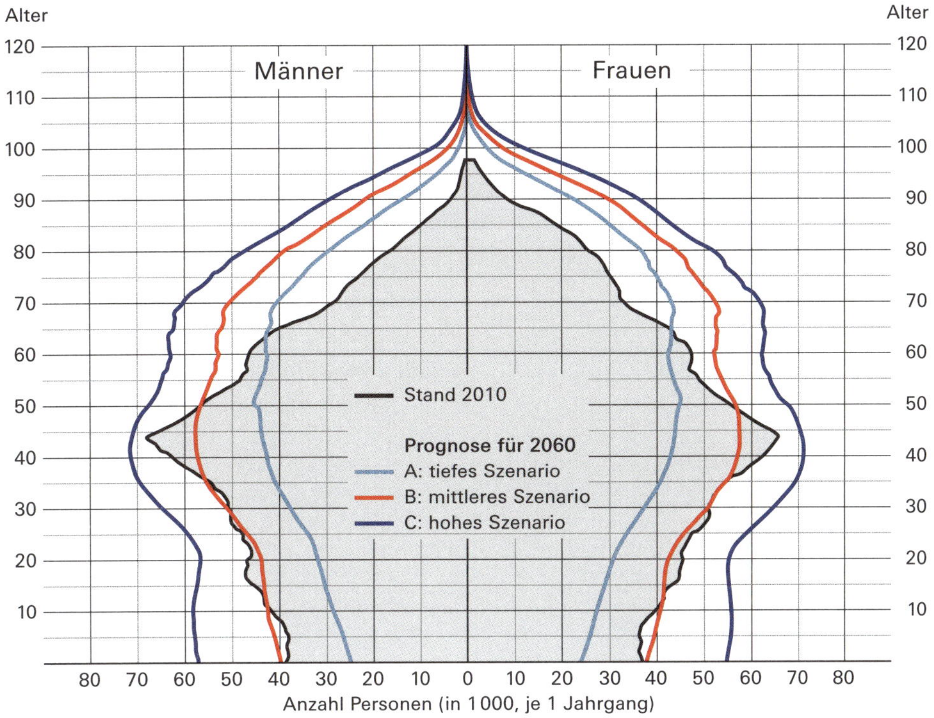

A Unterteile das obenstehende Diagramm in die drei Altersgruppen 0 – 19, 20 – 64 und 65 und mehr Jahre.
B Das wahrscheinlichste Szenario für die Bevölkerungsentwicklung 2060 ist rot gefärbt.
Was verändert sich gemäss diesem Szenario bis 2060?
C Wovon gehen die blau gefärbten Szenarien aus?
D Wie viele Einwohner leben gemäss den Szenarien A, B und C 2060 etwa in der Schweiz? Überschlage.

In- und ausländische Wohnbevölkerung

Schweizerische Wohnbevölkerung nach Herkunft

6

	2000		2010	
	absolut	**%**	**absolut**	**%**
Schweiz	5 779 685	80,2	6 138 668	78,0
Ausland	1 424 370	19,8	1 766 277	22,0
Total	7 204 055	100,0	7 870 134	100,0

A Vergleiche die Zahlen von 2000 und 2010.
B Stelle die Daten grafisch dar.

Nationalität der ausländischen Wohnbevölkerung

7

	2000		2010	
	absolut	**%**	**absolut**	**%**
Total	**1 424 370**	**100,0**	**1 766 277**	**100,0**
Italien	321 795	22,6	287 130	______
Kroatien, Slowenien, Bosnien-Herzegowina, Serbien, Montenegro, Kosovo, Mazedonien	344 324	24,2	314 221	______
Portugal	135 449	9,5	212 586	______
Deutschland	109 785	7,7	263 271	______
Spanien	84 266	5,9	64 126	______
Türkei	80 165	5,6	71 835	______
Frankreich	61 688	4,3	95 643	______
übriges Europa	124 503	8,7	196 131	______
Asien	72 002	5,1	110 549	______
Amerika	49 687	3,5	74 511	______
Afrika	37 618	2,6	71 527	______
Australien, Ozeanien	2 829	0,2	3 990	______
Staatenlose	259	0,0	757	______

A Berechne die Anteile 2010 in Prozent in der letzten Spalte.

B Das Balkendiagramm unten und die Tabelle stammen nicht aus der gleichen Quelle. Vergleiche die Angaben in der Grafik mit den Angaben in der Tabelle.

C Stelle die Daten aus der Tabelle mithilfe eines Tabellenkalkulationsprogramms grafisch dar.

D Schreibe einen Bericht, inwiefern sich die Zusammensetzung der ausländischen Bevölkerung in der Schweiz verändert hat.

E Formuliere Fragen, deren Antworten sich mit diesen Angaben berechnen lassen.

Ausländische Wohnbevölkerung 2010 (in %)

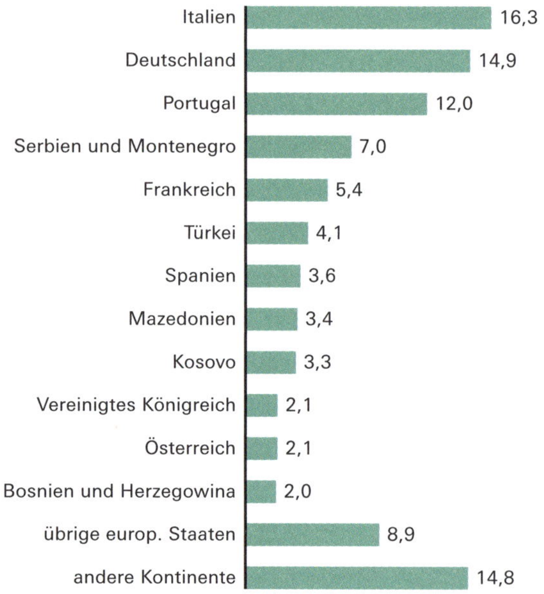

Haushaltsgrösse

8

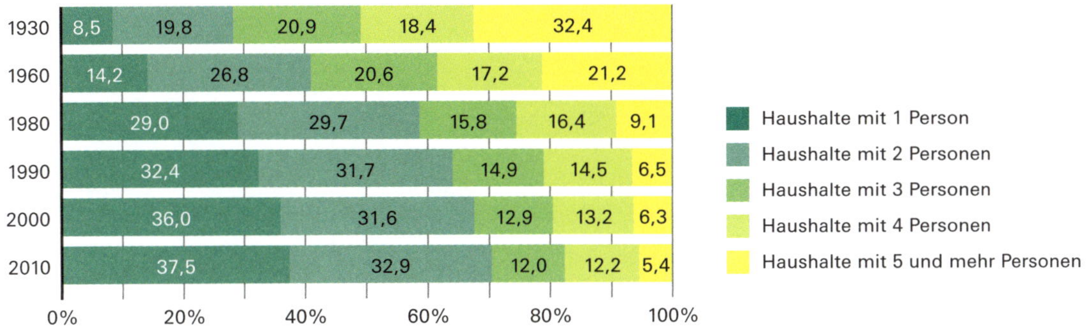

Anzahl Haushalte in absoluten Zahlen (in 1 000)

	1980	1990	2000	2010
Total Wohnbevölkerung	6 335,2	6 757,1	7 197,6	7 870,1
Total Haushalte	2 449,8	2 841,9	3 115,4	______
Einpersonenhaushalte	710,3	920,3	1 120,9	______
Mehrpersonenhaushalte	1 739,5	1 921,5	1 994,5	______
▪ mit 2 Personen	727,0	899,8	986,0	______
▪ mit 3 Personen	386,8	424,2	403,0	______
▪ mit 4 Personen	402,1	413,2	410,0	______
▪ mit 5 und mehr Personen	223,6	184,4	195,5	______
Personen je Haushalt	2,59	2,38	2,31	2,16

A Erkläre anhand der Grafik und der Tabelle die Veränderung der Haushaltsgrösse in der Schweiz.

B Berechne aufgrund der Daten in der Grafik und der Tabelle die Daten für 2010.

Wanderungen

9 A Erkläre, was die Tabellen aussagen. Erkläre den Begriff Wanderungssaldo. Beschreibe Zusammenhänge zwischen den Zahlen.
B Stelle einen Teil der Zahlen in den Tabellen als Grafik dar.
C Formuliere Fragen, deren Antworten sich mit diesen Angaben berechnen lassen.

Internationale Migration (in 1000)

eingewanderte Personen

	2000	2011
Total	110 000	149 000
Schweizer	26 000	24 000
Ausländer	84 000	125 000

ausgewanderte Personen

Total	90 000	97 000
Schweizer	31 000	30 000
Ausländer	59 000	67 000

Wanderungssaldo

Total	20 000	52 000
Schweizer	−5 000	−6 000
Ausländer	25 000	58 000

Binnenwanderung (in 1000)

	2000	2010
Total (Zuzüger = Wegzüger)	416 000	445 000

städtische Gemeinden

Wegzüger	285 000	306 000
Zuzüger	288 000	312 000

ländliche Gemeinden

Wegzüger	131 000	139 000
Zuzüger	128 000	133 000

Als Binnenwanderung wird der Umzug zwischen den politischen Gemeinden bezeichnet. Umzüge innerhalb einer Gemeinde werden nicht mitgerechnet.

Selbstbeurteilung «Alt und Jung»

Ich kann …

- ☐ Bevölkerungspyramiden interpretieren und vergleichen. **SB+1 AH+1 bis 3**
- ☐ Statistiken, grafische Darstellungen und Texte zur Demografie lesen und interpretieren. **SB+8 AH+5 und 6**
- ☐ datengestützte Berechnungen ausführen. **AH+8**
- ☐ statistische Angaben mit Grafiken darstellen. **SB+9 AH+4**

Zusätzlich kann ich …

- ☐ verschiedene Informationen in grafischen Darstellungen kombinieren. **SB+3 bis 6**
- ☐ Berechnungen durchführen, die sich auf mehrere Darstellungen und Grafiken stützen. **SB+7 AH+7**
- ☐ Angaben in Texten, Statistiken und Grafiken auswählen, gewichten und weiterverarbeiten. **AH+7 und 9**

☐ Weitere Aufgaben «Grundanforderungen» **D510-01**

☐ Weitere Aufgaben «Zusatzanforderungen» **D510-02**

☐ Arbeitsrückschau im Merkheft **D510-03**

☐ Teste dich selbst **D510-04**

Einfache Gleichungen mit natürlichen Zahlen

1 Löse und setze fort.

A

$x + 14$	=	31	x = ____
$(x + 2) + 14$	=	31	x = ____
$(x + 4) + 14$	=	31	x = ____
$(x + 6) + 14$	=	31	x = ____
____	=	____	x = ____
____	=	____	x = ____
____	=	____	x = ____

B

$25 + x$	=	52	x = ____
$28 + x$	=	52	x = ____
$31 + x$	=	52	x = ____
$34 + x$	=	52	x = ____
____	=	____	x = ____
____	=	____	x = ____
____	=	____	x = ____

C

$81 - x$	=	9	x = ____
$x - 81$	=	9	x = ____
$72 - x$	=	9	x = ____
$x - 72$	=	9	x = ____
$63 - x$	=	9	x = ____
____	=	____	x = ____
____	=	____	x = ____

D

$91 - x$	=	16	x = ____
$91 - (x - 2)$	=	16	x = ____
$91 - (x - 4)$	=	16	x = ____
$91 - (x - 6)$	=	16	x = ____
____	=	____	x = ____
____	=	____	x = ____
____	=	____	x = ____

E

$x - 41$	=	17	x = ____
$(x + 5) - 41$	=	17	x = ____
$(x + 10) - 41$	=	17	x = ____
$(x + 15) - 41$	=	17	x = ____
____	=	____	x = ____
____	=	____	x = ____
____	=	____	x = ____

2 Löse und setze fort.

A

3x	=	39	x = ____
3(x – 1)	=	39	x = ____
3(x – 2)	=	39	x = ____
3(x – 3)	=	39	x = ____
____	=	____	x = ____
____	=	____	x = ____
____	=	____	x = ____

B

5x	=	75	x = ____
5(x + 1)	=	80	x = ____
5(x + 2)	=	85	x = ____
5(x + 3)	=	90	x = ____
____	=	____	x = ____
____	=	____	x = ____
____	=	____	x = ____

C

120 : x	=	1	x = ____
120 : x	=	2	x = ____
120 : x	=	3	x = ____
120 : x	=	4	x = ____
____	=	____	x = ____
____	=	____	x = ____
____	=	____	x = ____

D

x : 20	=	1	x = ____
(x + 1) : 20	=	2	x = ____
(x + 2) : 20	=	3	x = ____
(x + 3) : 20	=	4	x = ____
____	=	____	x = ____
____	=	____	x = ____
____	=	____	x = ____

Gleichungen mit ganzen Zahlen

3 Löse und setze fort.

A

$x + 8$	=	-12	x = ______
$x + 10$	=	-14	x = ______
$x + 12$	=	-16	x = ______
$x + 14$	=	-18	x = ______
______	=	______	x = ______
______	=	______	x = ______
______	=	______	x = ______

B

$10 - x$	=	-2	x = ______
$10 - (x - 1)$	=	-2	x = ______
$10 - (x - 2)$	=	-2	x = ______
$10 - (x - 3)$	=	-2	x = ______
______	=	______	x = ______
______	=	______	x = ______
______	=	______	x = ______

C

$-8(x - 1)$	=	16	x = ______
$-8(x - 2)$	=	-16	x = ______
$-8(x - 3)$	=	16	x = ______
$-8(x - 4)$	=	-16	x = ______
______	=	______	x = ______
______	=	______	x = ______
______	=	______	x = ______

D

$120 : x$	=	-15	x = ______
$240 : (x + 1)$	=	-30	x = ______
$480 : (x + 2)$	=	-60	x = ______
$960 : (x + 3)$	=	-120	x = ______
______	=	______	x = ______
______	=	______	x = ______
______	=	______	x = ______

4 Bestimme x.

A

$4x - 12$	=	$-2x$	x = ______
$12 - 4x$	=	$-2x$	x = ______
$-4x - 12$	=	$2x$	x = ______
$-12 - 4x$	=	$2x$	x = ______

B

$x + 1$	=	$2(x + 8)$	x = ______
$x + 2$	=	$2(x + 10)$	x = ______
$x + 3$	=	$2(x + 12)$	x = ______
$x + 4$	=	$2(x + 14)$	x = ______

Gleichungen mit gebrochenen Zahlen

5 Bestimme x.

A

$\frac{1}{2}x + 1$	=	4	x = ________
$3 - \frac{2}{3}x$	=	1	x = ________
$2x - \frac{3}{4}$	=	$\frac{1}{2}$	x = ________
$4 - \frac{3}{5}x$	=	$\frac{7}{10}$	x = ________

B

$2{,}3x - 4$	=	$-1{,}7$	x = ________
$8 - 0{,}4x$	=	-12	x = ________
$3{,}5 + 0{,}3x$	=	$1{,}1x - 0{,}5$	x = ________
$0{,}6(x - 3)$	=	$0{,}5(0{,}4 + 2x)$	x = ________

Gleichungen mit Formvariablen

6 Für die Gleichung $8x + 12y = 100$ gilt: x und y sind natürliche Zahlen.

A Bestimme alle möglichen Lösungen.
B Für welche Lösung ist die Summe $x + y$ am kleinsten?
C Für welche Lösung ist das Produkt $x \cdot y$ am grössten?

7 In der Gleichung $5x + a = 128$ wird a «Formvariable» genannt.
Je nachdem, welche Zahl man für a einsetzt, erhält man eine andere Lösung der Gleichung.

A Finde ein a so, dass die Gleichung die Lösung $x = 23$ hat.
B Für welches a hat die Gleichung die Lösung $x = -0{,}5$?
C Für welche a hat die Gleichung natürliche Zahlen als Lösung? Beschreibe diese a durch einen allgemeinen Term.

8 Rechne mit der Gleichung $5x + 8 = 71 + bx$.

A Wähle b so, dass die Gleichung die Lösung $x = 9$ hat.
B Für welches b hat die Gleichung die Lösung $x = 1$?
C Wähle b so, dass die Gleichung unlösbar ist.

Bruchgleichungen

9 Bestimme jeweils zuerst die Zahlen, welche bei den Gleichungen nicht zugelassen sind.
Löse dann die Gleichungen.

A $\frac{6}{x-3} = \frac{15}{x}$ **B** $\frac{1}{3-x} = \frac{7}{1+x}$ **C** $\frac{2}{x+8} = \frac{15}{3-2x}$ **D** $\frac{4}{2x+7} = \frac{9}{3-4x}$

10 Bestimme jeweils zuerst die Zahlen, welche bei den Gleichungen nicht zugelassen sind.
Löse dann die Gleichungen.

A $\frac{1}{x} - \frac{1}{2x} = \frac{1}{16}$ **B** $\frac{2}{x} - \frac{3}{4x} = \frac{1}{4}$ **C** $\frac{2}{3x} + \frac{7}{12x} = \frac{1}{4}$ **D** $\frac{3}{10x} + \frac{3}{5x} = \frac{9}{2}$

Lösbare, unlösbare und allgemeingültige Gleichungen

11 Wie gross muss a jeweils sein, damit die Gleichung die Lösung x = 10 hat, unlösbar oder allgemeingültig ist?
Trage wo möglich die Ergebnisse für a in die Tabelle ein.

	Gleichung	Lösung x = 10	unlösbar	allgemeingültig
A	$x(a+1) = 5$	______	______	______
B	$(a+3)x = x$	______	______	______
C	$x(a-9) = a$	______	______	______
D	$(a+5)x = 0$	______	______	______
E	$ax^2 = -1$	______	______	______

Ungleichungen

12 Welche natürlichen Zahlen erfüllen jeweils die Bedingung?

A	$7 + 3x \geq 4x - 3$	x ____ ______	**B**	$10 - 3x \geq 5(x - 3)$	x ____ ______
C	$2x^2 < 27$	x ____ ______	**D**	$(8x + 6) : 2 < 15$	x ____ ______
E	$5x \geq x^2$	x ____ ______	**F**	$x^2 - x < 50$	x ____ ______
G	$100 - 3x^2 \geq 0$	x ____ ______	**H**	$10x - 5x^2 > 0$	x ____ ______

Zahlenrätsel

13 Die Summe von sechs aufeinanderfolgenden ungeraden Zahlen ist 360. Wie heisst die kleinste dieser Zahlen?

14 Man addiert zu einer natürlichen Zahl das 15-Fache und erhält das Quadrat der Zahl. Wie heisst die Zahl?

15 Welche natürlichen Zahlen erfüllen jeweils die Bedingung?

A Das Dreifache der Zahl vermindert um 20 ist grösser als ein Drittel der Zahl.
B Subtrahiert man von 10 einen Sechstel der gesuchten Zahl, so erhält man mehr als die gesuchte Zahl.
C Das Quadrat der Zahl ist kleiner als das Doppelte der Zahl plus 100.
D Die um fünf vergrösserte Zahl ist mindestens so gross wie ihr halbes Quadrat.

16 Wie gross kann die Summe zweier natürlicher Zahlen x und y höchstens sein, wenn $15x + 55y = 2\,000$ ist?

Selbstbeurteilung «Gleichungen lösen»

Ich kann …

- ☐ einfache Gleichungen im Kopf lösen. **SB+ 1 und 2**
- ☐ lineare Gleichungen durch geschicktes Umformen lösen. **SB+ 3**
- ☐ Gleichungen mit gebrochenen Termen durch geschicktes Umformen lösen. **SB+ 4**
- ☐ Gleichungen mit Klammertermen lösen. **SB+ 5**
- ☐ allgemeingültige, lösbare und unlösbare Gleichungen erkennen. **SB+ 10** **AH+ 11**

Zusätzlich kann ich …

- ☐ Bruchgleichungen durch geschicktes Umformen lösen. **SB+ 6** **AH+ 9**
- ☐ Gleichungen mit Formvariablen lösen. **AH+ 6 bis 8**
- ☐ Zahlenrätsel in Gleichungen übersetzen und lösen. **SB+ 8** **AH+ 13 bis 16**
- ☐ einfache Gleichungen mit Wurzeln und Quadraten lösen. **SB+ 9**
- ☐ Ungleichungen lösen. **SB+ 11 und 12** **AH+ 12**

☐ Weitere Aufgaben «Grundanforderungen» **D511-01**

☐ Weitere Aufgaben «Zusatzanforderungen» **D511-02**

☐ Arbeitsrückschau im Merkheft **D511-03**

☐ Teste dich selbst **D511-04**

Steigung einer Geraden

1

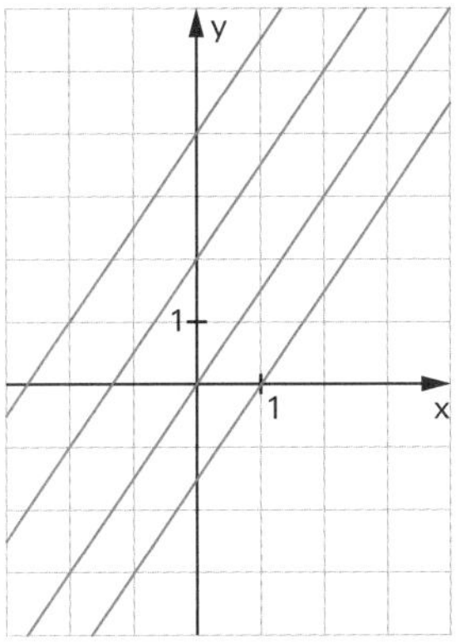

A Zeichne bei einer der Geraden im Bild einen Punkt $P_1(x_1/y_1)$ und bestimme seine Koordinaten. Gehe von diesem Punkt aus eine Einheit nach rechts und dann nach oben, bis du wieder auf der Geraden bist. Bestimme die Koordinaten $P_2(x_2/y_2)$ dieses zweiten Punktes.

B Berechne die Differenz $y_2 - y_1$.

C Führe das Gleiche wie in A und B mit einem anderen Punkt auf der gewählten Geraden durch. Was stellst du fest?

D Führe das Gleiche mit einem Punkt auf einer anderen Geraden im Bild oben durch. Was stellst du fest?

E Beschreibe die Bedeutung des Terms $y_2 - y_1$.

2

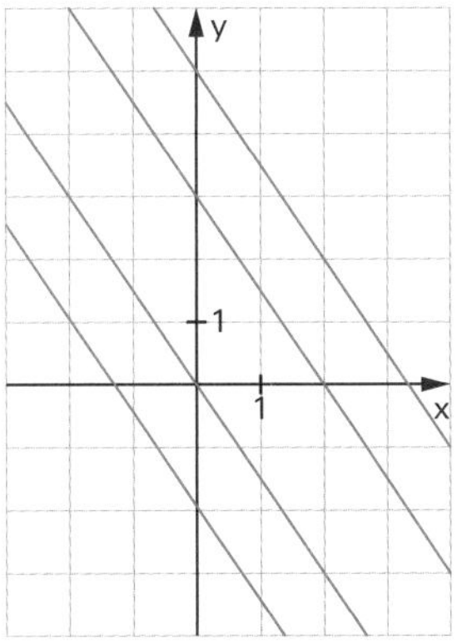

Führe bei diesen Geraden das Gleiche durch wie in Aufgabe 1.

3

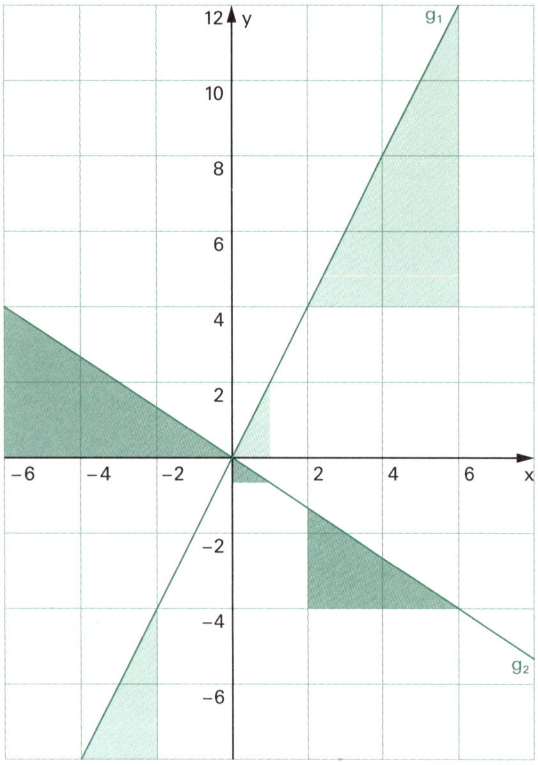

A In diesem Bild siehst du sogenannte Steigungsdreiecke.
Berechne bei allen Dreiecken das Verhältnis $\frac{\text{Länge der vertikalen Kathete}}{\text{Länge der horizontalen Kathete}}$. Was stellst du fest?

B Beschreibe die Bedeutung des Verhältnisses $\frac{\text{Länge der vertikalen Kathete}}{\text{Länge der horizontalen Kathete}}$.

4

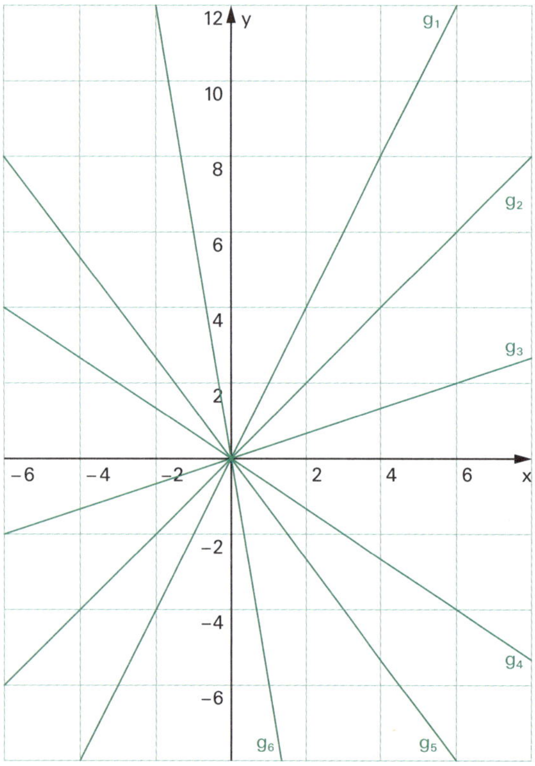

A Bestimme die Steigungen der Geraden.

B Wie gross kann die Steigung einer Geraden überhaupt sein?

C Was bedeutet «Steigung 100 %»?
Was bedeutet «Steigung 200 %»?

D Begründe, weshalb eine Verdoppelung des Steigungswinkels nicht eine Verdoppelung der Steigung bewirkt.

5

A Zeichne eine Gerade g_1 mit der Steigung 2 und eine Gerade g_2 mit der Steigung $-\frac{1}{2}$.

B Zeichne eine Gerade g_1 mit der Steigung $\frac{2}{3}$ und eine Gerade g_2 mit der Steigung $-\frac{3}{2}$.

C Zeichne eine Gerade g_1 mit einer selbst gewählten Steigung a und eine Gerade g_2 mit der Steigung $-\frac{1}{a}$.
Was stellst du fest?

Punkte und Geradengleichung

6 **A** Jede der folgenden Geraden ist durch zwei Punkte bestimmt.
Zeichne die drei Geraden in das Koordinatensystem.

g_1 $A_1(0/0)$ und $B_1(4/2)$ g_2 $A_2(0/-3)$ und $B_2(3/-1{,}5)$ g_3 $A_3(-4/0)$ und $B_3(2/3)$

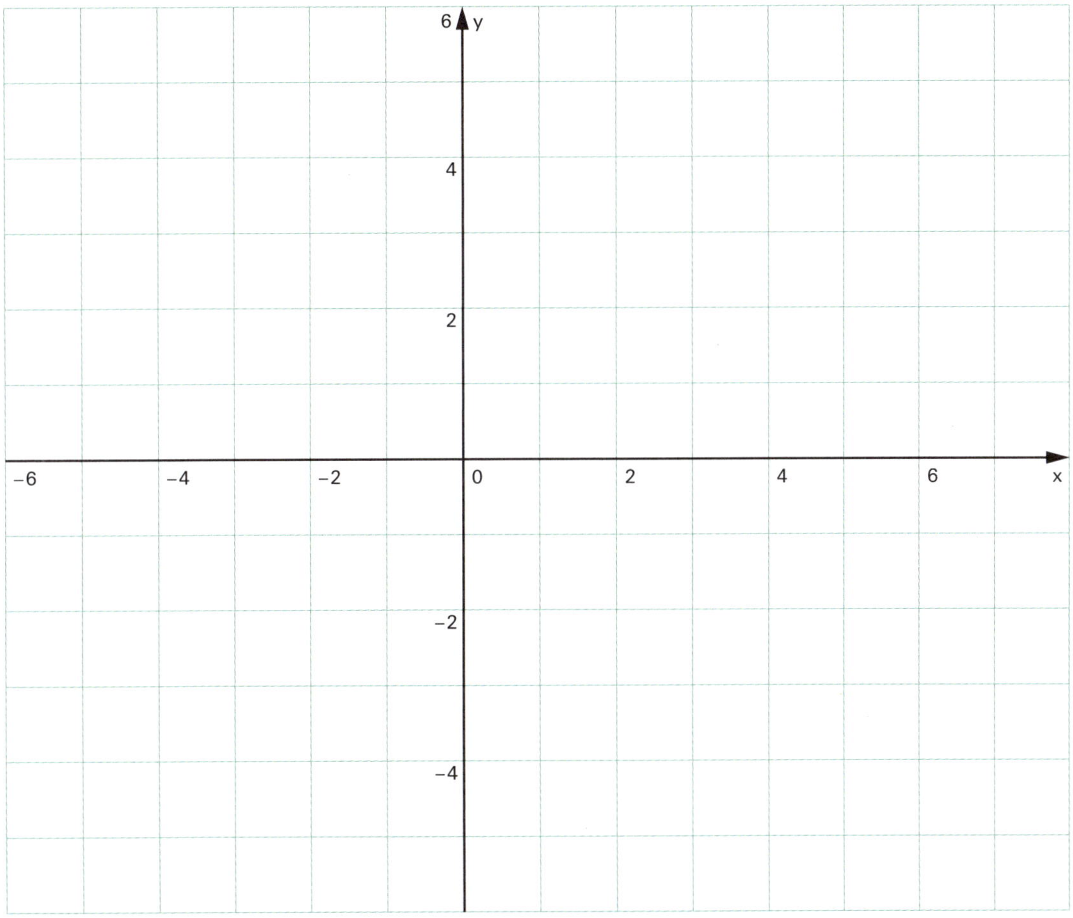

B Trage für jede Gerade die Koordinaten von weiteren vier Punkten in die Tabelle ein.

	Punkt C	Punkt D	Punkt E	Punkt F
g_1	(/)	(/)	(/)	(/)
g_2	(/)	(/)	(/)	(/)
g_3	(/)	(/)	(/)	(/)

C Bestimme jeweils die Steigung a und die Geradengleichung.

	Steigung	Geradengleichung
g_1	a = ______	y = ______
g_2	a = ______	y = ______
g_3	a = ______	y = ______

Steigung, Punkt und Geradengleichung

7 Geraden lassen sich geometrisch oder algebraisch beschreiben. Fülle in die leere Zelle einen passenden Text.

Geometrie-Sprache «auf der Geraden liegen» (Aussage über den Punkt)		**Algebra-Sprache** «die Geradengleichung erfüllen» (Aussage über die Koordinaten eines Punkts)
Ein Punkt P liegt auf der Geraden mit der Gleichung $y = 2x + 5$.	→	______________________ ______________________
______________________ ______________________	←	Die Koordinaten von Q(10/25,01) erfüllen die Geradengleichung $y = 2x + 5$ nicht.

8 **A** Welche Punkte liegen auf welchen Geraden?

$P_1(4/-5)$	
$P_2(6/-5)$	**Gerade 1** $y = \frac{1}{2}x + 2$
$P_3(-8/-2)$	**Gerade 2** $y = x - 1$
$P_4(-6/-7)$	**Gerade 3** $y = -3x + 7$
$P_5(-4/4)$	**Gerade 4** $y = -\frac{2}{3}x - 3$
$P_6(2/1)$	
$P_7(-3/-1)$	

B Einer oder mehrere Punkte liegen auf keiner der vier Geraden. Suche zu diesen Punkten passende Geraden.

____

____

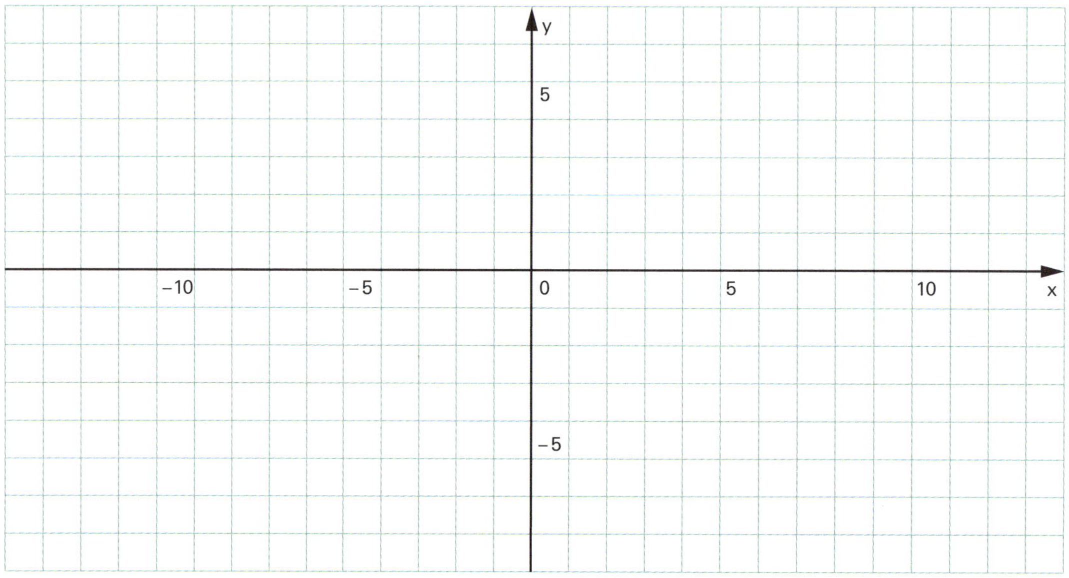

9 **A** Von drei Geraden kennt man jeweils einen Punkt und die Steigung.
Zeichne die drei Geraden in das Koordinatensystem.

g_1 $A_1(6/6)$ und $a_1 = \frac{2}{3}$ g_2 $A_2(2/0)$ und $a_2 = -4$ g_3 $A_3(-5/8)$ und $a_3 = -\frac{1}{2}$

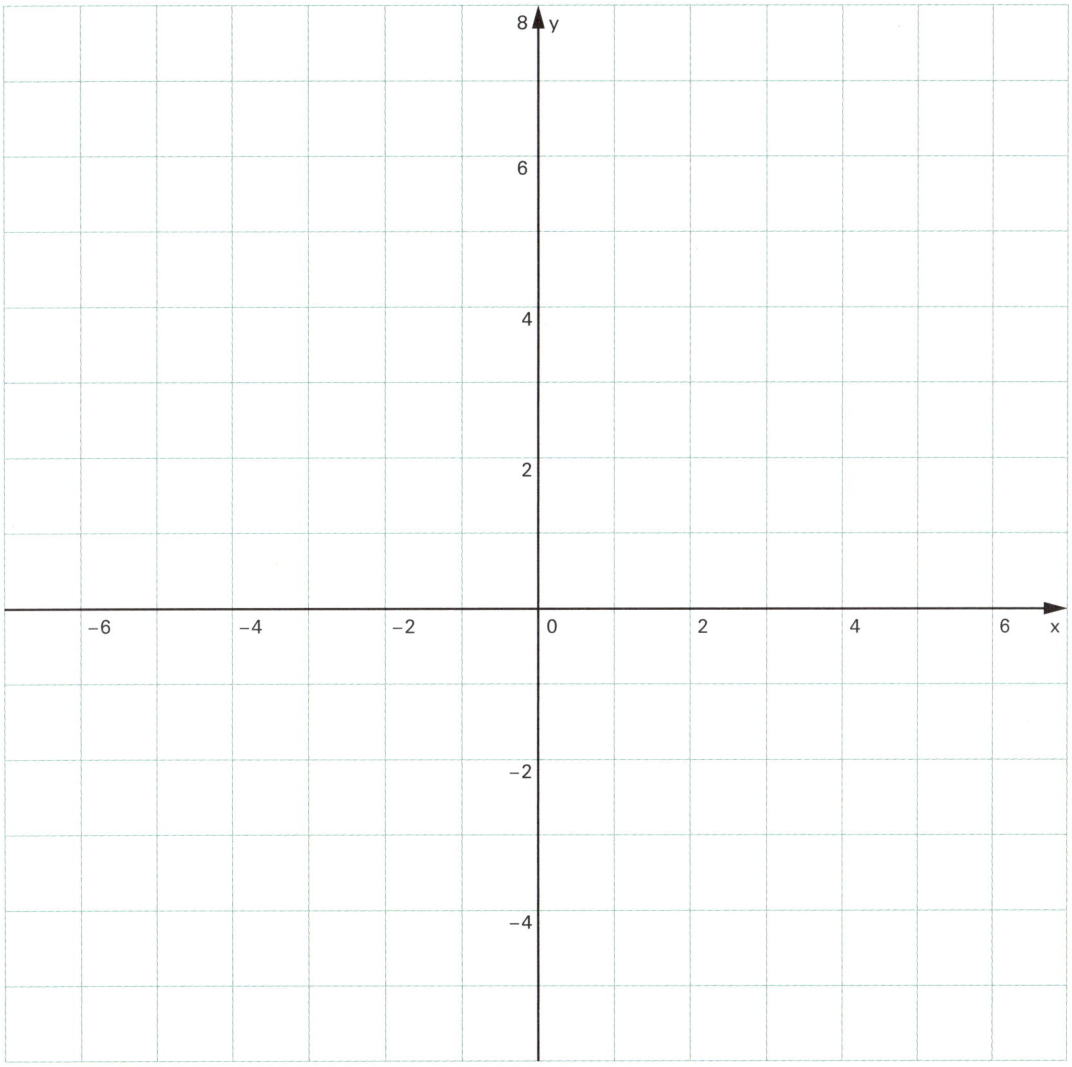

B Trage für jede Gerade die Koordinaten von weiteren vier Punkten in die Tabelle ein.

	Punkt B	Punkt C	Punkt D	Punkt E
g_1	(/)	(/)	(/)	(/)
g_2	(/)	(/)	(/)	(/)
g_3	(/)	(/)	(/)	(/)

C Bestimme jeweils den y-Achsenabschnitt b und die Geradengleichung.

	y-Achsenabschnitt	Geradengleichung
g_1	b = ______	y = ______
g_2	b = ______	y = ______
g_3	b = ______	y = ______

Geogebra-Anwendung «Geradengleichung» **D512-01**

10 **A** Was kann man über die Geraden aussagen, welche die Gleichung $y = a \cdot x + 4$ erfüllen?

B Was kann man über die Geraden aussagen, welche die Gleichung $y = \frac{3}{4} \cdot x + b$ erfüllen?

Selbstbeurteilung «Ganz einfach gerade»

Ich kann …

- ☐ in einer realen Situation lineare Zusammenhänge erkennen und sie in Worten beschreiben. **SB+ 1 bis 3A**
- ☐ Beziehungen zwischen einer linearen Gleichung, ihrem Graphen und der Wertetabelle erkennen und umgekehrt. **SB+ 4**
- ☐ bestimmen, ob ein Punkt auf einer Geraden liegt oder nicht. **SB+ 5 AH+ 8 und 9**
- ☐ die Gleichung einer Geraden bestimmen, wenn die Koordinaten von zwei Punkten gegeben sind. **SB+ 7 AH+ 6**

Zusätzlich kann ich …

- ☐ Geraden an Achsen spiegeln und Beziehungen der beiden Gleichungen erkennen. **SB+ 8**
- ☐ Geraden parallel verschieben und Beziehungen der beiden Gleichungen erkennen. **SB+ 10**
- ☐ den linearen Zusammenhang zwischen zwei Temperaturskalen durch eine Gleichung beschreiben. **SB+ 13**
- ☐ bei der allgemeinen Form der Geradengleichung $y = ax + b$ die Bedeutung der Variablen erklären. **SB+ 3 und 6**

☐ Weitere Aufgaben «Grundanforderungen» **D512-02**

☐ Weitere Aufgaben «Zusatzanforderungen» **D512-03**

☐ Arbeitsrückschau im Merkheft **D512-04**

☐ Teste dich selbst **D512-05**

Rationale Zahlen, irrationale Zahlen

Die Rechengesetze

1 Die uns bekannten Rechengesetze gelten auch für das Rechnen mit irrationalen Zahlen. Vereinfache, wo dies möglich und sinnvoll ist, und berechne.

	$x = \sqrt{2}$	$x = \pi$	x = … Wähle für x eine irrationale Zahl.	x = … Wähle für x eine rationale Zahl.
A $x + x$	$\sqrt{2} + \sqrt{2}$ $= 2{,}82\ldots$	$\pi + \pi$ $= 2 \cdot \pi$ $= 6{,}283\,185\,307\ldots$		
B $x \cdot x$	$\sqrt{2} \cdot \sqrt{2}$ $= 2$			
C $x : x$	$\sqrt{2} : \sqrt{2}$ $= 1$			
D $x - x$				
E $\sqrt{x}$				
F $\frac{1}{x}$				
G x^4				

Irrationale Dezimalbrüche

2 0,123 456 789 101 112 13… und 10,124 816 326 412 825 6… sind zwei nicht periodische, nicht abbrechende Dezimalbrüche. Die Zahlen sind daher irrational.
Finde zwei weitere Beispiele.

Je zwei Zahlen zwischen …

3 **A** Notiere jeweils zwei Beispiele für rationale und irrationale Zahlen.

Zahlen zwischen	rationale Zahlen		irrationale Zahlen	
$\frac{1}{4}$ und $\frac{1}{5}$				
1 und 1,01				
1,000 und 1,001				
0,99 und 1				
0,999 und 0,999 9				
π und $\sqrt{10}$				

B Für jede Zelle in der Tabelle gibt es unendlich viele Lösungen. Zeige, wie auf clevere Art viele Beispiele erzeugt werden können.

Wahr oder falsch?

4 Kreuze wahr (w) oder falsch (f) an und begründe deine Wahl.

A Es gibt unendlich viele Zahlen zwischen 0,1 und $\frac{1}{9}$. ☐ w ☐ f

B $\sqrt{1{,}8}$ und 1,8 liegen beide zwischen $\sqrt{2}$ und 2. ☐ w ☐ f

C $(1 + \sqrt{2})$ ist irrational. ☐ w ☐ f

D $(1 + \sqrt{2})^2$ ist irrational. ☐ w ☐ f

E Es gibt unendlich viele irrationale Zahlen, deren Quadrat irrational ist. ☐ w ☐ f

F Es gibt unendlich viele Zahlen, deren Wurzel grösser als die Zahl selbst ist. ☐ w ☐ f

G Es gibt unendlich viele Zahlen, deren Wurzel gleich der Zahl selbst ist ($\sqrt{x} = x$). ☐ w ☐ f

H Es gibt unendlich viele Zahlen, deren Wurzel kleiner als die Zahl selbst ist. ☐ w ☐ f

Wurzelterme

5 Schreibe zu jeder Umformung mindestens zwei Zahlenbeispiele in dein Heft und beurteile dann, ob die Umformungen richtig (r) oder falsch (f) sind.

A Additionen

1 $\sqrt{a} + \sqrt{b} = \sqrt{a+b}$ ☐ r ☐ f

2 $\sqrt{a} + \sqrt{b} = \sqrt{a + 2\sqrt{ab} + b}$ ☐ r ☐ f

3 $\sqrt{a^2} + \sqrt{4a^2} = 3\sqrt{a^2}$ ☐ r ☐ f

4 $\sqrt{a^2} + \sqrt{a^2} = \sqrt{4a^2}$ ☐ r ☐ f

B Subtraktionen

1 $\sqrt{a} - \sqrt{b} = \sqrt{a-b}$ ☐ r ☐ f

2 $\sqrt{a} - \sqrt{b} = \sqrt{a - 2\sqrt{ab} + b}$ ☐ r ☐ f

3 $\sqrt{4a^2} - \sqrt{a^2} = \sqrt{a^2}$ ☐ r ☐ f

4 $3\sqrt{a^2} - \sqrt{a^2} = \sqrt{4a^2}$ ☐ r ☐ f

Richtig oder falsch?

6 Sind die Umformungen richtig (r) oder falsch (f)?
Kreuze an und formuliere deine Feststellungen algebraisch oder mit Worten.

A Multiplikationen

		r	f
1	$\sqrt{20} \cdot \sqrt{80} = \sqrt{1\,600}$	☐	☐
2	$\sqrt{0{,}2} \cdot \sqrt{80} = \sqrt{16}$	☐	☐
3	$2 \cdot \sqrt{8} = \sqrt{16}$	☐	☐
4	$\sqrt{20} \cdot 5 = \sqrt{100}$	☐	☐
5	$\sqrt{0{,}5} \cdot \sqrt{2} = 1$	☐	☐
6	$\sqrt{0{,}5} \cdot \sqrt{0{,}02} = \sqrt{0{,}01}$	☐	☐

B Divisionen

		r	f
1	$\sqrt{8} : \sqrt{2} = \sqrt{4}$	☐	☐
2	$\sqrt{2} : \sqrt{8} = \sqrt{0{,}25}$	☐	☐
3	$\sqrt{200} : 8 = \sqrt{25}$	☐	☐
4	$8 : \sqrt{2} = \sqrt{4}$	☐	☐
5	$8 : \sqrt{2} = \sqrt{32}$	☐	☐
6	$8 : \sqrt{2} = 4\sqrt{2}$	☐	☐

Wie in den Beispielen

7 Forme A bis D um.

Beispiele

$\sqrt{27} = \sqrt{9} \cdot \sqrt{3} = 3\sqrt{3}$

$\sqrt{\frac{x^3}{9}} = \sqrt{\frac{x^2}{9}} \cdot \sqrt{x} = \frac{x}{3}\sqrt{x}$

A $\sqrt{108a^2} =$ ____________________

B $\sqrt{\frac{2x^2}{4}} =$ ____________________

C $\sqrt{1\,000s^3} =$ ____________________

D $\sqrt{\frac{50x^2}{8}} =$ ____________________

Gleichungen mit Wurzeln

8 Löse die folgenden Gleichungen.

A $\sqrt{x} = 4$ ____________________

B $2 \cdot \sqrt{x} = 8$ ____________________

C $x : \sqrt{x} = 4$ ____________________

D $\sqrt{x} + 2 = x$ ____________________

9 Finde Lösungen für diese Gleichungen.

A $\sqrt{x} = x$ ______

B $\sqrt{x} = x - 2$ ______

C $\sqrt{x} = x : \sqrt{x}$ ______

D $\sqrt{x} + 3 = x + \sqrt{3}$ ______

10 Löse folgende Gleichungen nach x auf.

A $x \cdot \sqrt{7} = \sqrt{8}$ ______

B $x : \sqrt{3} = \sqrt{3}$ ______

C $\sqrt{12} : x = \sqrt{6}$ ______

D $\sqrt{12} \cdot 2x = 4 \cdot \sqrt{6}$ ______

Geometrische Fragestellungen

11 A Berechne die Höhe eines gleichseitigen Dreiecks mit s = 10 cm.

B Berechne die Länge der Diagonalen in einem Quadrat mit der Seitenlänge s = 14,1 cm.

C Berechne die Seitenlänge eines regulären Achtecks in einem Kreis mit r = 10 cm.
Teile zur Berechnung das Achteck in vier kongruente Drachenvierecke mit einer Seitenlänge 10 cm und den beiden Diagonalen 10 cm und $10 \cdot \sqrt{2}$ cm auf.

12 Einem Würfel ist ein regelmässiges Sechseck einbeschrieben.
Alle Eckpunkte des Sechsecks liegen auf Würfelkanten.

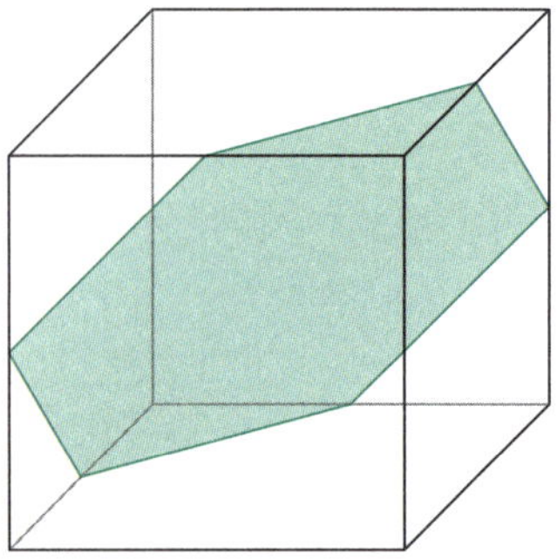

Berechne die Fläche des Sechsecks, wenn der Würfel die Kantenlänge k = 10 cm hat.

Potenzgesetze

Gesetze – Zahlenbeispiele – Buchstabenterme

13 Egänze die Tabelle und notiere auch eigene Beispiele.

Gesetze	Beispiele: Zahlen	Beispiele: Buchstabenterme
A $a^n \cdot a^m = a^{n+m}$	$3^3 \cdot 3^5 = 27 \cdot 243 = 6\,561 = 3^8$	$(a+b)^x \cdot (a+b)^{x+2} =$
		$z^x \cdot z^{2x} =$
B $\frac{a^m}{a^n} = a^{m-n}$	$\frac{7^4}{7^2} = \frac{2\,401}{49} =$	$\frac{(2a+3)^x}{(2a+3)^{\frac{x}{2}}} =$
		$\frac{(2z)^{2x}}{(2z)^x} =$
C $a^n \cdot b^n = (a \cdot b)^n$	$2^4 \cdot 3^4 =$	$(2z)^x \cdot (3z)^x =$
		$(2a+3)^x \cdot (2a-3)^x =$
	$3^4 \cdot 5^6 = 3^4 \cdot 5^4 \cdot 5^2 = 15^4 \cdot 5^2$	
D $\frac{a^n}{b^n} = \left(\frac{a}{b}\right)^n$	$\frac{15^4}{3^4} =$	
	$\frac{2 \cdot 3^3}{2^3 \cdot 9^3} =$	
		$\frac{(4a^2-9)^x}{(2a-3)^x} =$
E $(a^n)^m = a^{n \cdot m}$	$(2^3)^4 =$	
		$((a+b)^4)^2 =$
	$(2^3)^4 : 2^4 =$	

Rechentraining Stellt eigene Beispiele her, tauscht sie aus und übt immer wieder.

Potenzen und Wurzeln

Rechentraining online **D513-01**

$10^5 \cdot 10^{-3} =$	100
$\sqrt{5^6} =$	125
$6^5 : 3^4 =$	96

Selbstbeurteilung «Reell: rational – irrational»

Ich kann …

- [ ] die Unterschiede zwischen rationalen und irrationalen Zahlen benennen und zu den Zahlmengen Beispiele angeben. **SB+ 1, 3 bis 5 AH+ 3**
- [ ] mit reellen Zahlen operieren mithilfe des Rechners. **SB+ 4 bis 6 AH+ 1**
- [ ] einfache Operationen mit Wurzeltermen durchführen sowie Umformungen von Wurzeltermen durch Einsetzen von Zahlbeispielen überprüfen. **SB+ 8 AH+ 5 und 6**
- [ ] Flächen und Strecken u. a. mithilfe des Satzes des Pythagoras berechnen. **SB+ 7**

Zusätzlich kann ich …

- [ ] Umformungen mit Wurzeltermen allgemein durchführen. **SB+ 8 AH+ 7**
- [ ] Eigenschaften der verschiedenen Zahlmengen beschreiben. **SB+ 1 und 3**
- [ ] komplexe geometrische Fragestellungen u. a. mithilfe des Satzes des Pythagoras lösen. **AH+ 11 und 12**
- [ ] Potenzgesetze herleiten und anwenden. **AH+ 13**

- [ ] Weitere Aufgaben
  «Zusatzanforderungen» **D513-02**

- [ ] Arbeitsrückschau im Merkheft **D513-03**
- [ ] Teste dich selbst **D513-04**

Eine Pyramide entsteht, wenn man die Eckpunkte eines Vielecks mit einem Punkt S ausserhalb der Grundflächenebene verbindet.

Ist die Grundfläche ein regelmässiges Vieleck und der Höhenfusspunkt H gleichzeitig Mittelpunkt des Vielecks, entsteht eine regelmässige, gerade Pyramide.

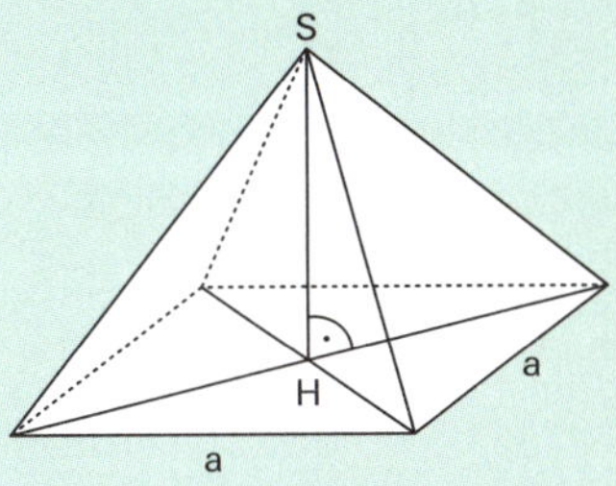

gerade, quadratische Pyramide

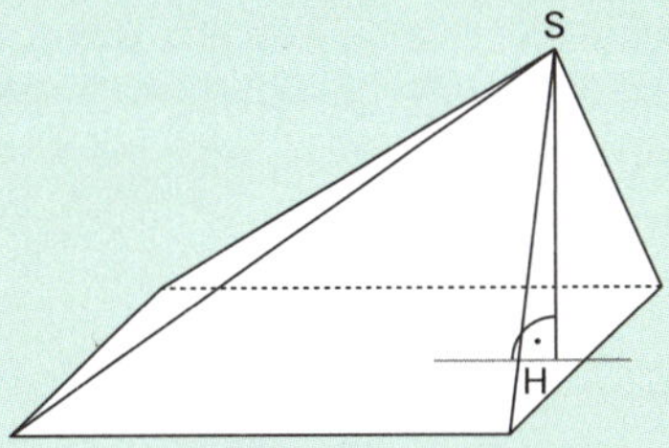

schiefe Pyramide mit rechteckiger Grundfläche

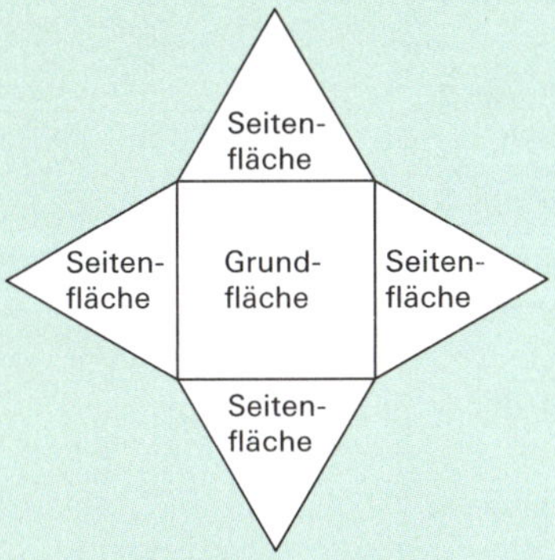

Netz (Abwicklung) einer geraden, quadratischen Pyramide

Pyramiden und Prismen im Würfel

1 Ordne die Beschreibungen A bis H den Körpern 1 bis 8 zu.

- A Prisma mit trapezförmiger, gleichschenkliger Grundfläche
- B gerade, quadratische Pyramide
- C gerade Pyramide mit sechseckiger Grundfläche
- D Prisma mit dreieckiger, gleichschenkliger Grundfläche
- E Prisma mit rechtwinkliger, dreieckiger Grundfläche
- F schiefe Pyramide mit dreieckiger, rechtwinklig-gleichschenkliger Grundfläche
- G schiefe Pyramide mit quadratischer Grundfläche
- H schiefe Pyramide mit rechteckiger Grundfläche

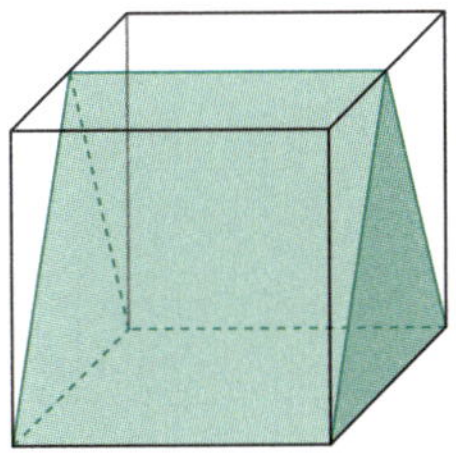

Körper 1

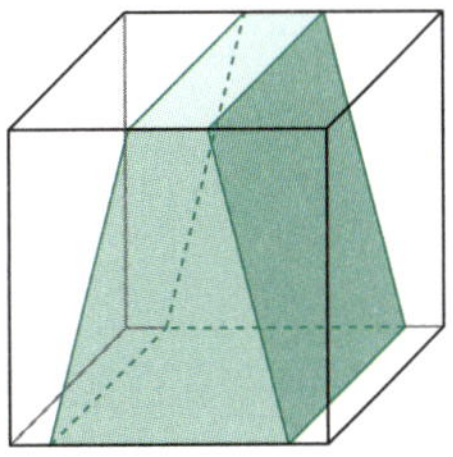

Körper 2

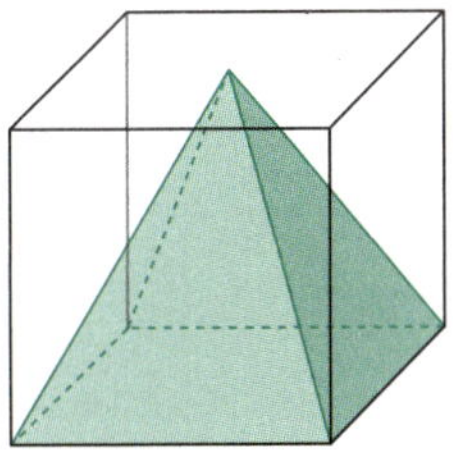

Körper 3

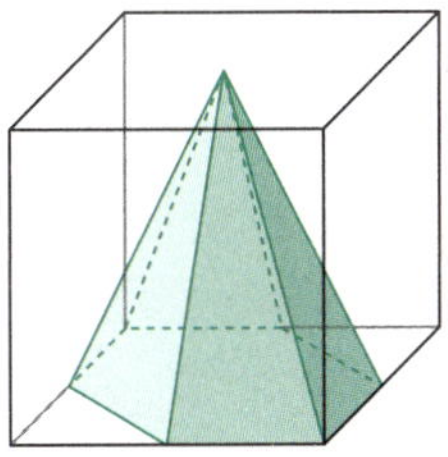

Körper 4

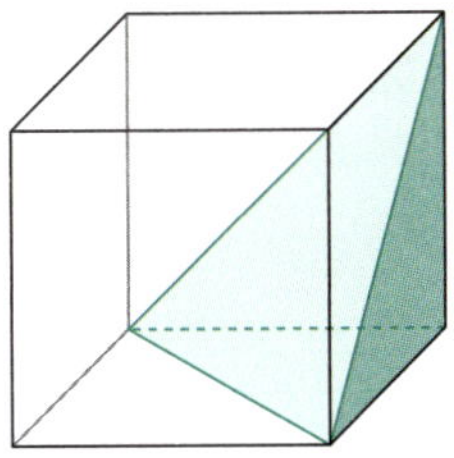

Körper 5

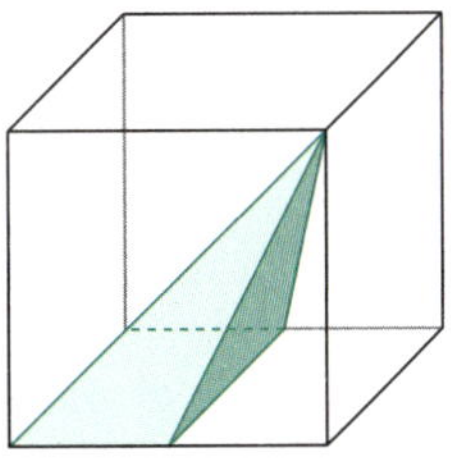

Körper 6

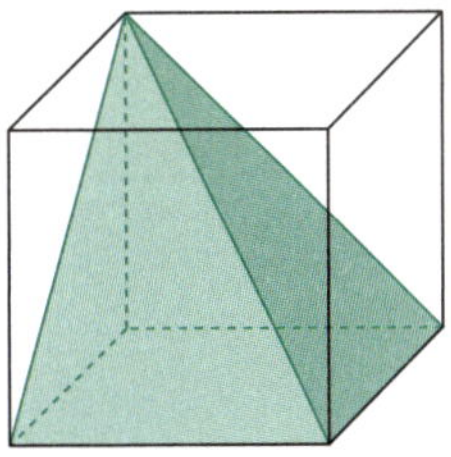

Körper 7

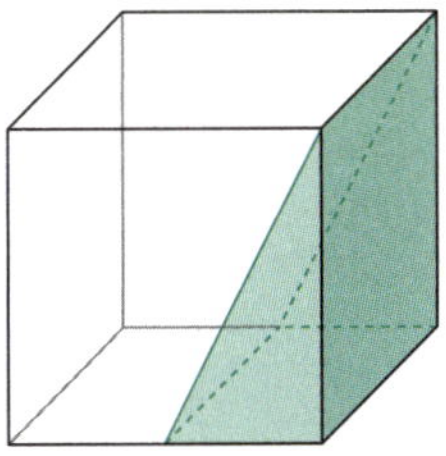

Körper 8

2 Gib die Volumen der acht Körper aus Aufgabe 1 als Bruchteile und in Prozent des Würfels an.

	Bruchteil	Prozent
Körper 1		
Körper 2		
Körper 3		
Körper 4		
Körper 5		
Körper 6		
Körper 7		
Körper 8		

3 Im Schulbuch werden Pyramiden näherungsweise aus Würfeln hergestellt.
Kann man Pyramiden entsprechend auch näherungsweise aus kongruenten Quadern herstellen?
Was ändert, was bleibt gleich?

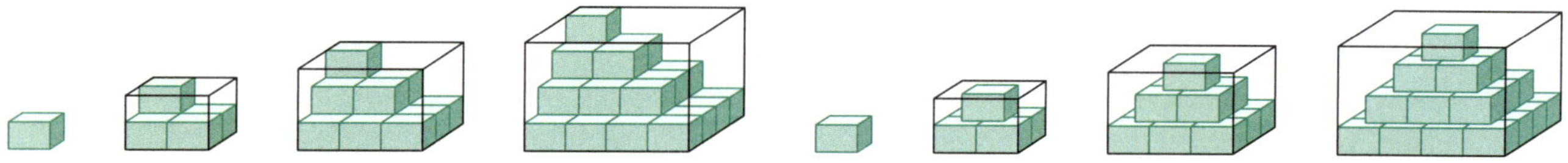

4

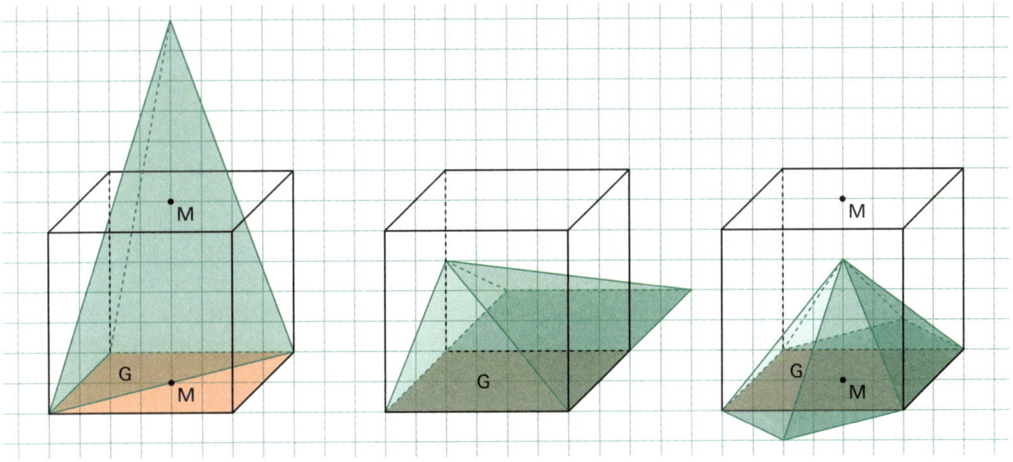

Pyramide 1 **Pyramide 2** **Pyramide 3**

A Zeige, dass die drei Pyramiden das gleiche Volumen haben.

B Zeichne zwei Pyramiden mit nicht rechteckiger Grundfläche, deren Volumen ein Drittel so gross wie das Würfelvolumen ist.

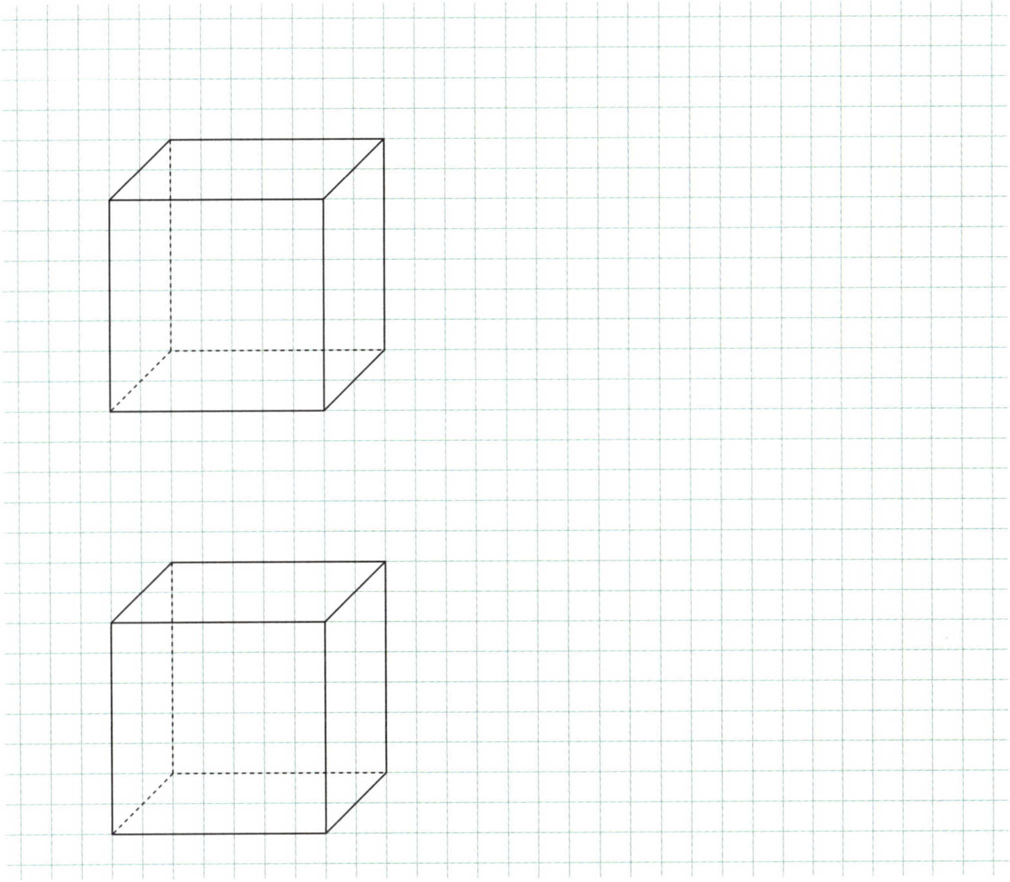

5 Die im Würfel eingezeichnete Pyramide wird auf halber Höhe parallel zur Grundfläche geschnitten.
Der untere Teil wird «Pyramidenstumpf» genannt.
Aus dem Pyramidenstumpf kann man mit geraden Schnitten einen Würfel ausschneiden.
Dabei wird die ursprüngliche Pyramide in insgesamt fünf Teilkörper zerlegt.

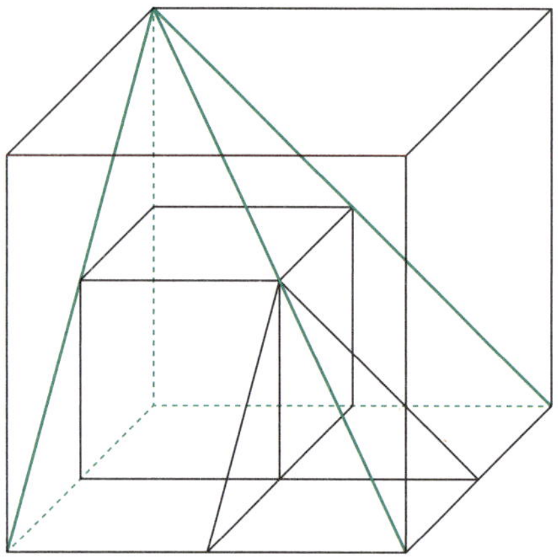

A Wie viele Teilkörper sind Prismen, wie viele Quader, wie viele Pyramiden?
B Begründe folgende Aussage: Die beiden kleinen Pyramiden sind kongruent.
Ihr Volumen beträgt je $\frac{1}{8}$ der ursprünglichen Pyramide.
C Begründe folgende Aussage: Die beiden Prismen mit dreieckiger Grundfläche sind kongruent.
Man kann sie zu einem Würfel zusammensetzen. Dessen Volumen beträgt $\frac{1}{8}$ des Umwürfels.
D Zeige, dass das Volumen der fünf Teilkörper zusammen $\frac{1}{3}$ des Umwürfelvolumens ausmacht.

6 Einem Würfel ist eine gerade, quadratische Pyramide einbeschrieben.
Sie wird in Teilkörper zerlegt: Die Pyramide wird auf halber Höhe geschnitten.
Aus dem Pyramidenstumpf werden ein Würfel und acht weitere Teilkörper ausgeschnitten.

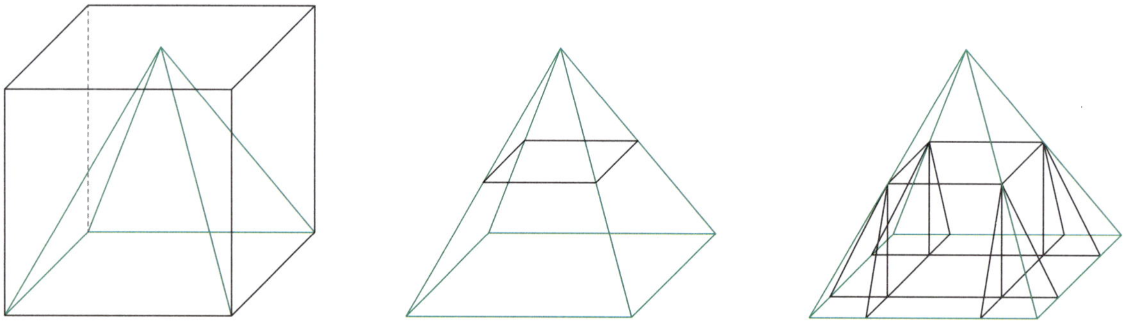

A Wie viele der zehn Teilkörper sind Prismen, wie viele Quader, wie viele Pyramiden?
B Vergleiche die Volumen der Teilkörper.
C Begründe: Das Volumen P der oberen, kleinen Pyramide ist $\frac{1}{8}$ des ursprünglichen Pyramidenvolumens.
D Begründe: Das Volumen der vier Eckteile zusammen beträgt ebenfalls P.
E Begründe: Das Volumen W des kleinen Würfels ist gleich gross
wie das Volumen der vier Keile.
F Zeige, dass das Volumen der grossen, geraden, quadratischen Pyramide
$\frac{1}{3}$ des grossen Würfelvolumens beträgt.

Berechnungen an Pyramide und Kegel

7 Berechne die fehlenden Angaben für gerade Pyramiden mit quadratischer Grundfläche.
Die Werte kannst du auch in einer Tabellenkalkulation mittels Formeln berechnen.

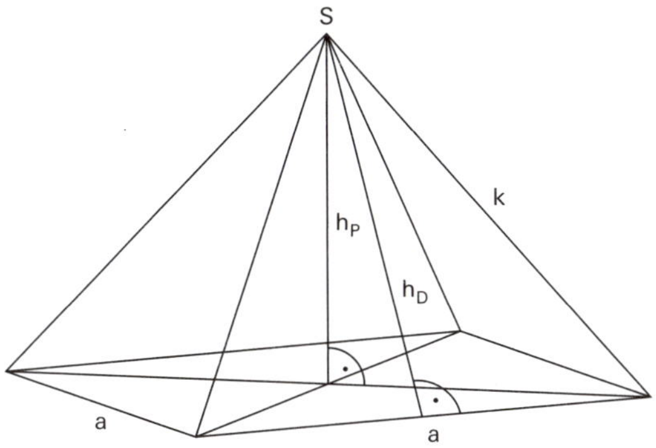

a [cm]	k [cm]	Dreieckshöhe h_D [cm]	Körperhöhe h_P [cm]	Mantelfläche M [cm^2]	Volumen V [cm^3]
12	10	8	5,3	192	
14	12				
16	14				
20	20				
25	25				
30	30				
40	40				

8

Berechne die fehlenden Angaben zu den Kegeln, wo dies möglich ist.

	s [cm]	α [°]	b [cm]	r [cm]	Grundfläche [cm²]	h [cm]	Mantelfläche [cm²]	Volumen [cm³]
A	5,00	180	15,71	2,50	19,63	4,33		
B	5,00	240	20,94	3,33	34,91			
C	5,00	300	26,18	4,17				
D	5,00	320						
E		180				5,20	56,55	48,97
F		240				4,47		74,93
G		300				3,32		86,83
H		320	33,51					81,88
I		200	24,43					
K		240		4,67				
L		280			93,12			
M		320					136,83	
N			31,42	5				

O Bei welchen Aufgaben hat es Angaben, die man aus den andern berechnen könnte?

P Bei welchen Aufgaben sind nicht genügend Angaben zur Berechnung der andern Grössen vorhanden?

Tabellenkalkulation D514-01

9 Für welchen Zentriwinkel α umfasst der Kegelmantel mit s = 10 cm das grösste Kegelvolumen? Trage die berechneten Längen und Volumen in die Tabelle ein.

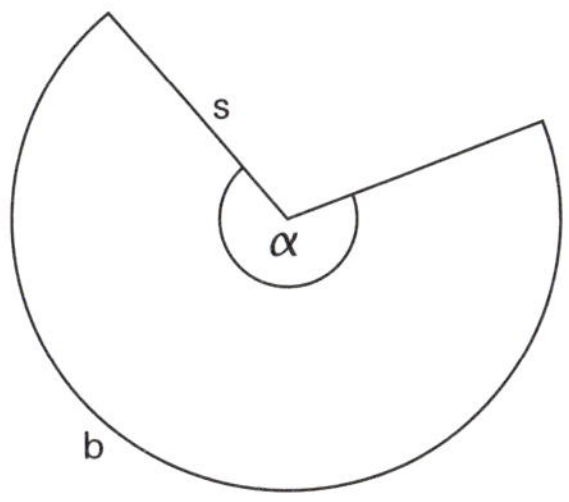

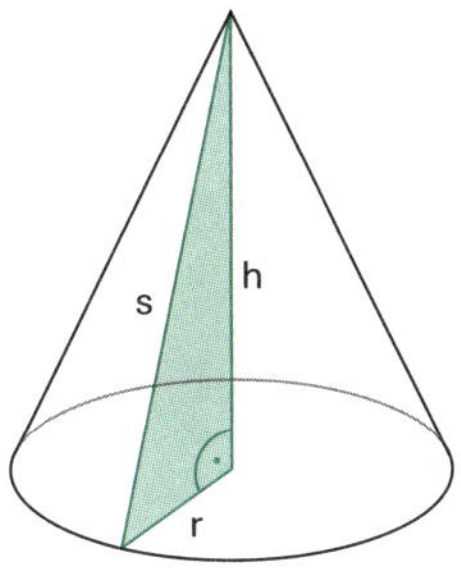

α [°]	r [cm]	h [cm]	V [cm³]
60	______	______	______
90	______	______	______
120	______	______	______
150	______	______	______
180	______	______	______
210	______	______	______
240	______	______	______
270	______	______	______
300	______	______	______
330	______	______	______

10 **A** Der Tabelle in Aufgabe 9 kannst du entnehmen, in welchem Bereich der optimale Winkel α etwa liegt. Bestimme den optimalen Winkel α auf ein Grad genau.

B Berechne mit dem Taschenrechner oder mithilfe einer Tabellenkalkulation die Abhängigkeit des Kegelvolumens vom Winkel α und stelle das Ergebnis grafisch dar.

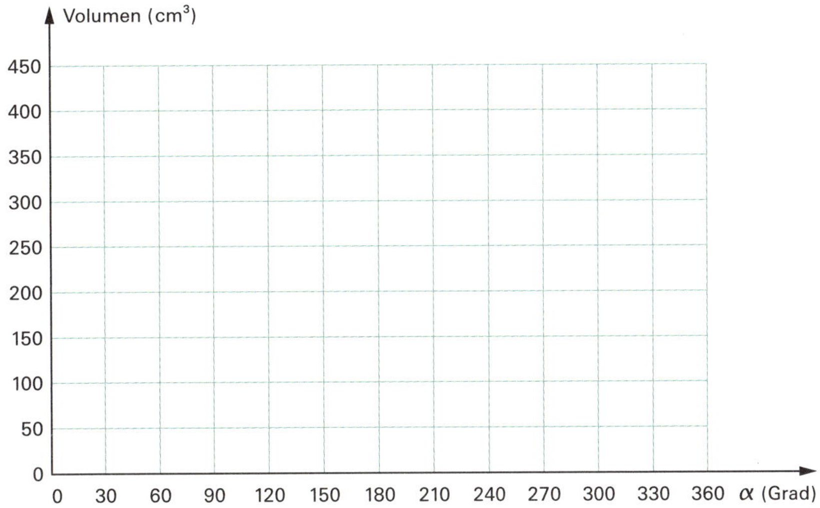

11 Ein rechtwinkliges Dreieck mit Katheten von a = 5 cm und b = 10 cm Länge rotiert einmal um die längere und einmal um die kürzere Kathete. In beiden Fällen wird ein kegelförmiger Raum überstrichen.

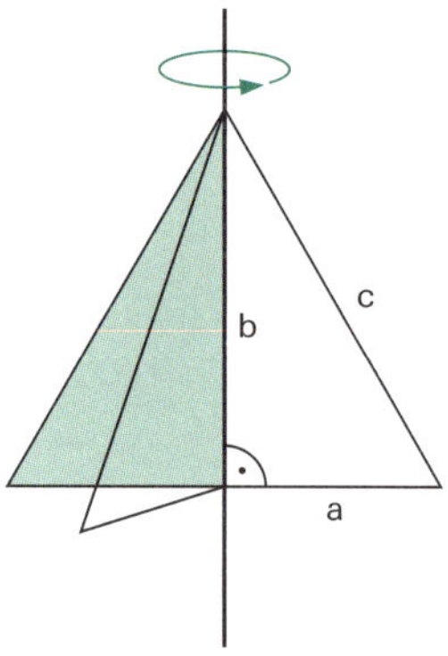

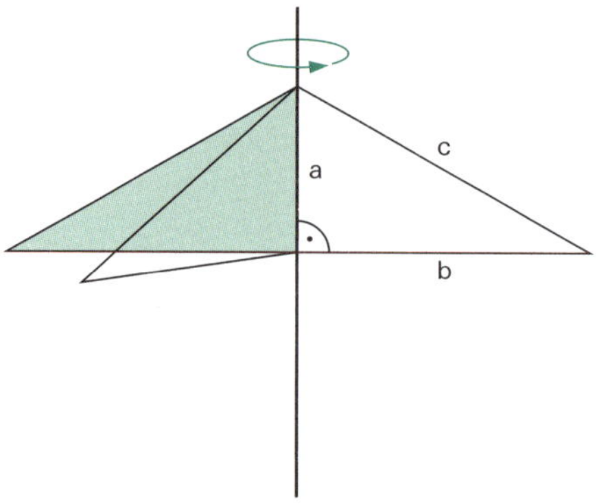

A Vergleiche die Volumen der beiden Kegel.

B In beiden Fällen überstreicht die gleiche Hypotenuse c einen Kegelmantel. Sind die beiden Mantelflächen gleich? Begründe deine Antwort.

C Vergleiche ebenso die Oberflächen der so entstehenden Kegel.

12 **A** Das gleiche Dreieck wie in Aufgabe 11 rotiert um die Hypotenuse. Es überstreicht einen Doppelkegel. Berechne sein Volumen.

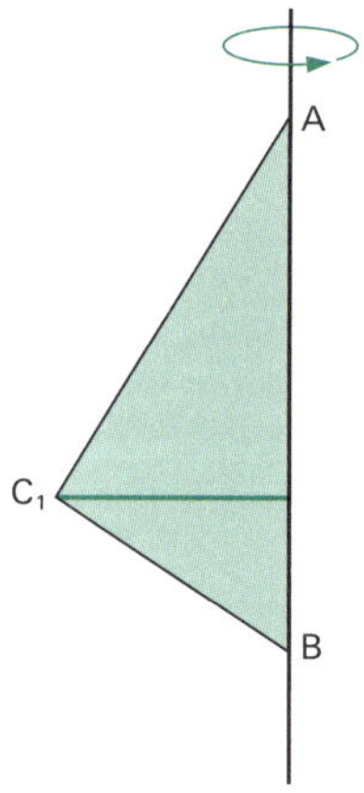

B Die Ecke C wird nach unten gezogen, ihr Abstand zur Drehachse verändert sich aber nicht. Der Doppelkegel geht in einen Kegel über und danach in einen ausgebohrten Kegel. Untersuche die Grösse des Volumens.

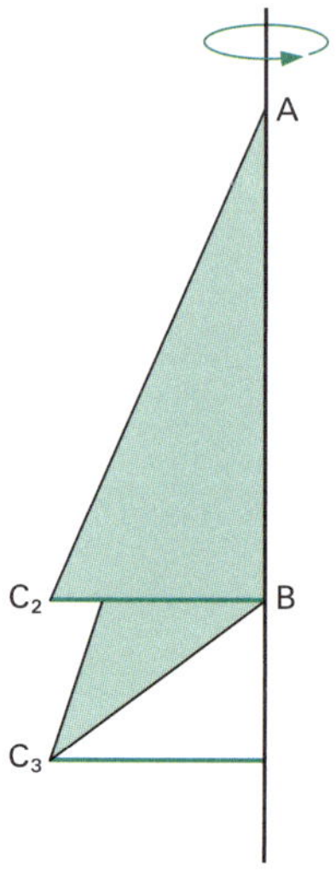

Kopfgeometrie

e + f = k + 2

Kopfgeometrie online **D514-02**

Ein Polyeder ist ein Körper, der durch mehrere ebene Flächen begrenzt wird. Zählt man bei einem Polyeder die Anzahl der Ecken (e), die Anzahl der Flächen (f) und die Anzahl der Kanten (k), stellt man den folgenden Zusammenhang fest:

$e + f = k + 2$ Dieser Zusammenhang wird eulerscher Polyedersatz genannt.

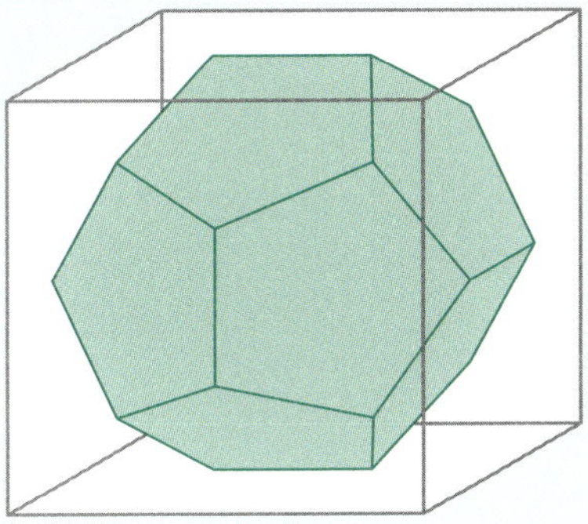

Der nebenstehende Polyeder besteht aus lauter regelmässigen Fünfecken und ist (als mögliche Zählhilfe) in einen Würfel eingebettet: Jede Würfelfläche trägt eine Kante des Fünfeck-Körpers.

Versuche die Werte von f, k und e auf verschiedene Wege zu zählen.
Mit der Formel kannst du prüfen, ob du korrekt gezählt hast.

Hinweis: Für Körper, die durch ebene Flächen begrenzt sind, aber ein oder mehrere Löcher aufweisen, gilt der eulersche Polyedersatz nicht.

Selbstbeurteilung «Pyramide und Kegel»

Ich kann …

- [ ] verschiedene Pyramiden in Würfel einzeichnen und deren Volumen berechnen. **AH+ 1, 2, 4 und 7**
- [ ] zeigen, weshalb das Volumen einer rechteckigen Pyramide $\frac{1}{3}$ so gross ist wie dasjenige des Quaders mit gleicher Grundfläche und gleicher Höhe. **SB+ 3 bis 5 AH+ 3**
- [ ] die Begriffe Mantelfläche, Körperhöhe, Volumen, Grundfläche, Kreissektor und Zentriwinkel richtig verwenden. **Alle Aufgaben**
- [ ] aus Kreissektoren Kegel formen und deren Volumen berechnen. **SB+ 8**

Zusätzlich kann ich …

- [ ] Berechnungen an Pyramiden- und Kegelstümpfen durchführen. **SB+ 11 und 12 AH+ 6**
- [ ] Optimierungsaufgaben an Pyramiden und Kegel bearbeiten und lösen. **SB+ 9 AH+ 9 und 10**
- [ ] aufgrund weniger Angaben zu einem Kegel oder einer Pyramide die fehlenden Grössen berechnen. **AH+ 8 und 11**
- [ ] Körper zerlegen und zusammensetzen sowie Zerlegungen zum Berechnen nutzen. **AH+ 5 und 6**

- [ ] Weitere Aufgaben «Grundanforderungen» **D514-03**
- [ ] Weitere Aufgaben «Zusatzanforderungen» **D514-04**

- [ ] Arbeitsrückschau im Merkheft **D514-05**
- [ ] Teste dich selbst **D514-06**

Situation – Tabelle – Funktionsgleichung

1

Situation 1

Zu x Personen kommen 50 weitere dazu.
Insgesamt sind es y Personen.

Situation 2

x Personen werden in 50 gleich grosse Gruppen aufgeteilt.
Eine Gruppe besteht aus y Personen.

Situation 3

Eine Gruppe bestand anfangs aus 50 Personen. x Personen verlassen die Gruppe.
Die Gruppe besteht danach nur noch aus y Personen.

Situation 4

50 Personen werden in x gleich grosse Gruppen aufgeteilt.
Eine Gruppe besteht aus y Personen.

A Erstelle zu den vier Situationen jeweils eine Wertetabelle.

Situation 1				
x	______	______	______	______
y	______	______	______	______

Situation 2				
x	______	______	______	______
y	______	______	______	______

Situation 3				
x	______	______	______	______
y	______	______	______	______

Situation 4				
x	______	______	______	______
y	______	______	______	______

B Ordne die vier Situationen den Funktionsgleichungen zu.

		Situation 1	Situation 2	Situation 3	Situation 4
Funktionsgleichung 1	$y = x + 50$	☐	☐	☐	☐
Funktionsgleichung 2	$y = 50 + x$	☐	☐	☐	☐
Funktionsgleichung 3	$y = 50x$	☐	☐	☐	☐
Funktionsgleichung 4	$y = x \cdot 50$	☐	☐	☐	☐
Funktionsgleichung 5	$y = 50 : x$	☐	☐	☐	☐
Funktionsgleichung 6	$y = x : 50$	☐	☐	☐	☐
Funktionsgleichung 7	$y = 50 - x$	☐	☐	☐	☐
Funktionsgleichung 8	$y = x - 50$	☐	☐	☐	☐

C Drei Funktionsgleichungen von Aufgabe B passen zu keiner der Situationen 1 bis 4.
Beschreibe zu diesen Funktionsgleichungen je eine dazu passende Situation mit Personen.

Welche Funktionsgleichung passt zum Graphen?

2 Ordne die Gleichungen den passenden Graphen zu.

Gleichung 1	$y = x + 50$	**Gleichung 2**	$y = 50 + x$	**Gleichung 3**	$y = 50x$	**Gleichung 4**	$y = x \cdot 50$
Gleichung 5	$y = \frac{50}{x}$	**Gleichung 6**	$y = \frac{x}{50}$	**Gleichung 7**	$y = 50 - x$	**Gleichung 8**	$y = x - 50$

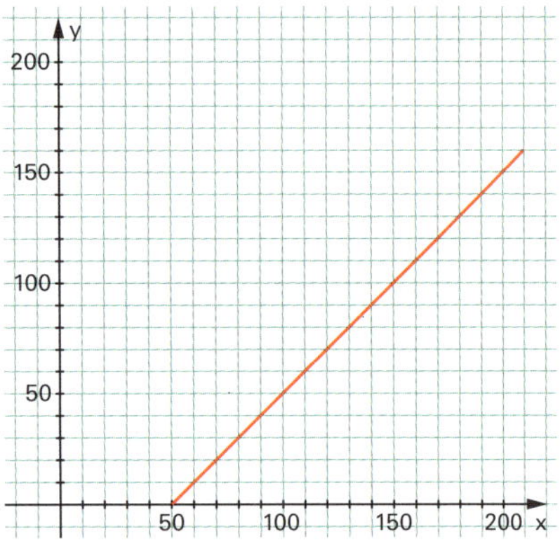

Graph 1

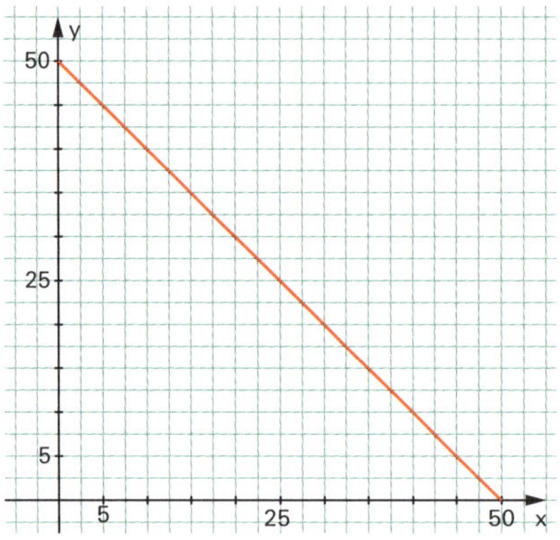

Graph 2

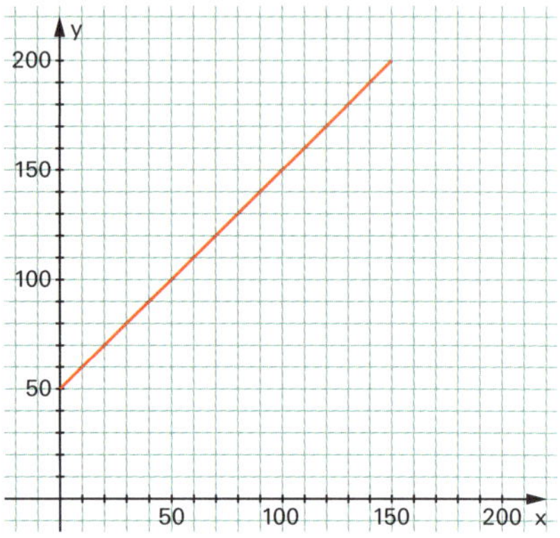

Graph 3

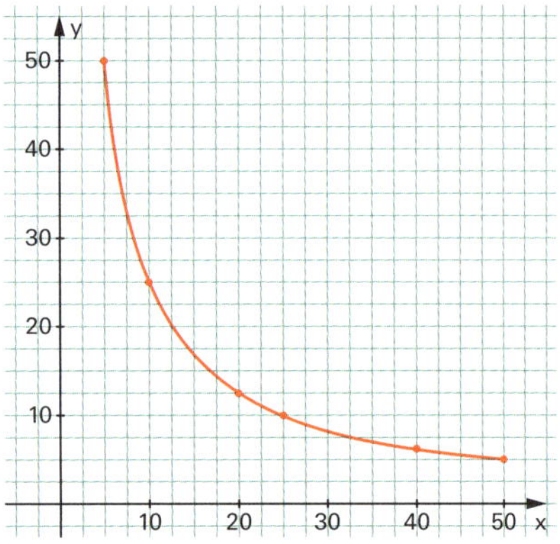

Graph 4

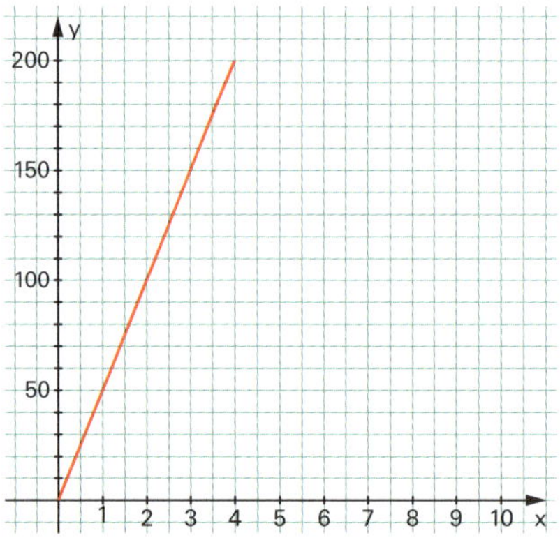

Graph 5

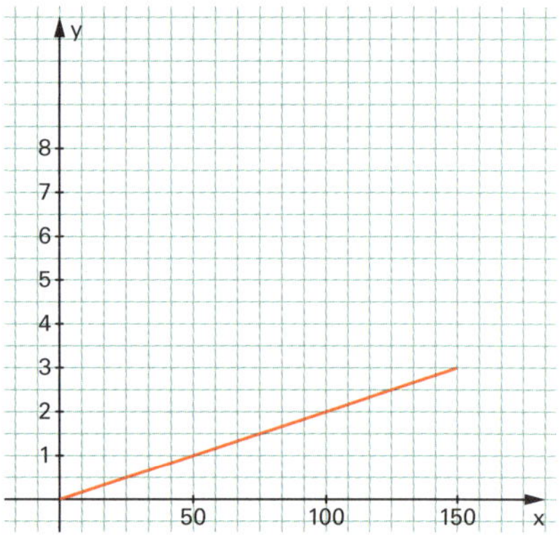

Graph 6

Ferienlager

KV «Ferienlager» **D515-01**

3 Ein Teil der Kosten für ein Ferienlager wird von der Gemeinde übernommen, zum Beispiel die Grundverpflegung für alle Teilnehmer sowie sämtliche anfallenden Kosten für die Betreuungspersonen.
Für alle weiteren Kosten müssen die Jugendlichen aufkommen. Dazu wird ein Budgetplan mit den einzelnen Posten erstellt.

Posten 1: Reisekosten
Pro Person kostet die Bahnreise CHF 18.50. Zusätzlich wird ein Materialbus für CHF 300.00 gemietet, mit welchem das Gepäck transportiert wird.

Posten 2: Miete für das Lagerhaus (6 Tage, 5 Nächte)
Die Miete für das Lagerhaus beträgt pauschal CHF 1 500.00.
Die Kurtaxe kostet zusätzlich CHF 1.50 pro Nacht und Person.

Posten 3: Benutzung der Turnhalle an einem halben Tag
Die Miete beträgt pauschal CHF 45.00. Für die Benutzung der Duschen wird pro Person CHF 1.20 verrechnet.

Posten 4: ein Besuch im Hallenbad
Der Eintritt beträgt pro Jugendlichen CHF 5.50.

Posten 5: ein Pizzeria-Besuch
Jeweils zwei Jugendliche teilen sich eine Pizza zum Preis von CHF 20.00.
Die Leiter spendieren die Getränke.

Posten 6: einmal Verpflegung in Berghütte
Eine einfache Suppe und heisser Tee wird pauschal offeriert für CHF 100.00, der dazu servierte heisse Schüblig mit Brot kostet pro Jugendlichen CHF 5.70.

Ergänze die Tabellen in der Kopiervorlage.

A Berechne die Kosten pro Kopf sowie die Gesamtkosten jeweils für 10 Jugendliche und für 30 Jugendliche.

Beispiel:

	Kosten bei 10 Jugendlichen		Kosten bei 30 Jugendlichen	
	Gesamtkosten [CHF]	Kosten pro Person [CHF]	Gesamtkosten [CHF]	Kosten pro Person [CHF]
Posten 3	45.00 + 12.00 = 57.00	5.70	45.00 + 36.00 = 81.00	2.70

B Wie werden die Kosten für x Jugendliche berechnet?

Beispiel:

	Kosten bei x Jugendlichen	
	Gesamtkosten [CHF]	Kosten pro Person [CHF]
Posten 3	$45.00 + x \cdot 1.20$	$\frac{45.00 + x \cdot 1.20}{x}$

Beurteile die Veränderungen der Gesamtkosten und der Kosten pro Person, wenn die Teilnehmerzahl immer grösser wird.

Landschulwoche

KV «Landschulwoche» D515-02

4 Die Landschulwoche dauert fünf Tage und vier Nächte.

Ausgaben

Zugfahrt	pro Person	26.80
Bus bis zur Unterkunft	pauschal	360.00
Hausmiete	pauschal	900.00
Kurtaxe	pro Nacht und Person	1.50
Verpflegung	pro Tag und Person	7.50
Kletterpark (Dienstag)	pro Person	15.00
Hallenbad (Donnerstag)	pro Person	4.50

Einnahmen

Beitrag Gemeinde	pauschal	300.00
Beiträge Jugend und Sport	pro Tag und Person	6.00
Beitrag aus Papiersammelkasse	pauschal	150.00

A Stelle die Kosten für 20 Schülerinnen und Schüler zusammen.
Ergänze die Tabelle.

Kosten bei 20 Schülerinnen und Schülern

		insgesamt	pro Person
Reise	Zugfahrt	$20 \cdot 26.80 = 536.00$	26.80
	Bus	360.00	$\frac{360}{20} = 18.00$
Unterkunft	Haus		
	Kurtaxe		
Verpflegung			
Aktivitäten	Kletterpark		
	Hallenbad		
Total Ausgaben			
Beiträge	Gemeinde		
	J + S		
	Papier-sammeln		
Total Einnahmen			
GESAMTTOTAL			

B Stelle die Kosten für x Schülerinnen und Schüler zusammen.
x muss dabei kleiner sein als 46, da im Bus maximal 45 Sitzplätze vorhanden sind.
Ergänze zuerst die Tabelle auf der Kopiervorlage und erstelle danach eine Tabellenkalkulation.

Ein eigenes Lager budgetieren

5 Stellt die Kosten für ein eigenes Lager zusammen (Klassenlager, Pfadilager, Sportlager ...).

A Erstellt eine Liste der Ausgaben und Einnahmen wie in Aufgabe 4.

B Tauscht die Listen aus und berechnet die Kosten für 20 und 50 Personen.

C Gebt die entsprechenden Funktionsgleichungen an für x Personen.

Pauschal oder pro Person?

6 A In einer Offerte wird die Unterkunft pauschal für CHF 2000.00 angeboten (Benutzung des ganzen Hauses für vier Nächte, exkl. Kurtaxen). Als Alternative zur Pauschale wird die Übernachtung pro Person für CHF 28.50 angeboten. Ab wie vielen Personen ist die Pauschale preiswerter?

B Eine Klasse muss entscheiden, ob sie die Anreise per Car oder per Bahn machen soll. Eines der Kriterien ist natürlich der Preis: Der Car wird pauschal für CHF 850.00 (bei max. 50 Personen) offeriert, ein Bahnbillett kostet CHF 26.80 pro Person. Ab welcher Klassengrösse ist der Car günstiger?

C Ein Sportklub beteiligt sich jeweils an den Kosten für die Trainingslager. Bis zu einer bestimmten Anzahl bezahlt der Klub CHF 20.00 pro Teilnehmerin und Teilnehmer. Wenn diese Zahl überschritten wird, zahlt der Klub pauschal CHF 300.00. Ab wie vielen Teilnehmern wird eine Pauschale ausgezahlt?

Rechentraining Stellt eigene Beispiele her, tauscht sie aus und übt immer wieder.

Text – Tabelle – Gleichung – Graph

Rechentraining online **D515-03**

Gleichung
$y = x + 50$

Graph

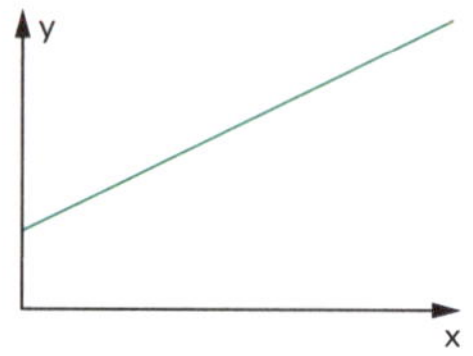

Situation

Zu x Personen kommen 50 weitere dazu. Insgesamt sind es y Personen.

Tabelle

x	0	10	20	30	40
y	50	60	70	80	90

Selbstbeurteilung «Algebraisch gesagt»

Ich kann …

- [ ] Situationen einer Wertetabelle, einem Graphen oder einem Term zuordnen und umgekehrt. **SB+ 1 und 2** **AH+ 1 und 2**
- [ ] die Gesamtkosten und die Kosten für eine Person oder ein Stück tabellarisch darstellen und berechnen. **SB+ 4 bis 7** **AH+ 3 und 4**
- [ ] einfache Terme finden und abschätzen, wie sich y ändert, wenn x grösser oder kleiner wird. **SB+ 3** **AH+ 3**
- [ ] für Gesamtkosten oder Stückpreise Funktionsgleichungen aufstellen. **SB+ 4, 5, 7, 9 und 10** **AH+ 4 bis 6**

Zusätzlich kann ich …

- [ ] Funktionsgleichungen veränderten Bedingungen anpassen. **SB+ 3, 9 und 10** **AH+ 4 und 6**
- [ ] Bedingungen gezielt verändern und die Auswirkungen beschreiben. **AH+ 5**

- [ ] Weitere Aufgaben «Grundanforderungen» **D515-04**
- [ ] Weitere Aufgaben «Zusatzanforderungen» **D515-05**
- [ ] Arbeitsrückschau im Merkheft **D515-06**
- [ ] Teste dich selbst **D515-07**

Lohnabrechnung

1 Dies ist die Lohnabrechnung eines jüngeren Monteurs mit abgeschlossener Lehre.

LA	Bezeichnung	Faktor		Einheit	Betrag	Total
E001	Monatslohn				4700.00	
	Bruttolohn				**4700.00**	
A001	AHV-Abzug	5,15 %	x	4700.00	242.05	
A002	ALV-Abzug	1,10 %	x	4700.00	51.70	
A004	NBU-Abzug	2,18 %	x	4700.00	102.45	
A005	BVG-Prämie				47.00	
A011	Abzug Parifonds				21.00	
A008	Abzug Auto				24.40	
A014	Abzug Natel Privatgebrauch				1.50	
	Total Abzüge				**490.10**	
	Nettolohn				**4209.90**	
	Total Spesen				**0.00**	
	Guthaben					**4209.90**
25.11.2013	Bank DTA:				4209.39	
	Auszahlung Total					**4209.90**

A Wie viel Geld bezahlt dieser Monteur in einem Jahr (inkl. 13. Monatslohn) in die erste Säule ein?

B Wie viel Geld bezahlt dieser Monteur für die NBU in einem Jahr (inkl. 13. Monatslohn)?

C Wie viel Geld bezahlt dieser Monteur in einem Jahr (inkl. 13. Monatslohn) in die zweite Säule ein?

Steuern

KV «Tarife für die direkte Bundessteuer» **D516-01**

2 Der Monteur in Aufgabe 1 kann für die Steuerabrechnung vom Nettolohn diverse Abzüge geltend machen. Schliesslich kommt er auf ein steuerbares Jahreseinkommen von CHF 42 100.00.

Tarife für die Kantonssteuer

steuerbares Einkommen			Steuer		Grundtarif (GT)			
bis	CHF	6 700.–	CHF	0.–	–	CHF	0.–	für je weitere CHF 100.– Einkommen
über	CHF	6 700.–	CHF	0.–	+	CHF	2.–	für je weitere CHF 100.– Einkommen
über	CHF	11 400.–	CHF	93.–	+	CHF	3.–	für je weitere CHF 100.– Einkommen
über	CHF	16 100.–	CHF	234.–	+	CHF	4.–	für je weitere CHF 100.– Einkommen
über	CHF	23 700.–	CHF	538.–	+	CHF	5.–	für je weitere CHF 100.– Einkommen
über	CHF	33 000.–	CHF	1 003.–	+	CHF	6.–	für je weitere CHF 100.– Einkommen
über	CHF	43 700.–	CHF	1 645.–	+	CHF	7.–	für je weitere CHF 100.– Einkommen
über	CHF	56 100.–	CHF	2 513.–	+	CHF	8.–	für je weitere CHF 100.– Einkommen
über	CHF	73 000.–	CHF	3 865.–	+	CHF	9.–	für je weitere CHF 100.– Einkommen
über	CHF	105 500.–	CHF	6 789.–	+	CHF	10.–	für je weitere CHF 100.– Einkommen
über	CHF	137 700.–	CHF	10 010.–	+	CHF	11.–	für je weitere CHF 100.– Einkommen
über	CHF	188 700.–	CHF	15 620.–	+	CHF	12.–	für je weitere CHF 100.– Einkommen
über	CHF	254 900.–	CHF	23 562.–	+	CHF	13.–	für je weitere CHF 100.– Einkommen

Quelle: Wegleitung zur Steuererklärung 2012 für natürliche und Personen Kanton Zürich

A Berechne mithilfe dieser Tabelle die Höhe der Kantonssteuer.

B Die Gemeindesteuer beträgt 74 % der Kantonssteuer. Wie hoch ist die Rechnung der Gemeinde?

C Berechne mithilfe der Tabelle auf der Kopiervorlage die Höhe der direkten Bundessteuer.

D Wie viel Steuern muss der Monteur insgesamt bezahlen (Kantons-, Gemeinde- und direkte Bundessteuer)?

Sparen

3 **A** Person A legt am Jahresanfang CHF 6 000.00 auf ihr Sparheft zu einem Jahreszinssatz von 1,5 %. Wie viel Zins bekommt Person A am Ende des Jahres?

B Person B legt am Jahresanfang CHF 3 000.00 auf ihr Sparheft, ebenfalls zum Zinssatz von 1,5 %. Zu Beginn der zweiten Jahreshälfte legt sie nochmals CHF 3 000.00 auf das Sparheft. Wie viel Zins bekommt Person B insgesamt bis zum Ende des Jahres?

C Person C legt zu Beginn jedes Quartals CHF 1 500.00 auf ihr Sparheft zu den gleichen Konditionen wie die Personen A und B. Wie viel Zins bekommt Person C insgesamt bis Ende Jahr?

D Person D legt während eines Jahres an jedem Monatsanfang CHF 500.00 auf ihr Sparheft zu den gleichen Konditionen wie die Personen A bis C. Wie viel Zins bekommt Person D insgesamt bis Ende Jahr?

4 Jemand möchte in fünf Jahren auf eine Weltreise gehen. Dazu möchte er regelmässig einen bestimmten Betrag auf ein Konto überweisen. Sein Ziel ist, bis zum Reisebeginn CHF 20 000.00 zu sparen. Entwerft verschiedene Sparpläne bei verschiedenen Zinssätzen.

Hypotheken und Hypothekarzinsen

5

Banken leihen Geld an Leute, die ein Haus bauen möchten.
Der Zins für dieses geliehene Geld heisst «Hypothekarzins».
Der Zinssatz für Hypothekarzinsen verändert sich je nach Wirtschaftssituation.

1990: 8,0 %
2004: 2,5 %

Familie A leiht sich im Jahr 1990 von der Bank CHF 300 000.00 für ihr neues Haus.
Familie B leiht sich die gleiche Summe im Jahr 2004.

A Wie viel Zins bezahlte Familie A im Jahr 1990?
B Wie viel Zins bezahlte Familie B im Jahr 2004?
C Berechne den Zins pro Monat im Jahr 1990 und im Jahr 2004.
D Erkundige dich nach heutigen Zinssätzen für Hypothekarzinsen und berechne den Jahreszins heute.

Hauskauf

6

Worb, Schulhausstrasse 345
Einfamilienhaus 5 $\frac{1}{2}$ Zimmer
2002/2003 total saniert,
sonnige, ruhige Lage
Wohnfläche 135 m^2, VP Fr. 840 000.–
Chiffre: TIG3532

Zeitungsinserat vom 15.10.2004

Vom Verhandlungspreis mussten 80 % als Hypotheken aufgenommen werden.
Das aufgenommene Geld für den Hauskauf musste 2004 zu 3 % verzinst werden.

A Berechne die jährlichen Zinskosten.

B Berechne die monatlichen Zinskosten.

7

An der Sonnhalde in Kerzers
Einfamilienhaus
5-Zimmer-Einfamilienhaus
Parzelle 370 m^2
VP Fr. 530 000.–
Chiffre: TIG3537

Zeitungsinserat vom 25.10.2004

Vom Verhandlungspreis mussten 80 % als Hypotheken aufgenommen werden.
Das Geld für den Hauskauf musste 2004 zu 3 % verzinst werden.

A Berechne die monatlichen Zinskosten.

B 1990 war der Zinssatz deutlich höher, nämlich 7 %.
Vergleiche die monatlichen Zinskosten 1990 und 2004.

Rechentraining Stellt eigene Beispiele her, tauscht sie aus und übt immer wieder.

Prozente und Zinsen

Rechentraining online **D516-02**

Jahreszins = CHF 100.00

Kapital = CHF 5 000.00

Zinssatz = 2 %

Jahreszins = ?

Zinssatz = 3 %

Kapital = CHF 12 000.00

Jahreszins = CHF 360.00

Zinssatz = ?

Selbstbeurteilung «Lohn und Steuern»

Ich kann …

- [ ] jemandem den Unterschied zwischen Nettolohn und Bruttolohn erklären. **SB+1**
- [ ] an Beispielen die prozentualen Anteile von Abzügen berechnen. **SB+2**
- [ ] Zinsen und Endkapital bei gegebenem Anfangskapital und Zinsfuss berechnen. **SB+5 Rechentraining**
- [ ] Daten in einer Tabelle interpretieren und grafisch darstellen. **SB+7 AH+2**

Zusätzlich kann ich …

- [ ] jemandem das 3-Säulenprinzip der Vorsorge erklären. **SB+3 bis 5**
- [ ] aus Preisen inkl. Mehrwertsteuer die Steuer berechnen. **SB+9**
- [ ] an Beispielen erste Berechnungen mit Zinseszins durchführen. **SB+5**
- [ ] einen einfachen Sparplan erstellen. **AH+4**

- [ ] Weitere Aufgaben «Grundanforderungen» **D516-03**
- [ ] Weitere Aufgaben «Zusatzanforderungen» **D516-04**
- [ ] Arbeitsrückschau im Merkheft **D516-05**
- [ ] Teste dich selbst **D516-06**

Zylindervolumen und Höhe von Papierstapeln

Kreiszylinder: Volumen in Abhängigkeit von Höhe h

1 **A** Ergänze die Tabelle mit den entsprechenden Werten eines Kreiszylinders.
Rechne mit dem Näherungswert $\pi = 3$.

Radius r	10	10	10	10	10	10	10	10
Höhe h	1	2	3	4	5	10	20	100
Volumen V	______	______	______	______	______	______	______	______

B In diesem Beispiel ist der Radius r konstant. Das Volumen V ist nur abhängig von der Höhe h.
Stelle diesen Sachverhalt in einem geeigneten Koordinatensystem mit einem Graphen dar.

C Um welchen Funktionstyp handelt es sich?

Kreiszylinder: Volumen in Abhängigkeit von Radius r

2 **A** Ergänze die Tabelle mit den entsprechenden Werten eines Kreiszylinders.
Rechne mit dem Näherungswert $\pi = 3$.

Höhe h	10	10	10	10	10	10	10	10
Radius r	1	2	3	4	5	10	20	100
Volumen V	______	______	______	______	______	______	______	______

B In diesem Beispiel ist die Höhe h konstant. Das Volumen V ist nur abhängig vom Radius r.
Stelle diesen Sachverhalt in einem geeigneten Koordinatensystem mit einem Graphen dar.

C Um welchen Funktionstyp handelt es sich?

Papierfalten bis zum Mond

3 **A** Falte ein A4-Blatt zu A5, A6 (Postkarte), A7, … fortlaufend, so weit wie möglich.
Bestimme damit die ungefähre Papierdicke. Ergänze die Tabelle.

Anzahl Faltungen (n)	0	1	2	3	4	______
Anzahl Schichten (s)	1	2	4	8	16	______
Höhe aller Schichten (h) [mm]	0,1	0,2	______	______	______	______

B Wie hoch wären alle Schichten, wenn man 10 oder 20 Faltungen ausführen könnte?

C Wie viele Faltungen würde es brauchen, bis man den Mond (Entfernung Erde – Mond ≈ 400 000 km) erreicht hätte?

D Wie viele Faltungen würde es brauchen, bis man die Sonne (Entfernung Erde – Sonne ≈ $1{,}5 \cdot 10^8$ km) erreicht hätte?

4 **A** Stelle die Ergebnisse aus Aufgabe 3A grafisch dar.

B Beschreibe die Abhängigkeit der Anzahl Schichten (s) von der Anzahl Faltungen (n) durch eine Formel.

C Beschreibe die Abhängigkeit der Höhe aller Schichten (h) von der Anzahl Faltungen (n) durch eine Formel.

Zins und Zinseszins

Tabellenkalkulation **D517-01**

5 Nimm an, dass am 1. Januar 2000 ein Sparkonto mit der Einlage CHF 1 000.00 eröffnet wurde.
Rechne der Einfachheit halber mit einem konstanten jährlichen Zinssatz von 2,5 %.
Der Jahreszins wird zum Kapital geschlagen.

A Berechne jeweils das neue Kapital und trage die Ergebnisse in die Tabelle ein.

	2000	2001	2002	2003	2004	2005	2006
Laufzeit [Jahre]	0	1	2	3	4	5	6
Zins bei 2,5 % [CHF]	0	25	25.60	26,29	26,97	27,59	28,29
Wert [CHF]	1 000	1 025	1 050.60	1076,9	1103,87	1131,46	1159,6

B Wann etwa wäre das Konto bei gleichen Bedingungen rund doppelt so viel wert?

6 Angenommen, der Zinssatz in Aufgabe 5 wäre immer 5 % gewesen.

A Wie gross wäre der Wert des Kontos im Jahre 2020?

B Wann etwa wäre das Kapital doppelt so viel wert wie im Jahre 2000?

Verdoppelung bei exponentiellem Wachstum

7 **A** Suche für einige der unten angegebenen Zinssätze die Anzahl Jahre, die es dauert, bis ein Kapital mit Zins und Zinseszins auf den doppelten Wert angewachsen ist.

Zinssatz p	1 %	2 %	3 %	3,5 %	4 %	5 %	7 %
Verdoppelungszeit [Jahre] ≈							

B Bei einem jährlichen Zinssatz von weniger als 7 % (also immer wenn p % < 7 %) gilt folgende Faustregel:

$$\text{Verdoppelungszeit (in Jahren)} = \frac{70}{\text{Anzahl Prozent}}$$

Berechne die Verdoppelungszeit mit der Faustregel und vergleiche mit den Ergebnissen bei Aufgabe A.

C Stellt euch Fragen zu folgenden Aussagen und macht Berechnungen.

Aussage 1
Migros und COOP streben einen Umsatzzuwachs von 2 % pro Jahr an.

Aussage 2
Der «alpenquerende Lastwagenverkehr» hat in den letzten Jahren jährlich um 7 % zugenommen.

Aussage 3
In den industrialisierten Ländern betrug der jährliche Verbrauchszuwachs beim Erdöl im Mittel 2,8 %.

Aussage 4
Die Einwohnerzahl im Gazastreifen nimmt momentan um 3 % pro Jahr zu (2013).

Aussage 5
Im Jahre 1970 und im Jahre 2000 zahlte man in der Schweiz für ein Kilo Kaffee gleich viel, nämlich etwa CHF 12.00, obwohl fast alles sonst im Jahre 2000 doppelt so teuer war wie 1970.

Grafische Darstellung

Bevölkerungswachstum

8 Die Weltbevölkerung betrug Ende 2011 etwa 7 Milliarden Menschen. Sie wuchs in den letzten Jahren mit einer jährlichen Wachstumsrate von etwa 1,15 %.

A Berechne die Anzahl Menschen auf der Erde Ende 2012, 2013, 2014, 2015.

B Berechne die Anzahl Menschen auf der Erde Ende 2010, 2009, 2008.

9 Ab dem Jahre 2015 nimmt die Zuwachsrate laut Prognosen ab. Sie beträgt für die Jahre 2015 bis 2050 durchschnittlich etwa 0,8 %. Gehe davon aus, dass Ende 2015 etwa 7,3 Milliarden Menschen auf der Erde wohnen werden.

A Berechne die Anzahl Menschen auf der Erde Ende 2020, 2030, 2040, 2050.

B Wann ungefähr würde sich die Weltbevölkerung unter der Annahme gleich bleibender durchschnittlicher Zuwachsrate im Vergleich zu 2015 verdoppeln?

Kapital

10 Nimm an, dass ein Kapital von CHF 10 000.00 während 42 Jahren unter gleichen Bedingungen angelegt bleibt.

Trage in das Koordinatensystem den Wert des Kapitals für folgende drei Fälle ein.

1. Konstanter Zinssatz von 2,5 %; Entwicklung mit Zins und Zinseszins
2. Es gibt jedes Jahr CHF 1 000.00 dazu, aber keinen Zins («Methode Sparstrumpf Plus»)
3. Konstanter Zinssatz von 5 %; Entwicklung mit Zins und Zinseszins

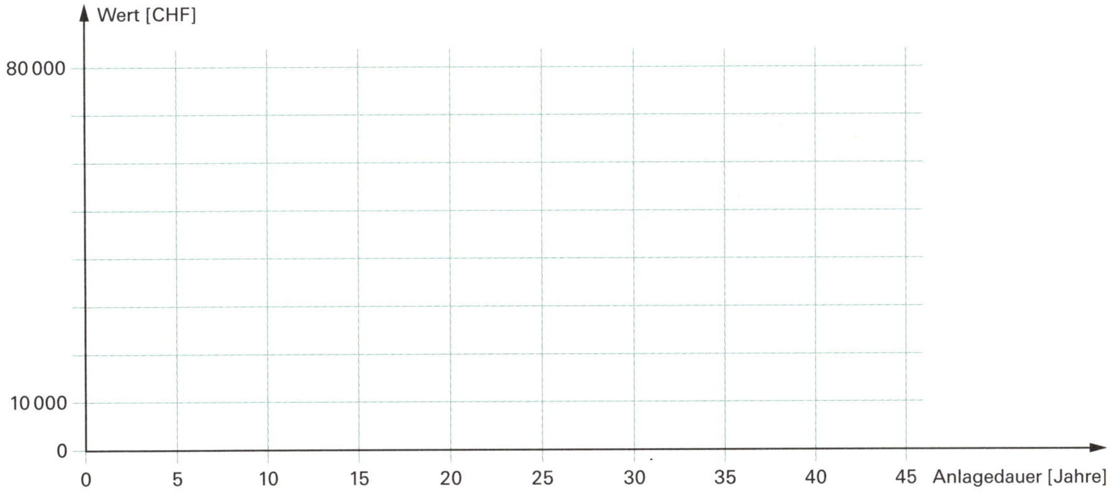

Luftdruck

11

Luft gibt es bis in viele Kilometer Höhe. Auch Luft hat ein Gewicht:
Ein Liter Luft wiegt normalerweise etwa 1,3 g, was den sogenannten Luftdruck bewirkt.
Gase lassen sich zusammendrücken. Darum ist die Luft auf Meereshöhe dichter als in den Bergen. Steigt ein Ballon nach oben, nimmt der Luftdruck am Anfang relativ schnell ab, dann immer langsamer.
Bei Normalbedingungen beträgt der Luftdruck auf Meereshöhe 1 000 mbar («millibar»).
Steigt man von dort auf, so nimmt er pro Kilometer Höhendifferenz um etwa 12 % ab.
Auf 1 000 m Höhe beträgt der Luftdruck noch etwa 88 % von 1 000 mbar, also 880 mbar.
Auf 2 000 m Höhe beträgt er noch 88 % davon, also $0{,}88^2 \cdot 1\,000$ mbar.
Auf 4 000 m Höhe beträgt er somit noch $0{,}88^4 \cdot 1\,000$ mbar.
Allgemein gilt für den Luftdruck p in Abhängigkeit der Höhe h folgende Formel:

$$\mathbf{p = 1\,000 \cdot 0{,}88^h}$$

(Luftdruck p in mbar, Höhe h in Anzahl km)

A Trage die Luftdruckkurve in das Koordinatensystem ein.

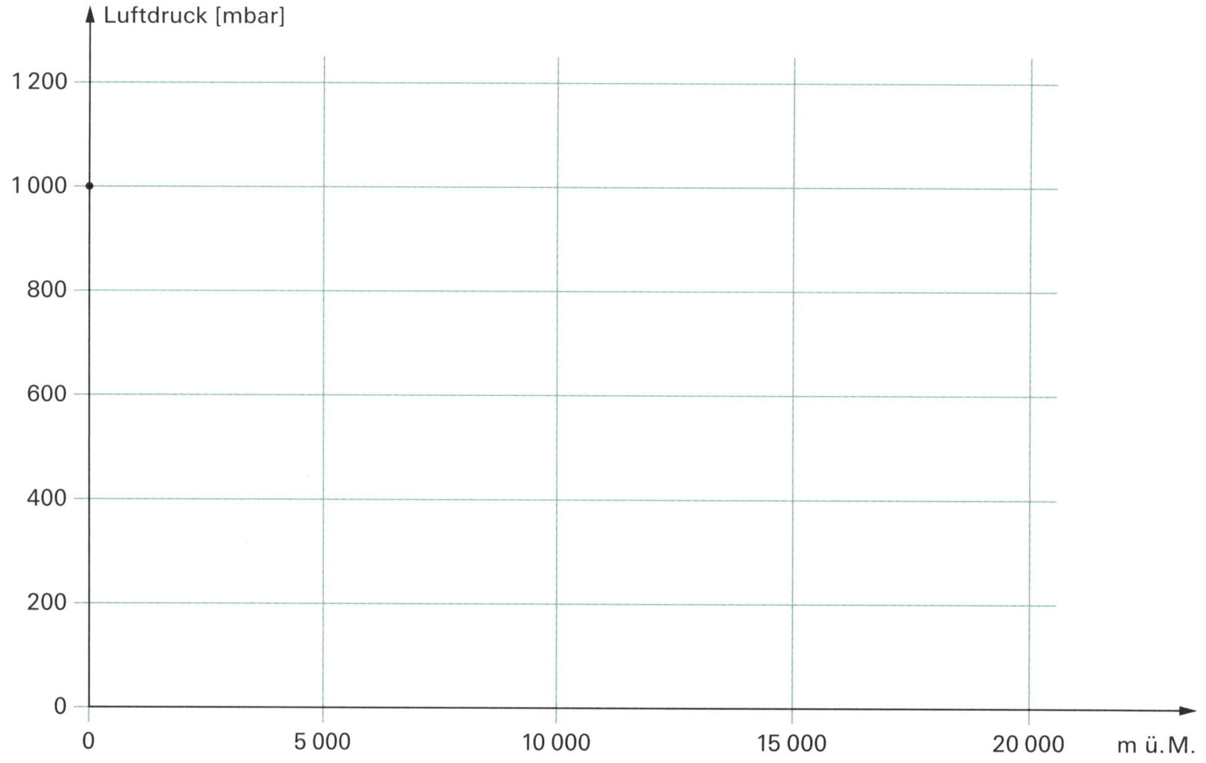

B Auf welcher Höhe (m ü. M.) beträgt der Luftdruck nur noch 20 % des Normaldrucks?

C Wie gross ist der Luftdruck auf dem Säntis (2 500 m ü. M.), auf dem Mont Blanc (4 500 m ü. M.) und auf dem Mount Everest (8 800 m ü. M.)?

D Bei welcher Höhendifferenz halbiert sich jeweils der Luftdruck?

Graphen zuordnen

12 Ordne den verschiedenen Texten A bis I die Graphen 1 bis 12 zu. Es kann sein, dass ein Text zu mehreren Graphen passt, aber auch, dass ein Graph zu verschiedenen Texten gehört. Verfasse zu den Graphen ohne Text einen eigenen passenden Text. Beschrifte die Achsen.

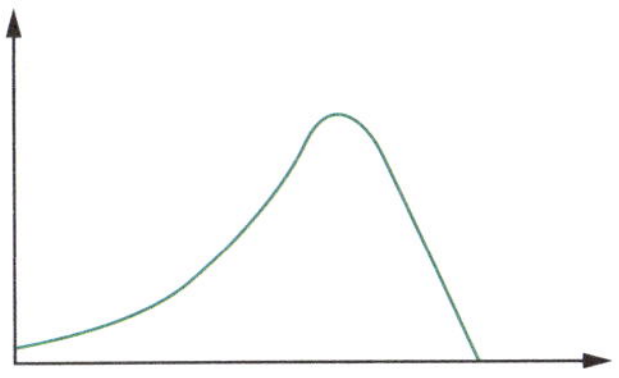
Graph 1

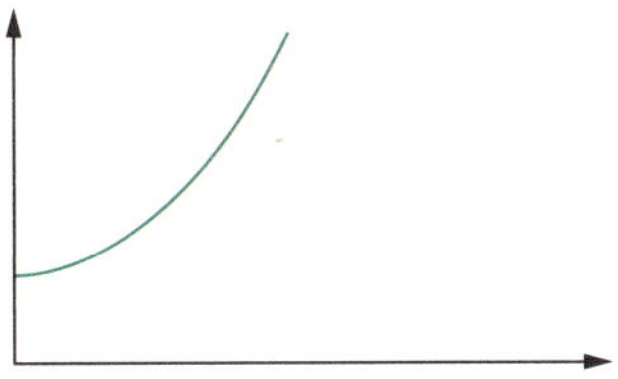
Graph 2

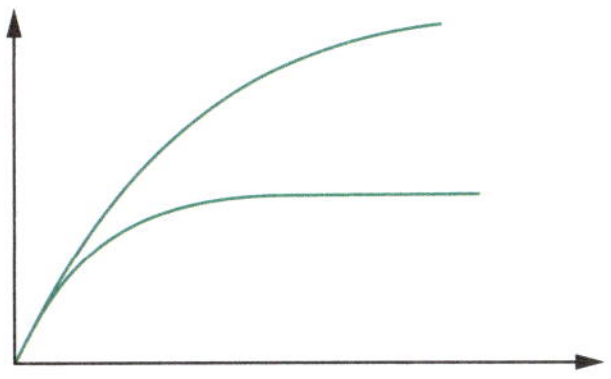
Graph 3

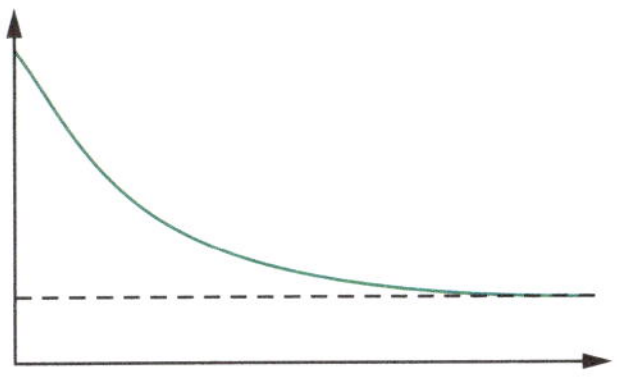
Graph 4

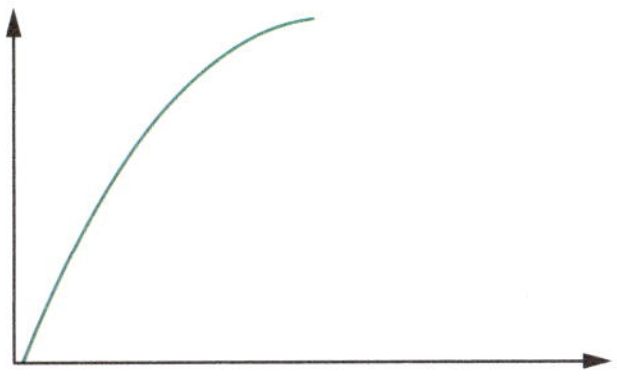
Graph 5

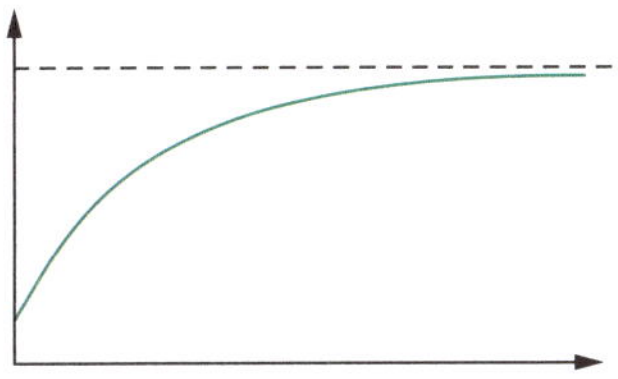
Graph 6

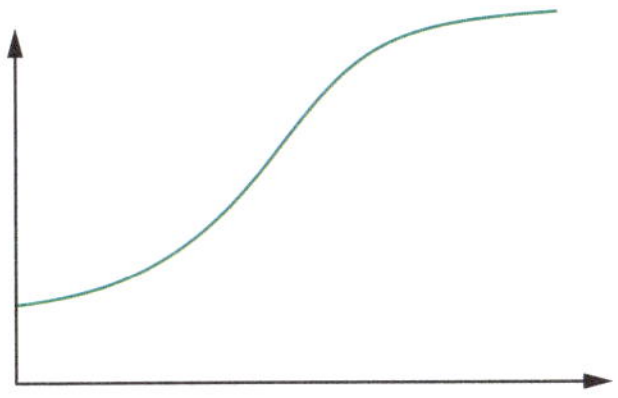
Graph 7

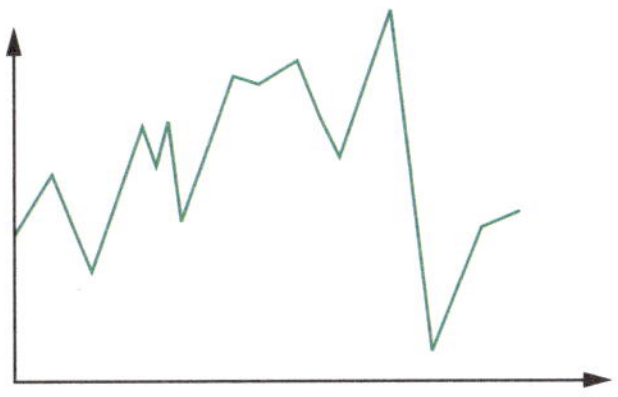
Graph 8

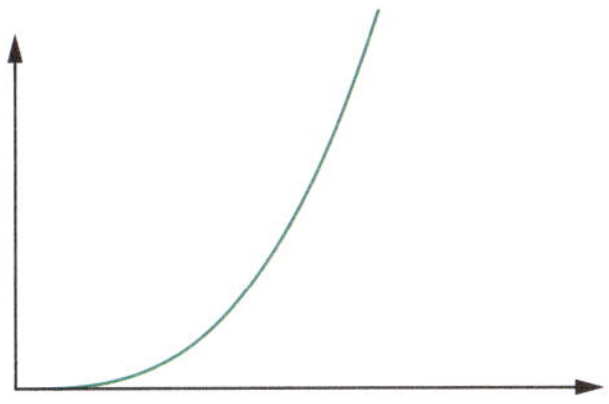
Graph 9

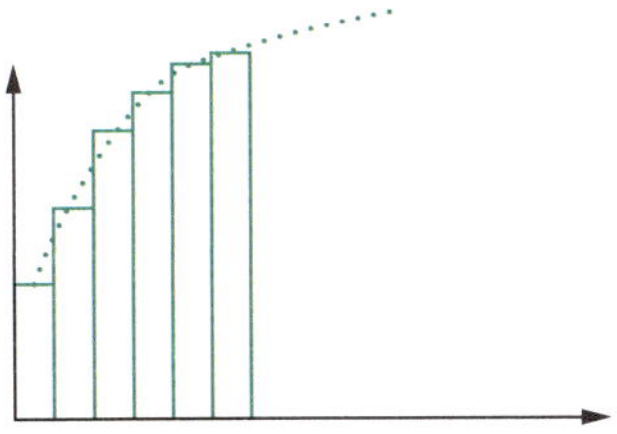
Graph 10

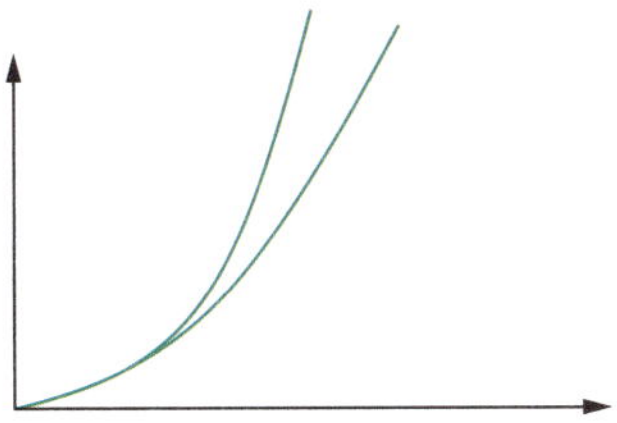
Graph 11

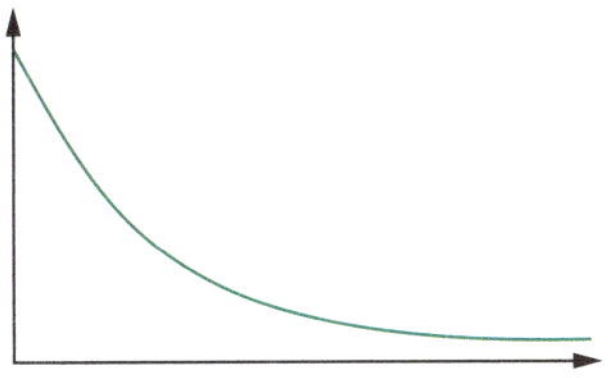
Graph 12

A Eine Bakterienkultur wächst anfangs exponentiell. Die ausgeschiedenen Giftstoffe führen aber zu einem abrupten Abbruch des Wachstums und dann zum völligen Zusammenbruch der Population.

B Man lässt einen Stein und eine Baumnuss gleichzeitig von einer hohen Brücke fallen. Der Stein schlägt deutlich früher im Wasser auf. Offenbar behindert der Luftwiderstand das Anwachsen der Geschwindigkeit bei der Baumnuss stärker als beim Stein.

C Eine mit heissem Tee gefüllte Tasse wird ins Zimmer gestellt. Die Temperaturabnahme pro Zeiteinheit ist am Anfang gross, weil auch die Temperaturdifferenz zur Umgebung recht gross ist. Die Temperaturabnahme pro Zeit wird immer kleiner.

D Ein Glas mit kaltem Orangensaft aus dem Kühlschrank wird auf den Zimmertisch gestellt. Wie entwickelt sich die Temperatur im Verlaufe der Zeit? Finde den Graphen und erkläre.

E Überlege, wie sich die Geschwindigkeit eines startenden Rennautos entwickeln könnte. Finde den Graphen, der die Geschwindigkeit in Abhängigkeit von der Zeit zeigt.

F Wie wächst die empfundene Lautstärke, wenn eine Trompete zu schmettern beginnt, dann eine zweite dazukommt, dann eine dritte, dann eine vierte usw.?

G Entwicklung der Aktienkurse, immer am Ende eines Tages aufgenommen.

H Jährliche Grippewelle: Entwicklung der Neuerkrankungen im Verlauf des Grippemonats.

I Anfangs scheint die Bevölkerung prozentual immer gleich zu wachsen, dann fällt die Zuwachsrate aber «sanft» bis auf 0. Wie könnte man das auch anders sagen? Welcher Graph passt?

Selbstbeurteilung «Wachstum: linear, quadratisch und exponentiell»

Ich kann …

- [ ] lineares Wachstum in Sachsituationen und Grafiken erkennen. **SB+1 und 2**
- [ ] nicht lineares Wachstum in Sachsituationen und Grafiken erkennen. **SB+1 und 2**
- [ ] Eigenschaften von exponentiellem Wachstum beschreiben. **SB+4 und 5**
- [ ] Kapital inkl. Zinseszins für x Anlagejahre berechnen. **SB+6 und 7**

Zusätzlich kann ich …

- [ ] exponentiellen Zerfall als Spezialfall von exponentiellem Wachstum erkennen und beschreiben. **SB+9**
- [ ] Verdoppelungszeit bei exponentiellem Wachstum bestimmen. **AH+7**
- [ ] verschiedenen Sachsituationen geeignete Graphen zuordnen. **AH+12**

- [ ] Weitere Aufgaben «Grundanforderungen» **D517-02**
- [ ] Weitere Aufgaben «Zusatzanforderungen» **D517-03**

- [ ] Arbeitsrückschau im Merkheft **D517-04**
- [ ] Teste dich selbst **D517-05**

Zahlenlotto: «3 aus 8»

Tabellenkalkulation «Simulation» **D518-01**

1 In einem undurchsichtigen Sack liegen die Zahlen 1, 2, 3, 4, 5, 6, 7 und 8.

- Tippe auf drei dieser Zahlen.
- Simuliere die Ziehung von drei Zahlen mit der Tabellenkalkulation oder ziehe real drei von acht Zahlen.
- Spiele zehn Runden.

A Wie oft hast du keine, eine, zwei oder alle drei Zahlen richtig getippt?
B Wie oft wurden bei deinen Kolleginnen und Kollegen eine, zwei oder alle drei Zahlen richtig getippt?
C Ein Tipp soll einen Franken kosten. Mache einen Vorschlag, wie viel für richtige Tipps gewonnen werden kann.
D Vergleicht in der Gruppe eure Vorschläge und begründet sie. Findet ein «gerechtes» Modell.

2 **A** Wie viele verschiedene Tipps sind bei «3 aus 8» insgesamt möglich?
Tipp: Die Überlegungen zu «3 aus 5» im Schulbuch können bei der Antwort helfen.
B Jemand gibt einen Tipp mit drei bestimmten Zahlen ab.
Wie gross ist die Wahrscheinlichkeit, dass gerade diese drei Zahlen gezogen werden?
C Stelle dir vor, du hast 2, 3, 4, … verschiedene Dreiertipps notiert.
Wie gross ist jeweils die Wahrscheinlichkeit, dass einer dieser Tipps der richtige ist?

3

101	102	103	104	105	106	107	108	109	110
111	112	113	114	115	116	117	118	119	120
121	122	123	124	125	126	127	128	129	130
131	132	133	134	135	136	137	138	139	140
141	142	143	144	145	146	147	148	149	150
151	152	153	154	155	156	157	158	159	160
161	162	163	164	165	166	167	168	169	170
171	172	173	174	175	176	177	178	179	180
181	182	183	184	185	186	187	188	189	190
191	192	193	194	195	196	197	198	199	200

201	202	203	204	205	206	207	208	209	210
211	212	213	214	215	216	217	218	219	220
221	222	223	224	225	226	227	228	229	230
231	232	233	234	235	236	237	238	239	240
241	242	243	244	245	246	247	248	249	250
251	252	253	254	255	256	257	258	259	260
261	262	263	264	265	266	267	268	269	270
271	272	273	274	275	276	277	278	279	280
281	282	283	284	285	286	287	288	289	290
291	292	293	294	295	296	297	298	299	300

301	302	303	304	305	306	307	308	309	310
311	312	313	314	315	316	317	318	319	320
321	322	323	324	325	326	327	328	329	330
331	332	333	334	335	336	337	338	339	340
341	342	343	344	345	346	347	348	349	350
351	352	353	354	355	356	357	358	359	360
361	362	363	364	365	366	367	368	369	370
371	372	373	374	375	376	377	378	379	380
381	382	383	384	385	386	387	388	389	390
391	392	393	394	395	396	397	398	399	400

401	402	403	404	405	406	407	408	409	410
411	412	413	414	415	416	417	418	419	420
421	422	423	424	425	426	427	428	429	430
431	432	433	434	435	436	437	438	439	440
441	442	443	444	445	446	447	448	449	450
451	452	453	454	455	456	457	458	459	460
461	462	463	464	465	466	467	468	469	470
471	472	473	474	475	476	477	478	479	480
481	482	483	484	485	486	487	488	489	490
491	492	493	494	495	496	497	498	499	500

501	502	503	504	505	506	507	508	509	510
511	512	513	514	515	516	517	518	519	520
521	522	523	524	525	526	527	528	529	530
531	532	533	534	535	536	537	538	539	540
541	542	543	544	545	546	547	548	549	550
551	552	553	554	555	556	557	558	559	560
561	562	563	564	565	566	567	568	569	570
571	572	573	574	575	576	577	578	579	580
581	582	583	584	585	586	587	588	589	590
591	592	593	594	595	596	597	598	599	600

601	602	603	604	605	606	607	608	609	610
611	612	613	614	615	616	617	618	619	620
621	622	623	624	625	626	627	628	629	630
631	632	633	634	635	636	637	638	639	640
641	642	643	644	645	646	647	648	649	650
651	652	653	654	655	656	657	658	659	660
661	662	663	664	665	666	667	668	669	670
671	672	673	674	675	676	677	678	679	680
681	682	683	684	685	686	687	688	689	690
691	692	693	694	695	696	697	698	699	700

234 bedeutet: Tipps 2, 3 und 4 werden gezogen.

A Stelle die Möglichkeiten drei aus acht Zahlen zu ziehen in der Zahlentafel dar.
B Wie viele Felder werden so auf der Zahlentafel eingefärbt?
C Vergleiche mit «3 aus 5» im Schulbuch.

4

A Von acht Lottospielern erhalten drei die gleiche Gewinnsumme. Wie viele verschiedene Kombinationen von drei Spielern sind möglich?

B Von acht Lottospielern erzielt jemand den ersten, jemand den zweiten und jemand den dritten Preis. Auf wieviele Arten ist dies möglich?

C Acht Teilnehmende tragen dreimal ein Rennen aus. Nach jedem Rennen wird der Sieger oder die Siegerin notiert. Wie viele verschiedene «Siegerlisten» gibt es?

D Von den Parkplätzen 1 bis 8 sind drei besetzt. Auf wie viele unterschiedliche Arten ist das möglich?

E Auf wie viele verschiedene Arten kann man drei verschiedene Autos auf acht Parkfeldern verteilen?

F Drei identische Fahrräder werden auf acht vorher leere Parkfelder gestellt, wobei auf einem Parkfeld kein, ein, zwei oder drei Fahrräder stehen können. Auf wie viele verschiedene Arten ist das möglich?

Zahlenlotto: «6 aus 42»

5

Bei «6 aus 42» sind über 5 000 0000 verschiedene Tipps möglich.
Die genaue Anzahl wird wie folgt berechnet:

$$\frac{42 \cdot 41 \cdot 40 \cdot 39 \cdot 38 \cdot 37}{6 \cdot 5 \cdot 4 \cdot 3 \cdot 2 \cdot 1}$$

A Bestimme den Wert des Bruchs.

B Bestimme die Anzahl möglicher Tipps bei andern Spielarten. Man kann die Werte mit einer Tabellenkalkulation berechnen.

Anzahl möglicher Tipps

	... aus 10	... aus 20	... aus 30	... aus 40	... aus 45	... aus 50
3						
4						
5						
6						
7						

Lotto länderspezifisch

6 Rechne einige der unten aufgeführten Anzahlen von möglichen Tipp-Kombinationen nach und bestimme den entsprechenden Zahlenterm.

System	Anzahl Möglichkeiten	wo in Verwendung
5 aus 35	324 632	Bulgarien
6 aus 30	593 775	Litauen
6 aus 42	5 245 786	Bulgarien
7 aus 35	6 724 520	Schweden
6 aus 45	8 145 060	«Lotto» Österreich Belgien, Russland
6 aus 49	13 983 816	Bulgarien, Griechenland, Großbritannien, Spanien, Polen, Québec/Kanada
5 aus 49 plus 1 aus 10	19 068 840	Frankreich
6 aus 42 plus 1 aus 6	31 474 716	«Swiss Lotto» Schweiz
5 aus 90	43 949 268	«Zahlenlotto 1–90» Österreich
6 aus 45 plus 1 aus 6	48 870 360	Niederlande
5 aus 50 plus 2 aus 8	59 325 280	«Eurojackpot» ab 23. März 2012
5 aus 50 plus 2 aus 9	76 275 360	«EuroMillionen» bis 6. Mai 2011
5 aus 50 plus 2 aus 11	116 531 800	«EuroMillionen» ab 10. Mai 2011
6 aus 49 plus 1 aus 10	139 838 160	«Lotto 6 aus 49» Deutschland
5 aus 59 plus 1 aus 35	175 223 510	«Powerball» USA
5 aus 56 plus 1 aus 46	175 711 536	«Mega Millions» USA
6 aus 90	622 614 630	«SuperEnalotto» Italien

Quelle: http://de.wikipedia.org/wiki/Lotto

Spielverhalten

7

2011 sind in der Schweiz 2,8 Milliarden Franken in Wetten und Glücksspiele geflossen (68 Millionen Franken mehr als im Vorjahr), dies entspricht einem durchschnittlichen Spieleinsatz von 351 Franken (+ 5 Franken) je Schweizerin und Schweizer. Der Rekordumsatz aus dem Jahr 2008 (2,85 Milliarden Franken) wurde damit jedoch nicht erreicht.

Erstmals machte Swiss Lotto 2011 nicht mehr am meisten Umsatz in der Schweiz. Neuer Spitzenreiter ist EuroMillions mit 524 Millionen Franken. Das sind 103 Millionen oder 24,5 Prozent mehr als 2010. Bei Swiss Lotto flossen 456 Millionen Franken in die Kassen, 62 Millionen weniger als im Jahr davor.

Im August 2012 wurde einer der bisher höchsten europäischen Jackpots bei EuroMillions von einem Briten geknackt. Er gewann 190 Millionen Euro oder knapp 230 Millionen Franken. Der Jackpot wurde davor während 14 Ziehungen nicht geknackt, sodass sich der Betrag laufend vergrössern konnte. Um den Jackpot zu knacken, müssen 5 von 50 Zahlen sowie 2 von 11 Sternen richtig getippt werden.

Stelle Fragen zu diesem Text, die sich durch Berechnungen beantworten lassen. Tauscht eure Fragen und Antworten aus.

8 Bis 2012 waren im Schweizer Zahlenlotto mit 6 aus 45 Zahlen über 8 Millionen verschiedene Tipps möglich. Die unten stehenden beiden Grafiken stützen sich auf Ziehungen mit durchschnittlich etwa 2 Millionen Tipps.

Die beliebtesten Kombinationen

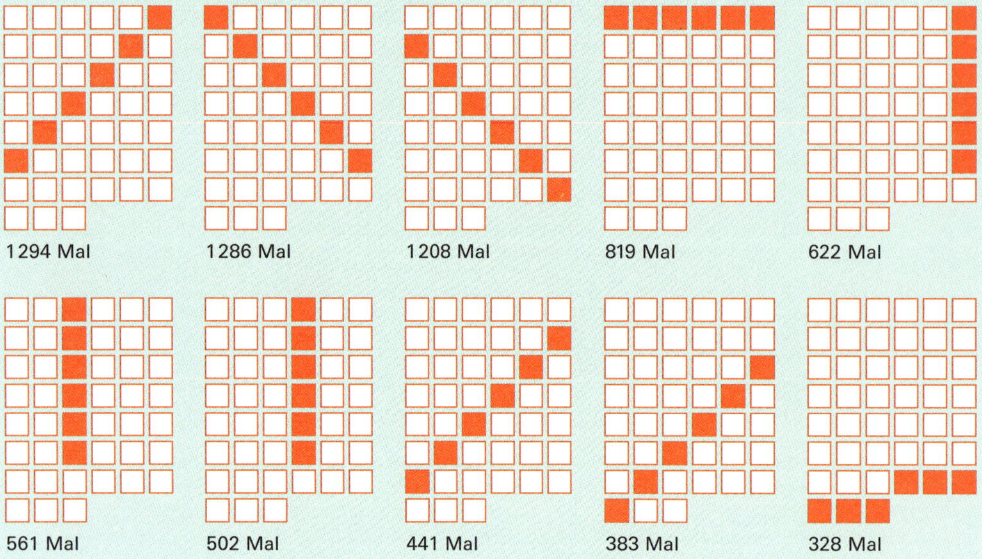

Die zehn am häufigsten getippten Kombinationen bei der Ziehung vom 3.12.2005. Beliebt sind Muster – wer mit einer solchen Kombination gewinnt, muss mit vielen teilen. Auch der Sechser der letzten Ziehung wird oft angekreuzt.

Folgenreicher Sechser

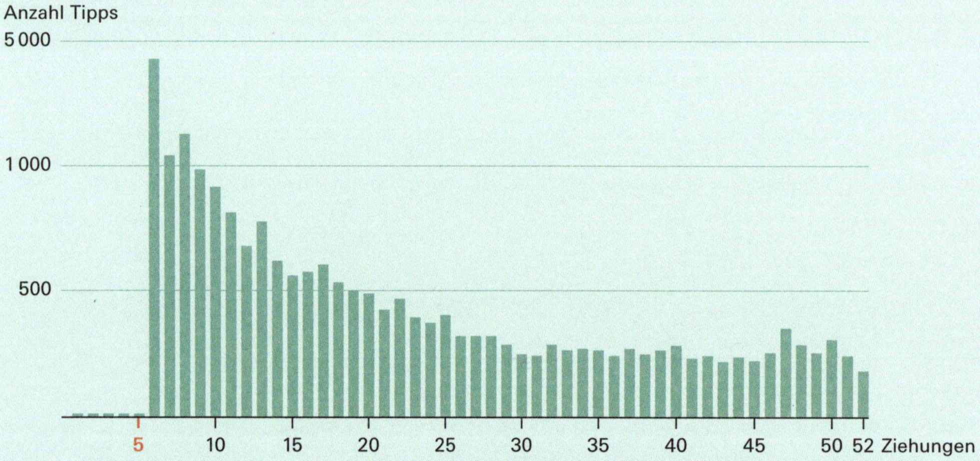

Gewinnzahlen und ihre Auswirkungen auf das Tippverhalten: 1998 wurden in der fünften Ziehung die Zahlen 7, 8, 17, 19, 27, 29 gezogen. Nach der Ziehung kreuzten die Spieler diese Kombination das ganze Jahr überdurchschnittlich oft an.

Quelle: NZZ Folio, Statistik, Januar 2006: Grafiken und Text aus Artikel «Tippfehler» von Gudrun Sachse

Kommentiere die Grafiken in eigenen Worten. Führe dabei auch eigene Berechnungen aus.

9 Wenn in mehreren Ziehungen hintereinander kein Sechser getippt wird, wächst der Jackpot. Im Durchschnitt werden pro Ziehung etwa für 3 Millionen CHF Tipps abgegeben. Rund 15 % dieses Betrages fliesst jeweils in den Jackpot für 6 richtige Tipps.

Wie viele Ziehungen ohne Sechser waren etwa nötig, damit sich die folgenden Gewinnsummen anhäufen konnten?

Riesige Gewinnsumme für einen Sechser

Rang	erzielt am	Gewinnsumme [CHF]
1	Mi 10.03.2010	35 788 873.30
2	Mi 08.12.2010	19 686 023.60
3	Sa 12.09.2009	19 153 521.80
4	Sa 11.08.2012	19 013 902.55
5	Sa 18.08.1990	18 191 215.30
6	Sa 26.02.2011	16 697 184.05
7	Sa 23.04.2011	15 246 739.30
8	Sa 13.06.2009	15 037 051.20
9	Mi 11.11.2009	13 882 860.45
10	Mi 12.09.2007	13 380 555.20

Mit und ohne Zurücklegen

10 Die Wahrscheinlichkeit, dass bei einem Roulette mit 42 Zahlen in sechs Spielen die Kugel auf sechs unterschiedliche Zahlen fällt (d. h. dass bei den sechs «gezogenen» Zahlen jede Zahl nur einmal vorkommt) beträgt 0,688.
Diese Wahrscheinlichkeit berechnet sich nach folgender Formel:

$$p = \frac{42 \cdot 41 \cdot 40 \cdot 39 \cdot 38 \cdot 37}{42^6} \approx 0{,}688$$

Beim Zahlenlotto hingegen können Zahlen nicht doppelt gezogen werden, weil sie nicht «zurückgelegt» werden.

A Erkläre die Formel für die Wahrscheinlichkeit beim Roulette.

B Wie gross ist die Wahrscheinlichkeit, dass mit einem Spielwürfel in drei Würfen drei verschiedene Augenzahlen gewürfelt werden?

C Wie gross ist die Wahrscheinlichkeit, dass von fünf Menschen alle in einem andern Monat Geburtstag haben?

D Glücksspiel für vier Personen: Jedes Spiel endet mit den Rängen 1, 2, 3 und 4. Es werden zwei Partien gespielt. Wie gross ist die Wahrscheinlichkeit, dass eine Person beide Male Rang 1 belegt?

E Gleiches Spiel wie in Aufgabe D. Wie gross ist die Wahrscheinlichkeit, dass eine Person beide Male Rang 1, eine andere Person zweimal Rang 4 belegt?

F In einer Klasse mit 20 Schülerinnen und Schülern ist die Wahrscheinlichkeit beinahe 50 %, dass zwei Lernende am gleichen Kalendertag Geburtstag haben. Wie kann man diese Aussage überprüfen?

11

Die Zahl 37 wurde vom 07.09.2005 bis am 15.04.2006 nicht als Gewinnzahl gezogen. Sie war damit über sieben Monate und während 64 Ziehungen ausstehend.

Berechne die Wahrscheinlichkeit, dass die Zahl 37 während 64 Ziehungen nicht gezogen wird (Modus 6 aus 45).

Selbstbeurteilung «Roulette und Zahlenlotto»

Ich kann …

- ☐ die Anzahl Möglichkeiten berechnen, wenn aus einer bestimmten Anzahl Zahlen eine, zwei, drei oder mehr Zahlen gezogen werden und meine Berechnungen begründen. **SB+ 8, 9 und 11 AH+ 1, 2 und 6**
- ☐ statistische Angaben zu Ziehungen erläutern und dazu Berechnungen anstellen. **SB+ 13 AH+ 7 bis 9**
- ☐ einfache Wahrscheinlichkeiten beim Roulettespiel berechnen. **SB+ 2 bis 6**
- ☐ Simulationen zu Zahlenlotto und Roulette durchführen und auswerten. **SB+ 1, 13 und 14**

Zusätzlich kann ich …

- ☐ Gewinnchancen bzw. Wahrscheinlichkeiten bei Ziehungen «mit Zurücklegen» bestimmen und die Bedingungen und Gedankenschritte dazu darlegen. **AH+ 10**
- ☐ Wettgewinne entsprechend der Gewinnwahrscheinlichkeit einschätzen. **SB+ 12 und 14**
- ☐ die Ergebnisse von Simulationen mit Erwartungswerten vergleichen. **SB+ 13 und 14**

☐ Weitere Aufgaben

«Fragestellungen zum Roulette» **D518-02**

☐ Arbeitsrückschau im Merkheft **D518-03**

☐ Teste dich selbst **D518-04**

Graphen linearer Gleichungen

Lineare Gleichung
Die Gleichung $Ax + By + C = 0$ nennt man lineare Gleichung.
Sie stellt im Koordinatensystem, genau wie die Gleichung $y = ax + b$, eine Gerade dar.

1
A Schreibe die lineare Gleichung $5x + 3y + 4 = 0$ in der Form $y = ax + b$.
B Bestimme die Steigung a und den y-Achsenabschnitt b.
C Schreibe allgemein eine lineare Gleichung $Ax + By + C = 0$ in der Form $y = ax + b$.
D Schreibe die Geradengleichung $y = \frac{3}{4}x + 6$ in der Form $Ax + By + C = 0$, wobei A, B und C ganze Zahlen sein sollen.

2

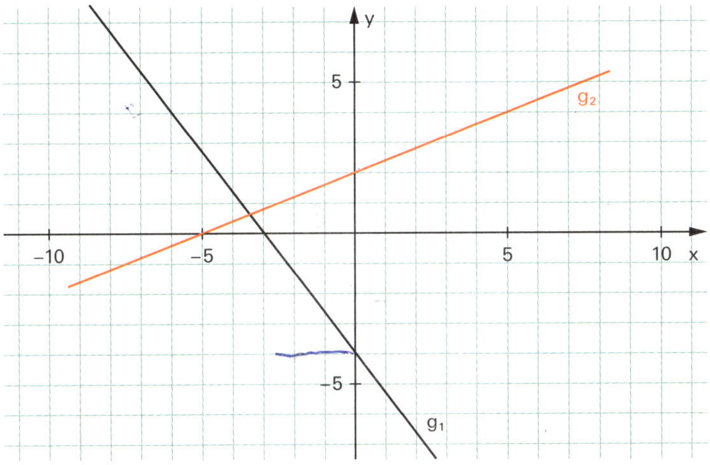

A Bestimme die Gleichungen der beiden Geraden g_1 und g_2 in der Form $y = ax + b$.
B Bestimme die Gleichungen der beiden Geraden g_1 und g_2 in der Form $Ax + By + C = 0$.
C Notiere, wie du vorgegangen bist.
D Bestimme ungefähr den Schnittpunkt der beiden Geraden g_1 und g_2.

3

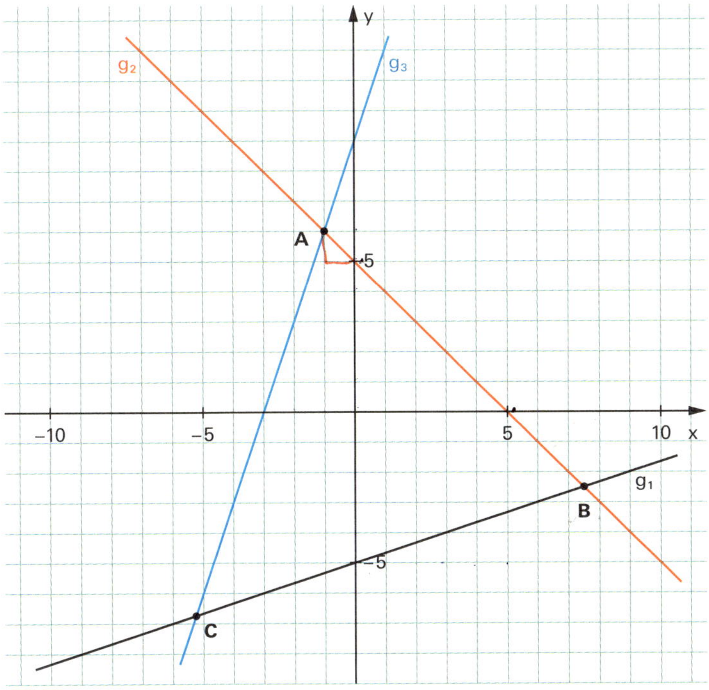

A Bestimme die Gleichungen der drei Geraden g_1, g_2 und g_3 ($y = ax + b$).
B Lies die Koordinaten der drei Schnittpunkte A, B, und C dieser Geraden heraus und überprüfe durch Einsetzen in die entsprechenden Gleichungen.

4

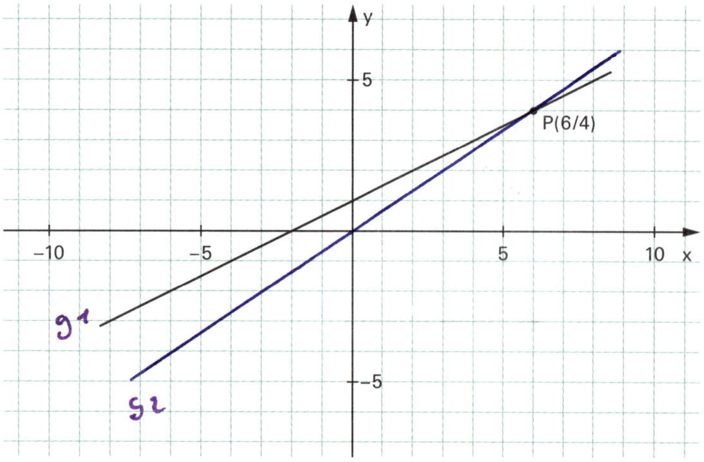

A Bestimme die Gleichung der gezeichneten Geraden.

B Bestimme die Gleichung einer weiteren Geraden, die durch den Punkt P geht.

C Zeichne diese Gerade im Koordinatensystem ein.

5

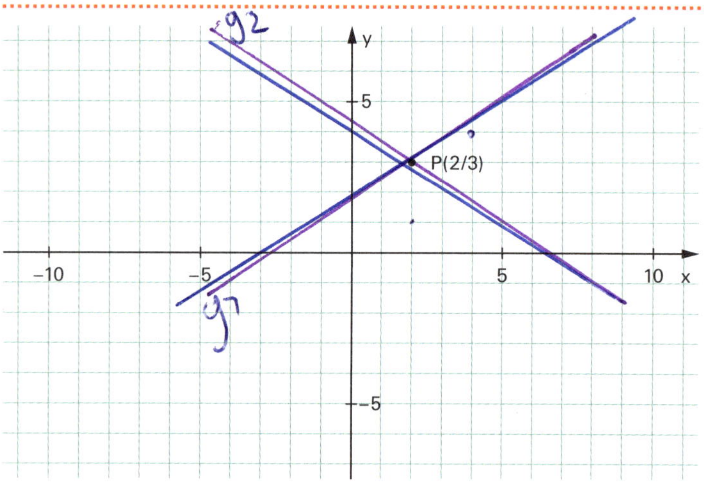

A Bestimme die Gleichungen von zwei verschiedenen Geraden, welche durch den Punkt P(2/3) gehen.

B Zeichne diese Geraden in das Koordinatensystem ein.

Geradengleichung bestimmen

6 Die beiden Punkte A(4/4) und B(12/8) liegen auf der gleichen Geraden.

A Bestimme a und b in der Geradengleichung $y = ax + b$.

B Erläutert einander, wie ihr vorgegangen seid.

C Schreibe die Geradengleichung in der Form einer linearen Gleichung $Ax + By + C = 0$.

Lineare 2 × 2-Gleichungssysteme

Zwei lineare Gleichungen bilden zusammen ein lineares «2 × 2-Gleichungssystem»:

(1) $A_1x + B_1y + C_1 = 0$
(2) $A_2x + B_2y + C_2 = 0$

7 Gegeben sind zwei lineare Gleichungen:

(1) $14x - 10y + 25 = 0$
(2) $16x - 10y - 15 = 0$

A Schreibe sie in der Form $y = ax + b$.
B Stelle sie im Koordinatensystem dar.
C Stelle eine Vermutung über den Schnittpunkt der beiden Geraden auf.

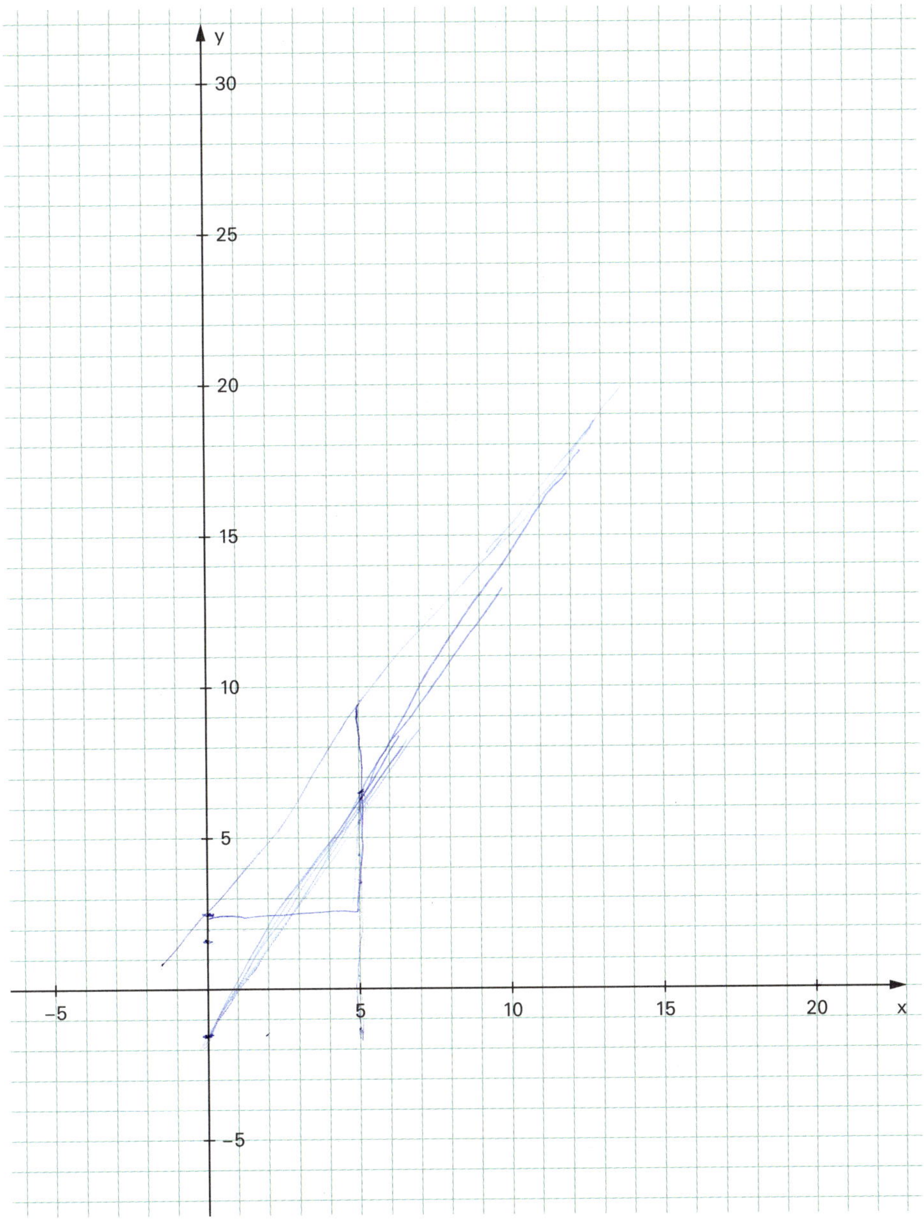

Lösungsverfahren für 2 × 2-Gleichungssysteme

Die beiden folgenden Gleichungen bilden ein lineares Gleichungssystem:

(1) $14x - 10y + 25 = 0$
(2) $16x - 10y - 15 = 0$

Jede Gleichung stellt im Koordinatensystem eine Gerade dar. Die Koordinaten des Schnittpunktes P(x/y) müssen beide Geradengleichungen erfüllen. Zur Bestimmung von P gibt es verschiedene Lösungsverfahren.

Bei der Darstellung der drei Lösungsverfahren benutzt man den Äquivalenzpfeil $\longleftrightarrow$.
Dieser Pfeil zwischen zwei Gleichungen bedeutet, dass die beiden Gleichungen gleichwertig («äquivalent») sind.

Gleichsetzungsverfahren

(1) $14x - 10y + 25 = 0 \longleftrightarrow$ **(1')** $10y = 14x + 25$
(2) $16x - 10y - 15 = 0 \longleftrightarrow$ **(2')** $10y = 16x - 15$

Da in **(1')** und **(2')** der linke Term der Gleichung gleich ist, muss auch der jeweils rechte Term gleich sein. Durch Gleichsetzung der jeweils rechten Seite von **(1')** und **(2')** kann der Wert für x berechnet werden:

$14x + 25 = 16x - 15 \longleftrightarrow 40 = 2x \longleftrightarrow 20 = x$

Wert für x eingesetzt in **(1)** ergibt für y:

$14 \cdot 20 - 10y + 25 = 0 \longleftrightarrow 305 = 10y \longleftrightarrow 30{,}5 = y$

Die Koordinaten des Schnittpunktes sind P(20/30,5).

Einsetzungsverfahren

(1) $14x - 10y + 25 = 0 \longleftrightarrow$ **(1')** $10y = 14x + 25 \longleftrightarrow$ **(1")** $y = 1{,}4x + 2{,}5$
(2) $16x - 10y - 15 = 0$

Wert für y eingesetzt in Gleichung **(2)** ergibt für x:

$16x - 10(1{,}4x + 2{,}5) - 15 = 0 \longleftrightarrow 16x - 14x - 25 - 15 = 0 \longleftrightarrow 2x - 40 = 0 \longleftrightarrow x = 20$

Wert für x eingesetzt in Gleichung **(1")** ergibt für y:

$y = 1{,}4 \cdot 20 + 2{,}5 \longleftrightarrow y = 30{,}5$

Die Koordinaten des Schnittpunktes sind P(20/30,5).

Additionsverfahren

(1) $14x - 10y + 25 = 0$
(2) $16x - 10y - 15 = 0 \longleftrightarrow$ **(2')** $-16x + 10y + 15 = 0$

Die Multiplikation von **(2)** mit Faktor −1 hat zur Folge, dass y bei Addition von **(1)** und **(2')** verschwindet und somit x berechnet werden kann:

$$
\begin{array}{lrcrcrcl}
(1) & 14x & - & 10y & + & 25 & = & 0 \\
(2') & -16x & + & 10y & + & 15 & = & 0 \\
\hline
 & -2x & + & 0 & + & 40 & = & 0
\end{array}
\longleftrightarrow 2x = 40 \longleftrightarrow x = 20
$$

Wert für x eingesetzt in **(1)** ergibt für y:

$14 \cdot 20 - 10y + 25 = 0 \longleftrightarrow 305 = 10y \longleftrightarrow y = 30{,}5$

Die Koordinaten des Schnittpunktes sind P(20/30,5).

8 A Studiere die drei Lösungsverfahren und erkläre sie jemandem.
B Überprüfe die Lösung durch Einsetzen.
C Vergleiche mit deiner Vermutung in Aufgabe 7C.

Üben mit Köpfchen

Geogebra-Anwendung **D519-01**

9 Löse die 2 × 2-Gleichungssysteme.

A (1) $2x - 3y - 4 = 0$	B (1) $x + 4y + 17 = 0$	C (1) $4x - 3y + 20 = 0$	D (1) $12x - 10y - 52 = 0$
(2) $3x + 2y - 19 = 0$	(2) $-3x - y - 18 = 0$	(2) $4x + 2y = 0$	(2) $10x + 8y + 22 = 0$

10 Gegeben ist ein 2 × 2-Gleichungssystem:

(1) $2{,}5x - 1{,}5y + 1 = 0$
(2) $-10x + 6y - 4 = 0$

A Löse das Gleichungssystem. Was stellst du fest?
B Schreibe die beiden Gleichungen in Form einer Geradengleichung (y = ...) und zeichne die beiden Geraden in ein Koordinatensystem. Was stellst du fest?

11 Gegeben ist nochmals ein 2 × 2-Gleichungssystem:

(1) $2x - y + 9 = 0$
(2) $4x - 2y - 10 = 0$

A Löse das Gleichungssystem. Was stellst du fest?
B Schreibe die beiden Gleichungen in der Form $y = a \cdot x + b$ und zeichne die beiden Geraden in ein Koordinatensystem. Was stellst du fest?

12 A Bestimme ein 2 × 2-Gleichungssystem, das keine Lösung besitzt.
B Beschreibe in Worten, wie du vorgegangen bist.

13 A Bestimme ein 2 × 2-Gleichungssystem, das unendlich viele Lösungen besitzt.
B Beschreibe in Worten, wie du vorgegangen bist.

Zahlenrätsel

14 Die Summe und der Quotient zweier Zahlen ergeben je 5. Wie heissen die beiden Zahlen?

15 Ein Drittel einer Zahl und ein Viertel einer zweiten Zahl ergibt ein Fünftel. Ein Sechstel der ersten Zahl plus ein Siebentel der zweiten Zahl ergibt ein Achtel. Wie heissen die beiden Zahlen?

Flüssigkeiten mischen

16 In einem Labor müssen 10 Liter 20 %-ige Schwefelsäure hergestellt werden. Es stehen 20 Liter 5 %-ige Schwefelsäure und 15 Liter 40 %-ige Schwefelsäure zur Verfügung. Wie muss gemischt werden?

17 Man hat kaltes Wasser mit der Temperatur 10 °C und heisses Wasser mit der Temperatur 90 °C zur Verfügung. Daraus sollen 100 Liter Wasser mit einer Temperatur von 18 °C hergestellt werden. Wie viel kaltes und wie viel heisses Wasser braucht man dazu?

18 Eine Salzlösung der Sorte A hat einen Salzanteil von 40 %, eine zweite Sorte hat einen Salzanteil von 15 %.
Man muss damit 25 Liter einer Salzlösung mit einem Salzanteil von 30 % herstellen.
Wie viele Liter von jeder Sorte braucht es?

Temperaturumrechnung

19 Die Umrechnung von Grad Celsius in Grad Fahrenheit kann durch eine Gleichung $y = ax + b$ beschrieben werden, wobei x die Grade in Celsius und y die Grade in Fahrenheit bedeuten.
Es gilt: 0 Grad Celsius entsprechen 32 Grad Fahrenheit und 100 Grad Celsius entsprechen 212 Grad Fahrenheit.
A Bestimme die Funktionsvorschrift für die Umrechnung.
B Wie viele Grad Fahrenheit sind 37 Grad Celsius?
C Wie viele Grad Celsius sind 0 Grad Fahrenheit?
D Gibt es eine Temperatur, die in beiden Skalen gleich angegeben wird?

20 Ein Schiff braucht für eine Strecke von 50 km auf einem Fluss stromabwärts 1 h 30 min, stromaufwärts hingegen doppelt so lang.
A Welche Geschwindigkeit hat das Schiff gegenüber dem Wasser?
B Welche Geschwindigkeit hat das Schiff gegenüber dem Ufer in den beiden Richtungen?
C Welches ist die Fliessgeschwindigkeit des Flusses?

Selbstbeurteilung «Gleichungssysteme»

Ich kann …

Die Grundansprüche der folgenden Lernumgebungen werden vorausgesetzt:

mathbuch 3+

- LU 11 «Gleichungen lösen»
- LU 12 «Ganz einfach gerade»

Zusätzlich kann ich …

- [ ] den Schnittpunkt zweier Geraden durch Herauslesen in einem Koordinatensystem und anschliessendem Einsetzen überprüfen. **SB+ 3 und 4 AH+ 3**
- [ ] die Beziehung zwischen Geradengleichung der Form $y = ax + b$ und linearer Gleichung der Form $Ax + By + C = 0$ erklären. **AH+ 6**
- [ ] ein lineares 2×2-Gleichungssystem nach einem der drei Verfahren lösen. **AH+ 8 und 9**
- [ ] Spezialfälle unlösbarer oder allgemeingültiger 2×2-Gleichungssysteme geometrisch deuten. **AH+ 10 bis 13**
- [ ] Verfahren zum Lösen linearer Gleichungssysteme in Sachsituationen anwenden. **AH+ 16 bis 20**

- [ ] Weitere Aufgaben **D519-02**

- [ ] Arbeitsrückschau im Merkheft **D519-03**

Funktionen darstellen

Der Graph zur Funktion $y = x^2$ wird «Normalparabel» genannt.
Die Aufgaben 1 bis 5 zeigen, wie diese Normalparabel verändert werden kann.

1 **A** Stelle Funktionen vom Typ $y = x^2 + v$ für verschiedene positive und negative Werte von v im Koordinatensystem dar.
B Beschreibe die Bedeutung der Konstanten v.

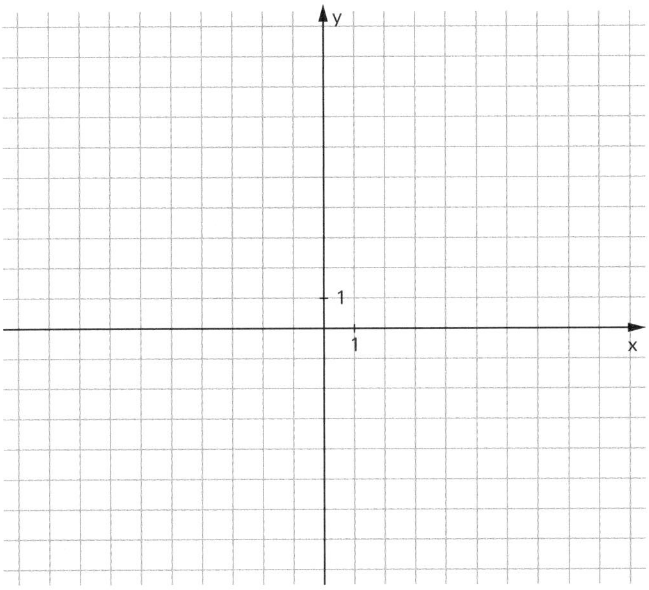

2 **A** Stelle Funktionen vom Typ $y = a \cdot x^2$ für verschiedene positive und negative Werte von a im Koordinatensystem dar.
B Beschreibe die Bedeutung der Konstanten a.

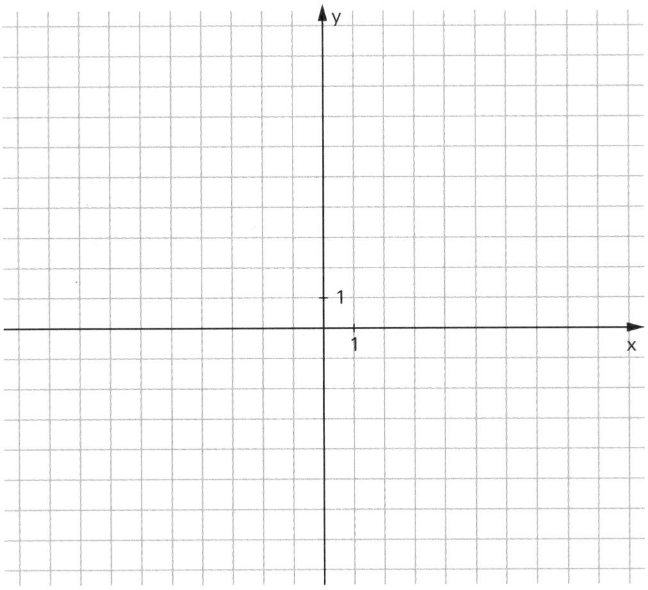

3

A Stelle Funktionen vom Typ $y = (x - u)^2$ für verschiedene positive und negative Werte von u im Koordinatensystem dar.

B Beschreibe die Bedeutung der Konstanten u.

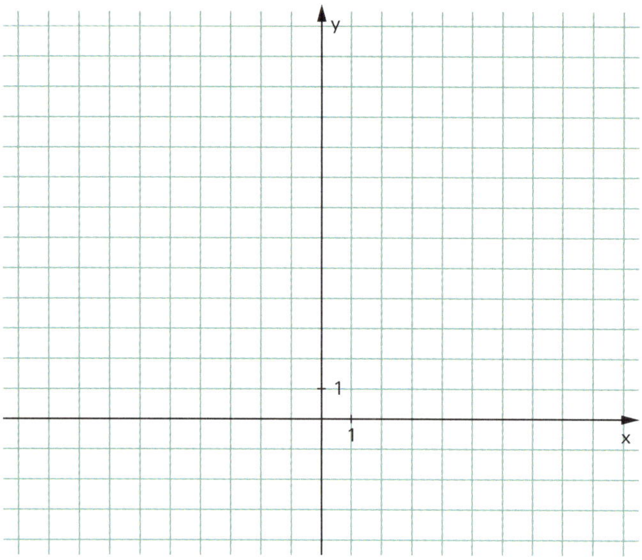

4

Die Funktion vom Typ $y = a(x - u)^2 + v$ kann auch in der Form $y = ax^2 + bx + c$ geschrieben werden. Beschreibe a, b und c der zweiten Gleichung mit den Variablen a, u und v der ersten Gleichung.

5

A Stelle die Funktion $y = x^2 - 6x + 8$ im Koordinatensystem dar.

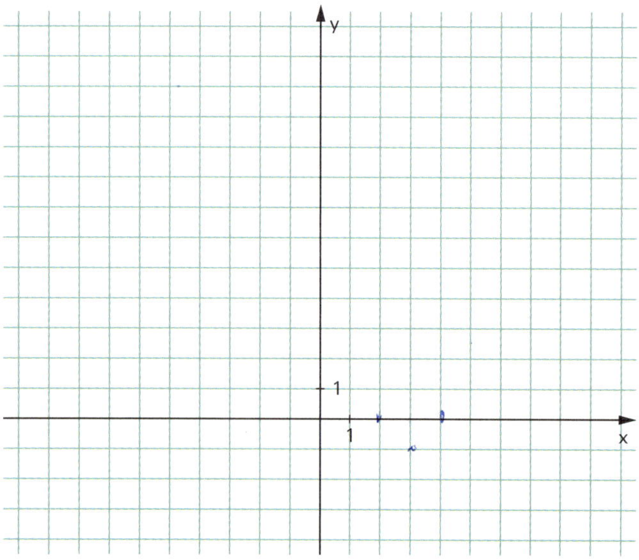

B Bestimme die Koordinaten des Schnittpunktes des Graphen mit der y-Achse.

C Bestimme die Koordinaten des zweiten Punktes auf dem Graphen mit gleichem y-Wert.

D Bestimme die Koordinaten des tiefsten Punktes (Scheitelpunkt) dieses Graphen.

E Bestimme die Koordinaten der Schnittpunkte des Graphen mit der x-Achse.

Funktionsgleichungen und Graphen

6 **A** Welche Funktionsgleichung passt zu welchem Graphen?

B Skizziere die Graphen zu den zwei Funktionsgleichungen, die zu keinem der vorgegebenen Graphen passen.

C Bestimme die Gleichungen zu den zwei Graphen, zu denen keine der aufgelisteten Funktionsgleichungen passen.

Gleichung 1 $y = x^2 - 4$

Gleichung 2 $y = -x^2 - 2x + 8$

Gleichung 3 $y = x^2 - 2$

Gleichung 4 $y = \frac{1}{2} x^2$

Gleichung 5 $y = -x^2 + 4$

Gleichung 6 $y = -2x^2 + 2$

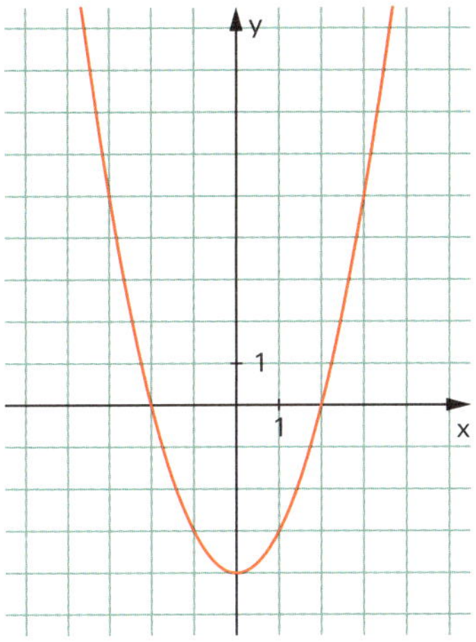

Graph 1

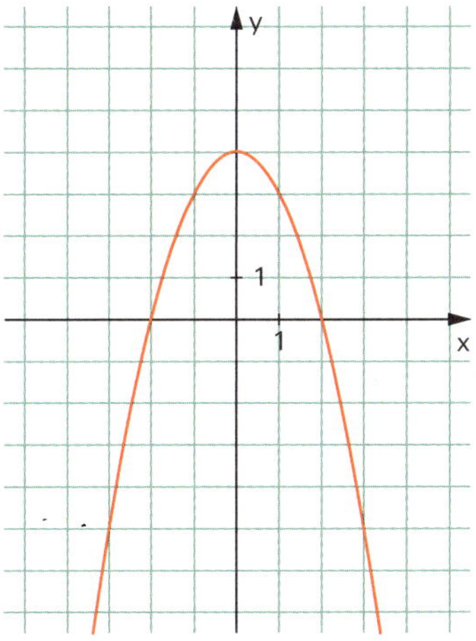

Graph 2

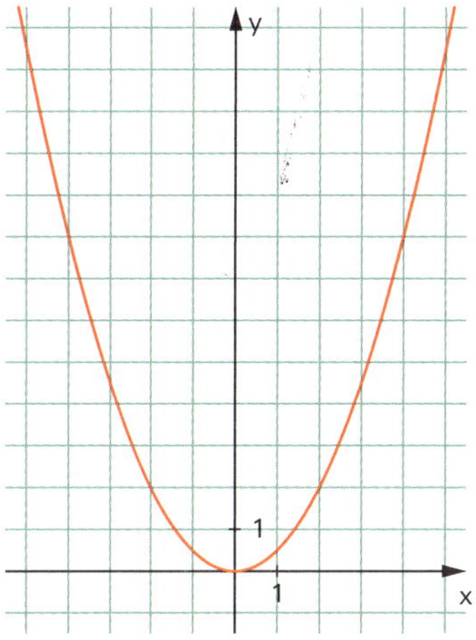

Graph 3

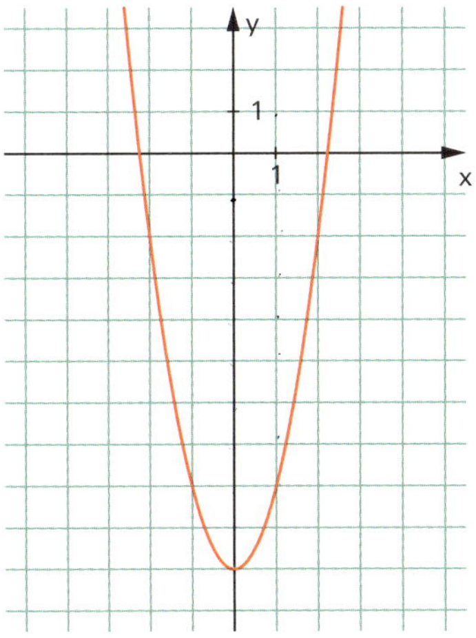

Graph 4

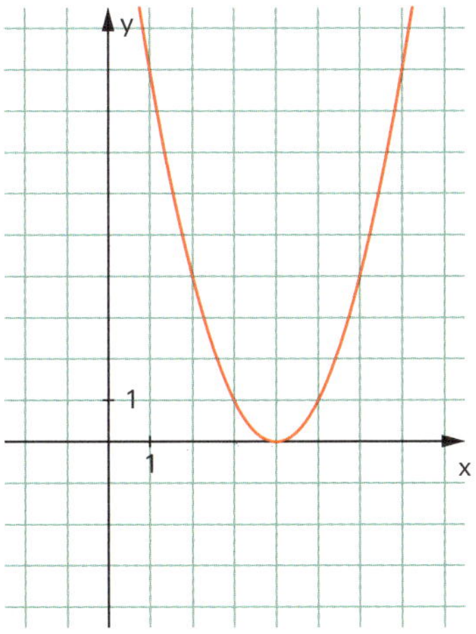

Graph 5

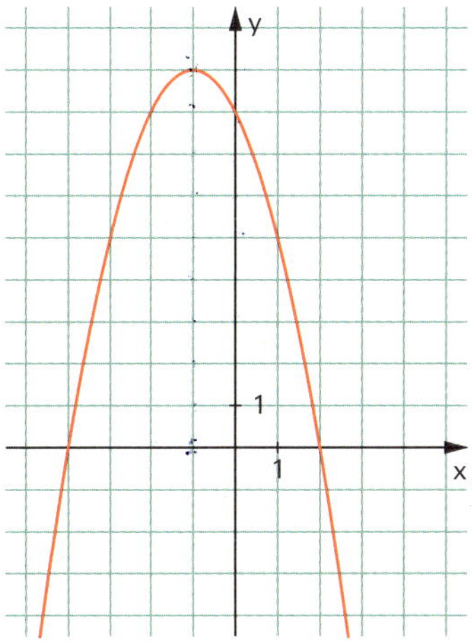

Graph 6

Quadratische Gleichungen

Von einfach zu schwierig

7 Löse folgende quadratischen Gleichungen der Reihe nach.

A $x^2 = 9$
B $x^2 - 16 = 0$
C $x^2 = 10$
D $2x^2 = 10$
E $(x - 4)^2 = 16$
F $x^2 - 8x + 16 = 10$
G $x^2 - 8x = 10$
H $x^2 - 8x - 20 = 0$
I $x^2 + 2px + q = 0$
K $ax^2 + bx + c = 0$

Quadratische Ergänzungen

8 Suche mithilfe des Malkreuzes jeweils die quadratische Ergänzung.

A $x^2 - 4x + 3 = 0$
B $x^2 + 8x + 12 = 0$
C $x^2 - 2x - 15 = 0$

Allgemeine Formel für quadratische Gleichungen herleiten

Tabellenkalkulation **D520-01**

9 **A** Studiere die Anleitung zur Lösung einer allgemeinen quadratischen Gleichung mit der Konstanten a = 1.

$\mathbf{x^2 + bx + c = 0 \longleftrightarrow x^2 + bx - c}$

$\cdot$	x	$\frac{b}{2}$	
x	x^2	$\frac{b}{2}x$	
$\frac{b}{2}$	$\frac{b}{2}x$	$\left(\frac{b}{2}\right)^2$	
			$-c + \left(\frac{b}{2}\right)^2$

Die entsprechende Gleichungsumformung lautet:

$$x^2 + bx + c = 0 \longleftrightarrow x^2 + bx + c - c = -c$$
$$\longleftrightarrow x^2 + bx = -c$$
$$\longleftrightarrow x^2 + bx + \left(\frac{b}{2}\right)^2 = -c + \left(\frac{b}{2}\right)^2$$
$$\longleftrightarrow \left(x + \frac{b}{2}\right)^2 = \left(\frac{b}{2}\right)^2 - c = \frac{b^2}{4} - c = \frac{b^2 - 4c}{4}$$
$$\longleftrightarrow x + \frac{b}{2} = \pm\sqrt{\frac{b^2 - 4c}{4}}$$
$$x_1 = -\frac{b}{2} + \frac{\sqrt{b^2 - 4c}}{2}$$
$$x_2 = -\frac{b}{2} + \frac{\sqrt{b^2 - 4c}}{2}$$

B Führe die Umformungen am Beispiel $x^2 - 4x + 3 = 0$ durch.
C Führe die Umformungen am Beispiel $x^2 + 8x + 12 = 0$ durch.
D Führe die Umformungen am Beispiel $x^2 - 2x - 15 = 0$ durch.

10
A Stelle die Graphen der drei Funktionsgleichungen in einem Koordinatensystem dar.
Gleichung 1 $y = x^2 - 4x + 3$
Gleichung 2 $y = x^2 + 8x + 12$
Gleichung 3 $y = x^2 - 2x - 15$

B Bestimme die Schnittpunkte der drei Graphen mit der x-Achse.
C Vergleiche die Ergebnisse mit den Lösungen in Aufgabe 9.

11
Das Verfahren in Aufgabe 9 löst allgemeine quadratische Gleichungen mit der Konstanten $a = 1$. Dieses Verfahren kann auch auf quadratische Gleichungen mit Konstanten $a \neq 1$ übertragen werden, indem die Gleichung durch a ($a \neq 0$) geteilt wird:

$$ax^2 + bx + c = 0 \quad \longleftrightarrow \quad x^2 + \frac{b}{a}x + \frac{c}{a} = 0$$

Bestimme die beiden allgemeinen Lösungen der quadratischen Gleichung $ax^2 + bx + c = 0$ wie in Aufgabe 9.

Gleichungen lösen

12
Löse die Gleichungen und überprüfe deine Lösungen durch Einsetzen.
A $x^2 - 18x + 80 = 0$
B $x^2 + 4x - 45 = 0$
C $x^2 + 15x + 44 = 0$
D $x^2 + 4x + 4 = 0$

13
Löse auch die folgenden Gleichungen und überprüfe deine Lösungen durch Einsetzen.
A $2x^2 + 5x - 3 = 0$
B $4x^2 + 4x - 3 = 0$
C $8x^2 - 6x + 1 = 0$
D $6x^2 + 7x + 2 = 0$

14
Welche der vier Gleichungen haben keine Lösung?
Beschreibe, wie du das herausgefunden hast.
Gleichung 1 $-x^2 - 2 = 0$
Gleichung 2 $x^2 - 6x + 11 = 0$
Gleichung 3 $-x^2 - x + 2 = 0$
Gleichung 4 $-x^2 + 4x - 7 = 0$

Angewandte Aufgaben

15
Finde zwei Zahlen, deren Summe 7,5 und deren Produkt 14 ist.

16
Ein Rechteck hat den Umfang 20 cm und die Fläche 5 cm². Wie lang sind die Seiten?

17
Von einem 1 m langen Stoffband werden 5 quadratische Tücher abgeschnitten.
Es bleibt vom Stoffband ein Stück der Fläche 375 cm² übrig. Wie breit ist das Stoffband?

18 Eine Kathete eines rechtwinkligen Dreiecks ist um 5 cm länger als die andere.
Das Dreieck hat eine Fläche von 25 cm^2. Berechne die Länge der beiden Katheten.

19 Von zwei Zahlen ist die eine um 50 grösser als die andere und das Produkt ist um 50 grösser als die Summe.
Wie heissen die beiden Zahlen?

20 Addiert man vier Neuntel eines Bruches zur Hälfte seines Kehrwerts, so erhält man 1.
Bestimme den Bruch. (Hinweis: Bezeichne den Bruch mit x.)

21 Würde man den Umfang eines Rades um 1 m vergrössern, so müsste man beim Abrollen auf einer 546 m langen Strecke 25 Drehungen weniger machen. Berechne den Umfang des Rades.

22 Die drei in einer Ecke zusammenstossenden Kanten eines Quaders unterscheiden sich je um 2 cm.
Wie lang sind die Kanten, wenn die Oberfläche des Körpers 5 758 cm^2 misst?

Selbstbeurteilung «Quadratische Funktion und Gleichung»

Ich kann …

Die Grundansprüche der folgenden Lernumgebungen werden vorausgesetzt:

mathbuch 3+

- LU 1 «Handy-Abos»
- LU 11 «Gleichungen lösen»
- LU 12 «Ganz einfach gerade»
- LU 17 «Wachstum: linear, quadratisch und exponentiell»

Zusätzlich kann ich …

- ☐ die Bedeutung der Buchstaben a, u und v bei Funktionen vom Typ $y = a(x - u)^2 + v$ erklären. **SB+ 2 AH+ 1 bis 6**
- ☐ die quadratische Ergänzung bei quadratischen Gleichungen finden. **SB+ 5 AH+ 8**
- ☐ quadratische Gleichungen mithilfe der quadratischen Ergänzung lösen. **SB+ 6**
- ☐ die Lösungen quadratischer Gleichungen mithilfe der Lösungsformel berechnen. **AH+ 11 bis 13**

☐ Weitere Aufgaben **D520-02**

☐ Arbeitsrückschau im Merkheft **D520-03**

Berechnungen an Figuren

1 Beim ganzen Kreuz misst die Länge eines Armes 1.

A Welchen Bruchteil von der Fläche des ganzen Kreuzes macht die Fläche von einem dunkelgrünen Kreuz aus?

B Welchen Anteil an der Fläche des ganzen Kreuzes haben alle kleinen, hellgrünen Kreuze zusammen?

C Berechnet die Summe aller Umfänge der hellgrünen Kreuze. Vergleiche die Summe mit dem Umfang des ganzen Kreuzes.

D Zwischen den hellgrünen und den dunkelgrünen Kreuzen bleiben jeweils kleine graue Quadrate frei. Wie gross ist die gesamte Fläche aller so entstandenen Quadrate?

E Man denke sich in allen diesen grauen Quadraten ein weiteres, noch kleineres Kreuz eingezeichnet. Welcher Teil der Fläche des ganzen Kreuzes ist nun immer noch nicht mit Kreuzen abgedeckt?

2 Einem Quadrat Q_1 mit der Seitenlänge a wird ein rechtwinkliges gleichschenkliges Dreieck aufgesetzt. Diesem zeichnet man wiederum auf jede Kathete ein Quadrat Q_2. Dann setzt man weitere gleichschenklige Dreiecke und Quadrate an, bis die folgende Figur entsteht.

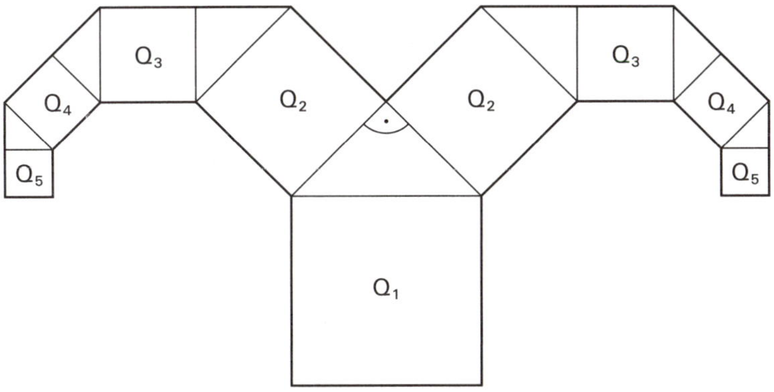

A Berechne die Fläche der gesamten Figur, wenn man bei Q_5 angelangt ist.

B Berechne den dick ausgezogenen Umfang der so entstandenen Figur.

Figuren unterteilen

3

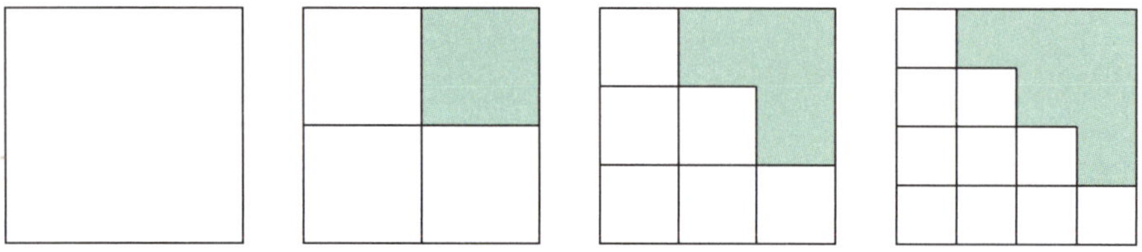

Bei einem Quadrat mit Seitenlänge 1 werden die Seiten in 1, 2, 3, 4, 5, … n Teile geteilt.
Die Fläche wird somit in 1, 4, 9, … kleinere Quadrate unterteilt. An der rechten oberen Ecke werden einige Teile gefärbt.
A ist der Flächeninhalt des gefärbten Teils der Figur. u ist der Umfang der gefärbten Figur.
D ist die Differenz zwischen dem gefärbten und dem nicht gefärbten Teil des Quadrates.

A Ergänze die Tabelle.

n	1	2	3	4	5	6
u	$\frac{0}{1} = 0$	$\frac{4}{2} = 2$	$\frac{8}{3}$	______	______	______
A	0	$\frac{1}{4}$	$\frac{3}{9} = \frac{1}{3}$	______	______	______
D	1	$\frac{1}{2}$	$\frac{1}{3}$	______	______	______

B Gib die Terme an, mit denen sich aus n die Grössen A und D berechnen lassen.

C Zeige, dass man u mit der Gleichung $u = \frac{4(n-1)}{n}$ berechnen kann.

D Für welche Werte von n ist der Umfang u = 3   3,5   3,8   3,999   4   5 ?

Vergleiche die Lösungen mit der Figur.

E Für welche Werte von n ist A = 0,45   0,49   0,49995   0,5   0,6 ?

Vergleiche die Lösungen mit der Figur.

Selbstbeurteilung «Bruchteile in Figuren»

Ich kann …

Die Grundansprüche der folgenden Lernumgebungen werden vorausgesetzt:

mathbuch 3+

- LU 4 «Formeln für Formen»
- LU 6 «Figur – Muster – Term»
- LU 9 «Ähnlichkeit»

Zusätzlich kann ich …

- ☐ Grundoperationen mit Brüchen und Bruchtermen durchführen. **SB+ 2 bis 5**
- ☐ Grenzwerte intuitiv bestimmen. **SB+ 1**
- ☐ einfache Bruchgleichungen lösen. **SB+ 4 AH+ 3**

- ☐ Weitere Aufgaben **D521-01**

- ☐ Arbeitsrückschau im Merkheft **D521-02**

Genauigkeit

Eine Tür wird mit dem Rollmeter ausgemessen. Man misst eine Breite von 82,6 cm. Die Ziffer «6» steht für die Anzahl Millimeter. Je nachdem hätte man 825, 826 oder 827 mm ablesen können. Die dritte Ziffer ist gerundet.

Die Angabe a = 85 cm (auf Zentimeter genau) bedeutet:
84,5 cm < a < 85,5 cm

«Fläche der Schweiz = 41 000 km^2»
(auf tausend Quadratkilometer genau) bedeutet:
40 500 m^2 < Fläche der Schweiz < 41 500 km^2

1
A Die 100-Meter-Weltrekordzeit (Oktober 2014) von 9,58 s ist auf die letzte Ziffer gerundet. Was bedeutet das?
B 1960 war der deutsche Armin Hary der erste Läufer, der 100 m in handgestoppten 10,0 s lief. Was kann das bedeuten?
C Im September 2014 stellte Dennis Kipruto Kimetto in Berlin mit 2:02:57 einen offiziellen Weltrekord im Marathonlauf (42,195 km) auf. Was bedeutet das?

Punktrechnung (Multiplikation und Division)

Faustregel
Das Ergebnis einer Multiplikation oder Division mit verschiedenen Messwerten hat nur so viele Ziffern wie der ungenaueste von ihnen.

2
Die Masse einer Tür werden wie folgt angegeben:

Höhe	2,3 m
Breite	0,96 m
Dicke	6 cm
Dichte	0,8 kg/dm^3

A Berechne den Umfang der Tür mit einer Doppelrechnung. Welche Genauigkeit des Resultats hältst du für vernünftig?
B Berechne die Fläche der Tür jeweils mit einer Doppelrechnung. Welche Genauigkeit hältst du für vernünftig?
C Berechne das Volumen der Tür.
D Berechne das maximale und das minimale Gewicht der Tür.

Strichrechnung (Addition und Subtraktion)

Faustregel
Das Ergebnis einer Addition oder einer Subtraktion mit verschiedenen Summanden bzw. Messwerten hat nur so viele Ziffern wie der ungenaueste von ihnen.

3 Die unten stehenden Zahlen sind einer offiziellen Broschüre entnommen.
Korrigiere die Summe in der untersten Zeile.

Wasser der Weltmeere	1 322 000 000 km³
Polareis	29 180 000 km³
Grundwasser	8 595 000 km³
Oberflächenwasser	230 000 km³
Atmosphäre	13 000 km³
Total Wasser der Erde	**1 360 018 000 km³**

Absolute und relative Fehler

Kreisflächen

4 Bei verschiedenen Kreisflächen wird der Durchmesser gemessen.
Bestimme jeweils den Umfang und den Flächeninhalt. Berechne beim Flächeninhalt auch den relativen Fehler.
A Verkehrskreisel: d = 8 m
B Trampolin: d = 8,0 m
C Spielfeldmarkierung: d = 8,00 m

Radumdrehungen

5 Bei einem Fahrrad beträgt der Durchmesser des Rades mit Bereifung 63 cm.
A Wie viele Umdrehungen macht das Vorderrad auf einer Strecke von 10,25 km?
B Welche Strecke legt man zurück, wenn das Vorderrad neun Umdrehungen macht?

Zylinder

6 Ein Aluminium-Zylinder wird mit der Schublehre ausgemessen. Er ist 34,10 mm hoch und hat einen Durchmesser von 21,45 mm (jeweils ± 0,05 mm). Er wird mit einer Präzisionswaage auf Hundertstelgramm genau gewogen. Sie zeigt 33,15 g an.
A Überlege, wie der grösste und wie der kleinste Dichtewert zustande kommt, und bestimme dann die Dichte durch Doppelrechnung.
B Berechne den relativen Fehler.

Einen Graben graben

7 Ein Graben ist 236 m lang. Die Tiefe soll zwischen 1,7 und 1,8 m,
die Breite zwischen 1,2 und 1,3 m liegen.
Die Dichte des ausgehobenen Materials liegt zwischen 1,8 und 2,5 t pro m^3.
Die Lastwagen, die das Material abtransportieren, sind für eine Nutzlast von 8,0 t zugelassen.
Wie viele Fuhren sind zu kalkulieren?

Kreiszahl π

8 Für die Kreiszahl π kannte man im Jahr 2013 mehr als 12 Billionen Stellen.
Für Kreisberechnungen genügen aber fast immer zehn Dezimalstellen.
In der Schule genügen meistens zwei, ganz sicher aber fünf Stellen.
Die ersten 20 Ziffern von π sind: 3,141 592 653 897 932 384 6.

A Da die Erde keine exakte Kugel ist, lässt sich der Erdradius auch nur näherungsweise angeben.
In der Regel wird er mit 6 370 km oder 6 371 km angegeben.
Berechne den Erdumfang mit r = 6 370 km und den drei Näherungswerten von π.

$\pi_1 = 3{,}14$

$\pi_2 = 3{,}141\,59$

$\pi_3 = 3{,}141\,592\,653\,5$

Welchen Unterschied in m machen die verschiedenen Näherungswerte von π aus?

B Am Äquator ist der Radius (r = 6 378 km) am grössten. Vergleiche.

Wohnungsplan

9 Bestimme die Fläche der Wohnung (inkl. Balkon) mit einer Doppelrechnung.
Der Plan ist im Massstab 1 : 100 gezeichnet.

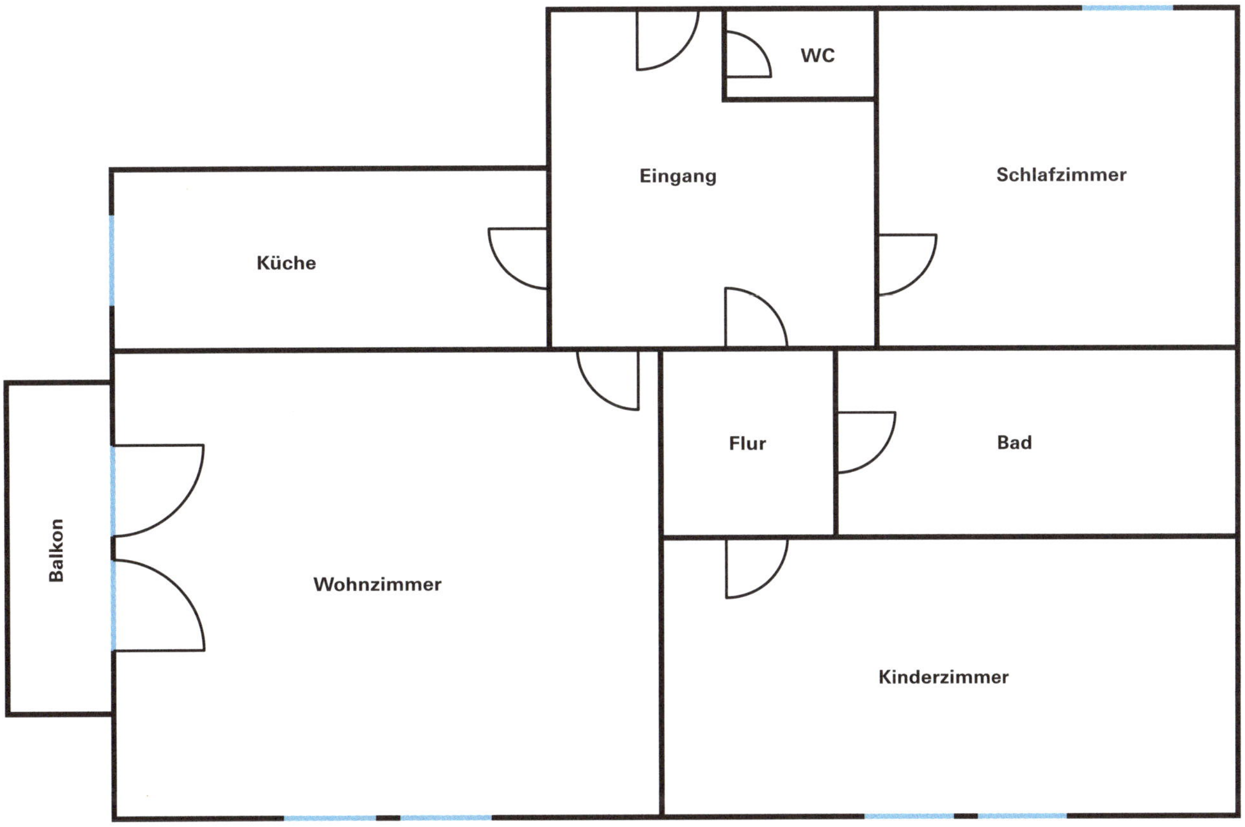

Selbstbeurteilung «Wie genau ist genau?»

Ich kann …

Die Grundansprüche der folgenden Lernumgebungen werden vorausgesetzt:

mathbuch 2

- LU 6 «Relativ – absolut»

mathbuch 3+

- LU 2 «Rechentraining»

Zusätzlich kann ich …

- [ ] relative und absolute Fehler berechnen.
  SB+ 2 und 3
- [ ] Zahlen in einer sinnvollen Genauigkeit angeben.
  SB+ 1 und 2 AH+ 2 und 3
- [ ] Doppelrechnungen durchführen.
  AH+ 2 und 9

- [ ] Weitere Aufgaben **D522-01**

- [ ] Arbeitsrückschau im Merkheft **D522-02**

Kredite kosten

1 Unten findest du eine Ratentabelle für Kredite ab CHF 1 000.00 bis CHF 250 000.00. Der Jahreszins beträgt zwischen 5,7 % und 11,5 %.

Minimaler und maximaler Jahreszins bei verschiedenen Kreditsummen und einer Laufzeit von 60, 48 oder 36 Monaten

	60 Monatsraten		48 Monatsraten		36 Monatsraten	
	5,7 %	11,5 %	5,7 %	11,5 %	5,7 %	11,5 %
1 000.00	19.10	21.70	23.25	25.80	30.20	32.70
5 000.00	95.65	108.50	116.40	129.00	151.10	163.50
10 000.00	191.30	217.00	232.85	258.00	302.25	327.00
15 000.00	286.95	325.50	349.20	387.00	453.30	490.50
20 000.00	382.60	434.00	465.70	516.00	604.50	654.00
25 000.00	478.25	542.50	582.10	645.00	755.60	817.50
30 000.00	573.90	651.00	698.40	774.00	906.60	981.00
35 000.00	669.55	759.50	814.80	903.00	1 057.70	1 144.50
40 000.00	765.20	868.00	931.40	1 032.00	1 209.00	1 308.00
45 000.00	860.85	978.75	1 077.80	1 161.00	1 360.10	1 471.50
50 000.00	956.50	1 085.00	1 164.25	1 290.00	1 511.25	1 635.00
60 000.00	1 147.80	1 302.00	1 396.80	1 548.00	1 813.20	1 962.00
70 000.00	1 339.10	1 519.00	1 629.95	1 806.00	2 115.75	2 289.00
80 000.00	1 530.40	1 736.00	1 862.80	2 064.00	2 418.00	2 616.00
90 000.00	1 721.70	1 957.50	2 095.65	2 322.00	2 720.25	2 943.00
100 000.00	1 913.00	2 170.00	2 328.55	2 580.00	3 022.55	3 270.00
150 000.00	2 859.50	3 255.00	3 492.75	3 870.00	4 533.75	4 905.00
200 000.00	3 826.00	4 340.00	4 657.10	5 160.00	6 045.10	6 540.00
225 000.00	4 304.25	4 882.50	5 239.20	5 805.00	6 800.70	7 357.50
250 000.00	4 782.50	5 425.00	5 821.25	6 450.00	7 556.25	8 175.00

A Was kostet ein Kredit von CHF 5 000.00 bei einer Laufzeit von 36 Monaten mit einem Zinssatz von 11,5 % insgesamt?

____

B Was kostet ein Kredit von CHF 15 000.00 bei einer Laufzeit von 48 Monaten mit einem maximalem Zinssatz von 11,5 % pro Monat?

____

C Was ist günstiger?
Einmal ein Kredit k oder x-mal ein Kredit $\frac{k}{x}$?

____

2 Sucht im Internet Kreditrechner und vergleicht unterschiedliche Angebote.

Leasing kostet

Tabellenkalkulation «Leasingratenrechner» **D523-01**

3 **Leasingratenrechner in der Formelansicht**

	A	B	C	D	E
1	**Nettopreis**	3295			
2	**Jahreszins**	0.12		**monatlich (näherungsweise):**	=$B$2/12
3	**Anzahlung**	400			
4	**Monatsrate**	280			
5					
6		**Schuld Monatsanfang**	**Zins**	**Rate Ende Monat**	**Schuld Monatsende**
7	**1. Monat**	=$B$1		=$B$3	=B7+C7-D7
8	**2. Monat**	=E7	=B8*$B$2/12	=$B$4	=B8+C8-D8
9	**3. Monat**	=E8	=B9*$B$2/12	=$B$4	=B9+C9-D9
10	**4. Monat**	=E9	=B10*$B$2/12	=$B$4	=B10+C10-D10
11	**5. Monat**	=E10	=B11*$B$2/12	=$B$4	=B11+C11-D11
12	**6. Monat**	=E11	=B12*$B$2/12	=$B$4	=B12+C12-D12
13	**7. Monat**	=E12	=B13*$B$2/12	=$B$4	=B13+C13-D13
14	**8. Monat**	=E13	=B14*$B$2/12	=$B$4	=B14+C14-D14
15	**9. Monat**	=E14	=B15*$B$2/12	=$B$4	=B15+C15-D15
16	**10. Monat**	=E15	=B16*$B$2/12	=$B$4	=B16+C16-D16
17	**11. Monat**	=E16	=B17*$B$2/12	=$B$4	=B17+C17-D17
18	**12. Monat**	=E17	=B18*$B$2/12	=$B$4	=B18+C18-D18
19					
20	**Totalkosten**			=SUMME(D7:D19)	
21	**Mehrkosten Leasing**			=D20-B1	

A Die hier abgebildete Formelansicht zeigt, wie in unserem Leasingrechner gerechnet wird. Erklärt einander.

B Wie wird der Zins berechnet, den die Bank in einem Jahr einnimmt? Notiere die Formel.

Arbeite mit der Tabellenkalkulation für die Aufgaben C bis E.

C Was bedeutet das Minuszeichen in Zelle E18 (Normalansicht)?

D Verändere die Anzahlung und die Monatsrate so, dass in der Zelle E18 ein Betrag möglichst nahe bei 0 (zwischen –1,00 und +1,00) berechnet wird.

E Erweitere die Tabelle so, dass du auch 24 Raten berechnen kannst.

Ausgaben planen

Eine Reparatur und schon pleite

Unerwartete grössere Ausgaben übersteigen die finanziellen Möglichkeiten von 17,1 % der Schweizer Bevölkerung. Grössere Ausgaben für Reparaturen oder grössere Anschaffungen waren für 17,1 % der Schweizer Bevölkerung im Jahr 2012 nicht aus eigenen Finanzmitteln zu stemmen.

Tages-Anzeiger: 29.05.2014

Eine rechtzeitige Budgetplanung kann finanziellen Überraschungen und anschliessenden Verschuldungen vorbeugen.

4

Die Grafik stellt die von der Schuldenberatung vorgeschlagenen Budgetposten in Prozent einer Familie mit zwei Kindern bei bescheidenem Einkommen dar.

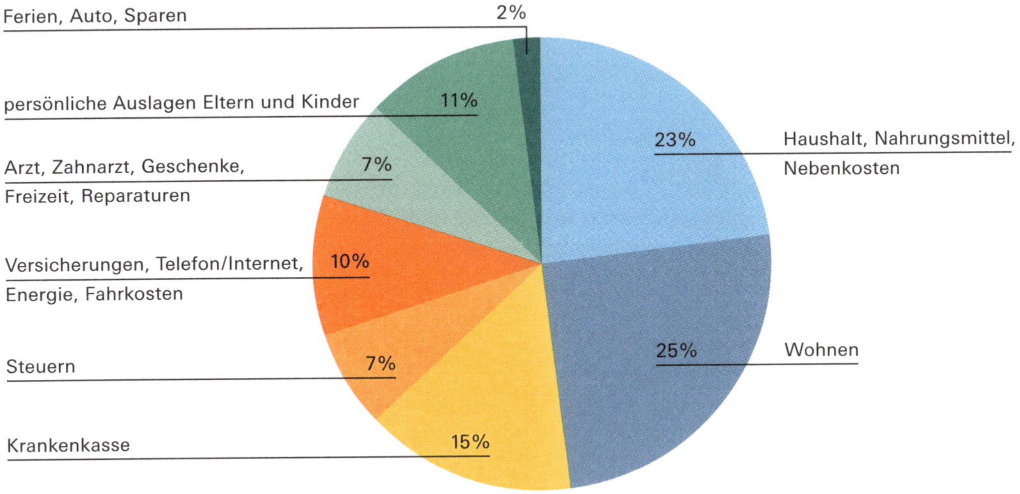

Quelle: Schuldenberatung Aargau-Solothurn

A Berechne das Budget für eine Familie mit einem Nettomonatslohn von CHF 5 500 (ohne 13. Monatslohn).

B Eines der beiden Kinder ist eine Jugendliche oder ein Jugendlicher in deinem Alter. Schätze bei jedem Budgetposten die monatlichen Ausgaben, die für dieses Kind etwa anfallen. Bei den persönlichen Auslagen rechnet man beispielsweise mit einer Aufteilung der Ausgaben von je $\frac{3}{8}$ pro erwachsene Person und je $\frac{1}{8}$ pro Kind.

C Vergleicht und diskutiert eure Überlegungen und Angaben bei Aufgabe B. Erkundigt euch auch bei euren Eltern.

5

Das ist ein Budgetvorschlag der Budgetberatung Schweiz für Lernende mit monatlichen Nettoeinnahmen von CHF 1 400.00. Der Vorschlag ist für Lernende, die im elterlichen Haushalt wohnen.

Einnahmen	**1 400**
Fixkosten	
Krankenkasse	330
Fahrkosten	100
Persönliche Auslagen	
Taschengeld	220
Handy	30
Kleider/Schuhe	90
Coiffeur/Körperpflege/Hygiene	50
Schulmaterial	10
PC	30
Sport/Musik	50
Rückstellungen	
Jahresfranchise/Selbstbehalt (Anteil)	40
Zahnarzt/Optiker/Medikamente	20
Steuern	40
Lager/Exkursionen	50
Sparen (z. B. Ferien/Autofahrstunden)	200
Verfügbarer Betrag für:	
Auswärtige Verpflegung	140
	1 400

A Vergleicht jeden Budgetposten mit euren persönlichen monatlichen Auslagen. Wo sind sie etwa gleich, wo sind sie höher, wo tiefer und wo wisst ihr es nicht?

B Wählt für die Einnahmen (netto pro Monat, ohne 13. Monatslohn) einen Betrag, wie er schon bald einmal für jemanden von euch zutreffen könnte. Diskutiert und erstellt eine eigene Budgetplanung.

Schuldenfalle

6

Schuldenfalle

Junge Frauen tappen vor allem wegen Ausgaben im Gesundheitsbereich in die Schuldenfalle, während jungen Männern Einkäufe über das Internet oder die Telekommunikation zum Verhängnis werden. Wenn junge Menschen sich verschulden, ist das Risiko hoch, dass sie in der Schuldenspirale hängenbleiben. Insbesondere junge Erwachsene zwischen 18 und 25 Jahren haben Mühe, ihre Schulden abzubauen. Mehr als ein Drittel der Deutschschweizer Schuldner aus dieser Altersgruppe haben fünf Jahre nach der erstmaligen Verschuldung nicht alle ihre Verbindlichkeiten bezahlt.

NZZ 21.08.2012

Jugendliche haben manchmal Anschaffungswünsche, die ihre aktuellen finanziellen Möglichkeiten weit übersteigen. Wählt einen solchen Anschaffungswunsch und überlegt euch, wie ihr ihn finanzieren könnt, ohne in die Schuldenfalle zu gelangen. Stellt entsprechende Überlegungen und Berechnungen an.

Selbstbeurteilung «Rollerkauf»

Ich kann …

Die Grundansprüche der folgenden Lernumgebung werden vorausgesetzt:

mathbuch 3+

▸ LU16 «Lohn und Steuern»

Zusätzlich kann ich …

- ☐ Kostenberechnungen bei Kredit- und Leasinggeschäften verstehen und durchführen. **SB+1 und 2** **AH+1**
- ☐ Tabellenkalkulation als Hilfsmittel für Berechnungen einsetzen. **SB+3 und 4** **AH+3**
- ☐ finanzielle Auswirkungen von Kreditgeschäften auf ein gegebenes Budget beurteilen. **SB+5** **AH+4 und 6**
- ☐ Budgetberechnungen verstehen und durchführen. **AH+4 und 5**

☐ Weitere Aufgaben **D523-02**

☐ Arbeitsrückschau im Merkheft **D523-03**

Kongruenzabbildungen mithilfe von Koordinaten

Bei der Beschäftigung mit dem Bild von Paul Klee im Schulbuch hast du Veränderungen in Grösse und Lage von freier Hand skizziert. Das kann dein Vorstellungsvermögen stärken. Für genauere Untersuchungen geometrischer Abbildungen sind Zeichnungen in einem Koordinatensystem hilfreich.

1

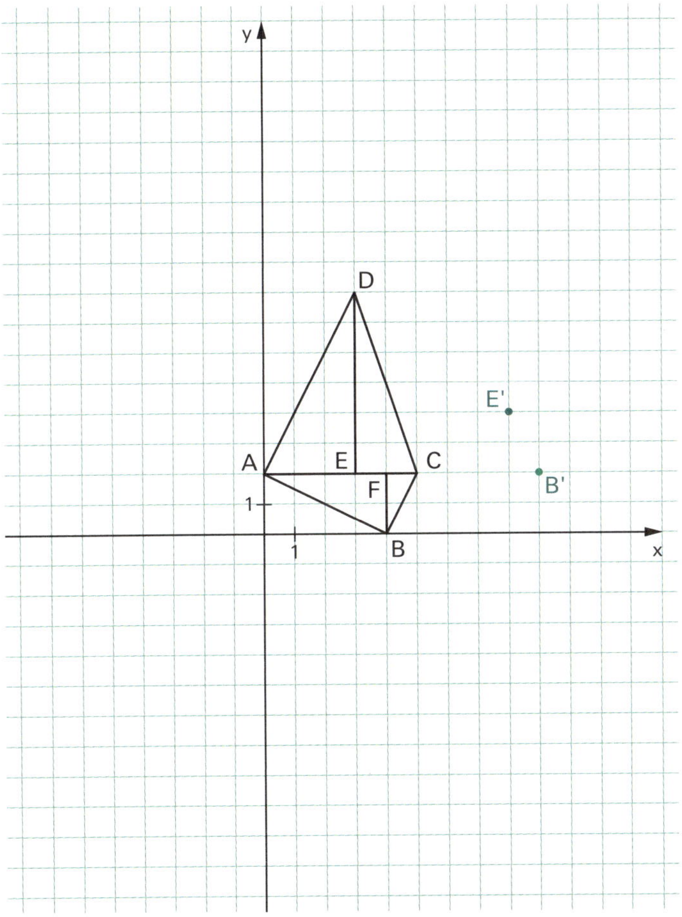

A Bestimme die Koordinaten der vier Eckpunkte A, B, C und D sowie die Koordinaten der beiden Höhenfusspunkte E und F.

B Addiere für jeden Punkt die Zahl 5 zum x-Wert und die Zahl 2 zum y-Wert. Zeichne die so berechneten Bildpunkte mit grüner Farbe in die Grafik (die Bildpunkte von Punkt B und Punkt E sind bereits eingezeichnet) und verbinde die Punkte zu einer Bildfigur. Diese Abbildung kann mit folgenden zwei Gleichungen notiert werden:

$x' = x + 5$ und $y' = y + 2$.

C Um welche Abbildung handelt es sich in Aufgabe B?

D Zeichne mit der gleichen Originalfigur die Bildfiguren folgender Abbildungen. Verwende für jede Bildfigur die entsprechende Farbe.

blau	**Abbildung 1** $x' = x - 5$ und $y' = y + 2$
rot	**Abbildung 2** $x' = x - 4$ und $y' = y - 8$

2

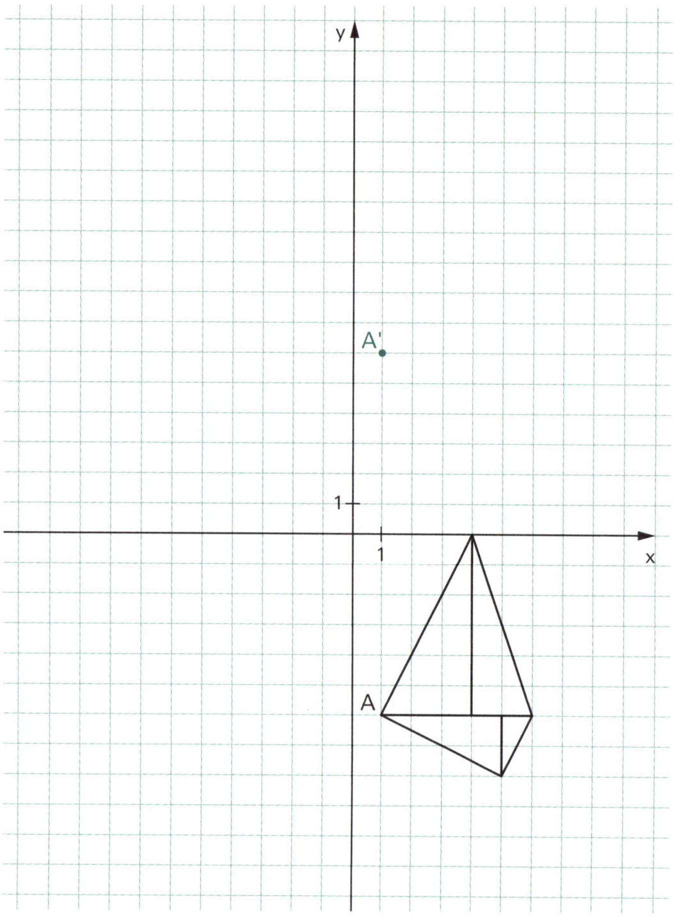

A Welche Abbildung würde die Originalfigur von Aufgabe 1 in die Lage der Originalfigur von Aufgabe 2 bringen?

B Bezeichne die vier Eckpunkte und die Höhenfusspunkte mit Buchstaben und bestimme ihre Koordinaten.

C Zeichne die Bildfiguren folgender Abbildungen. Verwende für jede Bildfigur die entsprechende Farbe.

grün	**Abbildung 1**	x' = x und y' = – y
blau	**Abbildung 2**	x' = – x und y' = y
rot	**Abbildung 3**	x' = y und y' = x

D Um welche Abbildungen handelt es sich bei Aufgabe C?

3

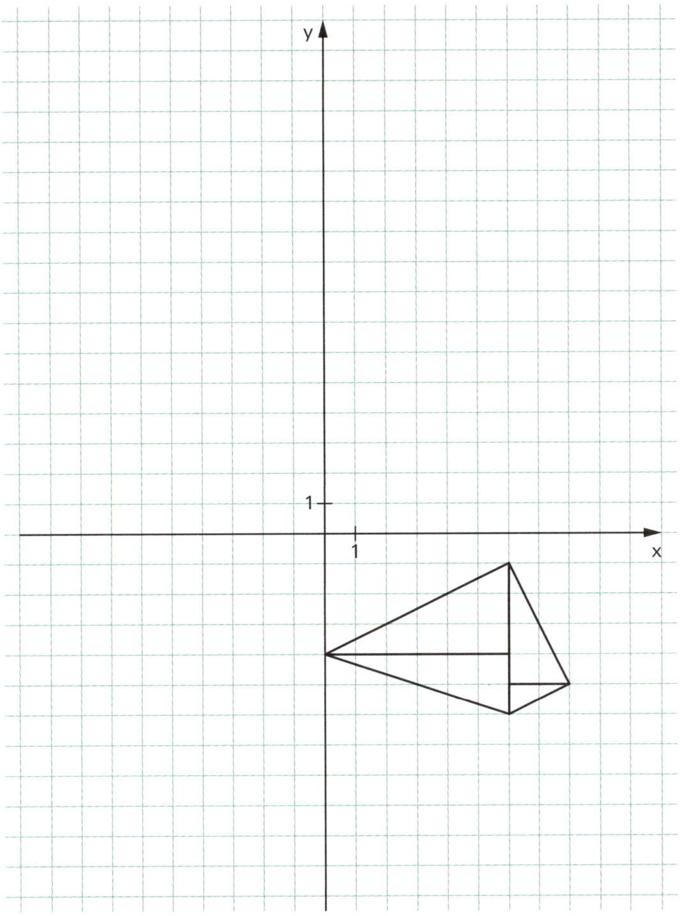

A Welche Abbildung würde die Originalfigur von Aufgabe 2 in die Originalfigur von Aufgabe 3 bringen?

B Bezeichne die vier Eckpunkte und die Höhenfusspunkte mit Buchstaben und bestimme ihre Koordinaten.

C Zeichne die Bildfiguren folgender Abbildungen. Verwende für jede Bildfigur die entsprechende Farbe.

grün	**Abbildung 1**	x' = – x	und	y' = – y
blau	**Abbildung 2**	x' = y	und	y' = – x
rot	**Abbildung 3**	x' = – y	und	y' = x

D Um welche Abbildungen handelt es sich in Aufgabe C?

4

Untersuche mit einer eigenen Originalfigur die folgenden Abbildungen.
Zeichne die Bildfiguren und beschreibe die Abbildungen.

Abbildung 1	x' = x	und	y' = – y + 10
Abbildung 2	x' = –x	und	y' = – y + 4
Abbildung 3	x' = 2x	und	y' = – y
Abbildung 4	x' = y – 2	und	y' = x + 2
Abbildung 5	x' = –y + 3	und	y' = x – 5
Abbildung 6	x' = x – 10	und	y' = – y

5

A Welche der Gleichungen von Aufgabe 4 beschreiben Kongruenzabbildungen? Woran erkennst du das? Beschreibe allgemein.

B Notiere ohne Zeichnung die Gleichungen einer Abbildung, von der du sicher bist, dass es keine Kongruenzabbildung ist. Überprüfe im Zweifelsfall mit einer Zeichnung.

C Notiere ohne Zeichnung die Terme einer Abbildung, von der du sicher bist, dass es eine Kongruenzabbildung ist.

Ähnlichkeitsabbildungen

6

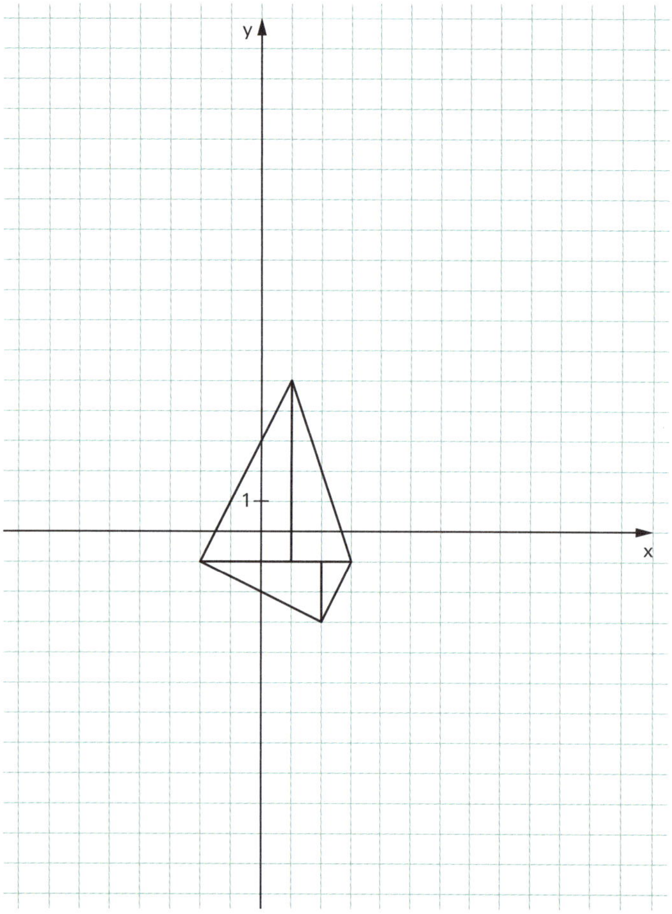

A Bezeichne die vier Eckpunkte und die Höhenfusspunkte mit Buchstaben und bestimme ihre Koordinaten.

B Zeichne die Bildfiguren folgender Abbildungen. Verwende für jede Bildfigur die entsprechende Farbe.

grün	**Abbildung 1**	$x' = 2x$	und	$y' = 2y$
blau	**Abbildung 2**	$x' = 3x$	und	$y' = 3y$
rot	**Abbildung 3**	$x' = 0{,}5x$	und	$y' = 0{,}5y$
gelb	**Abbildung 4**	$x' = -2x$	und	$y' = -2y$

C Wo liegt das Streckzentrum bei diesen Abbildungen?

7

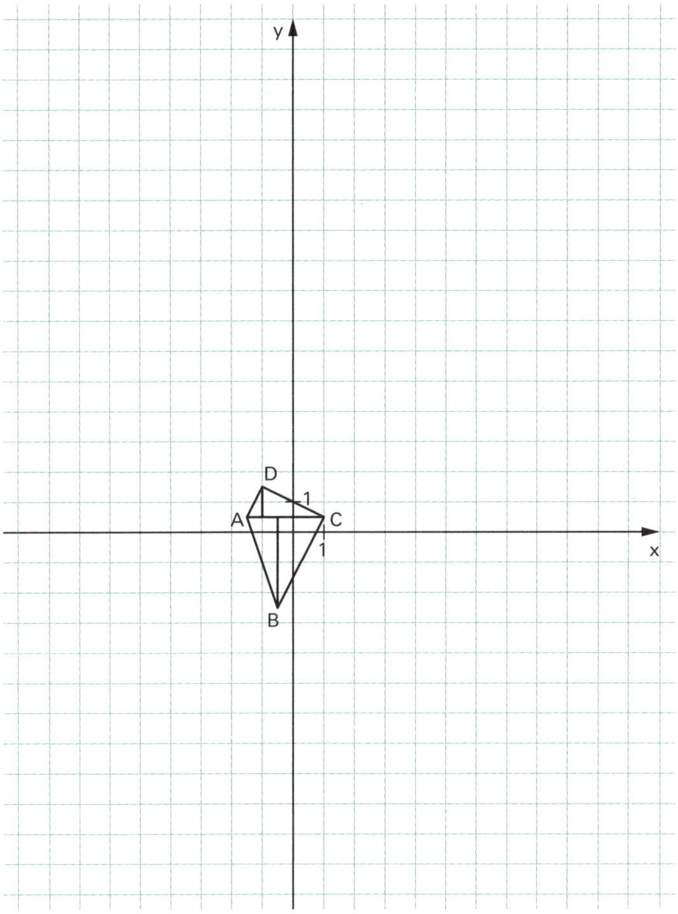

A Welche Abbildung würde die Originalfigur von Aufgabe 6 in die Originalfigur von Aufgabe 7 bringen?

B Bezeichne die vier Eckpunkte und die Höhenfusspunkte und bestimme ihre Koordinaten.

C Zeichne die Bildfiguren zu den folgenden Abbildungen. Verwende für jede Bildfigur die entsprechende Farbe.

grün	**Abbildung 1**	$x' = 2x + 4$	und	$y' = 2y - 7$
blau	**Abbildung 2**	$x' = -2x - 4$	und	$y' = -2y - 2$
rot	**Abbildung 3**	$x' = 4x - 2$	und	$y' = 2y + 8$
gelb	**Abbildung 4**	$x' = 4x + 7$	und	$y' = 4y + 10$

D Welche der Abbildungen 1 bis 4 sind Ähnlichkeitsabbildungen?
Woran erkennst du das in der Zeichnung? Woran erkennst du das an den Termen?

E Wie wirkt sich der Faktor bei x und y aus?

F Notiere ohne Zeichnung die Terme einer Abbildung, von der du sicher bist, dass es eine Ähnlichkeitsabbildung ist.

G Notiere ohne Zeichnung die Terme einer Abbildung, von der du sicher bist, dass es keine Ähnlichkeitsabbildung ist.

Andere Abbildungen

8 Untersuche die folgenden Abbildungen. Bilde ausser den Eckpunkten und den Höhenfusspunkten auch Punkte auf den Seiten der Figur ab.

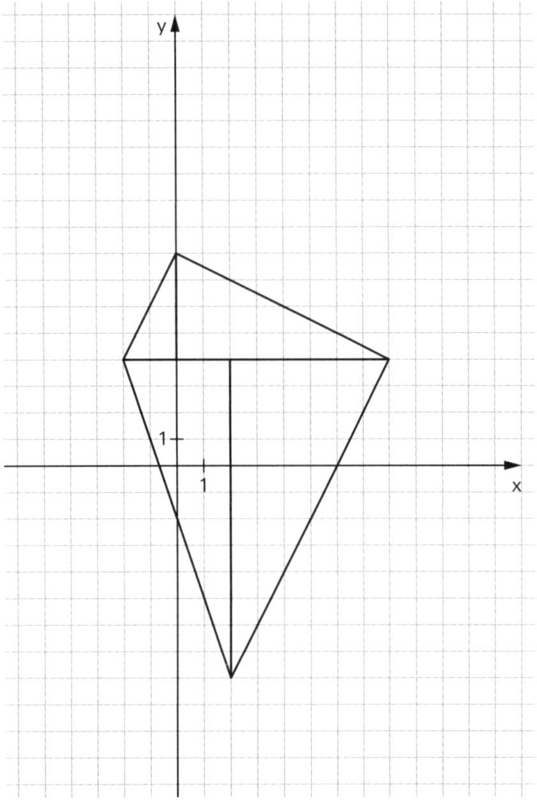

Abbildung 1 $x' = 1{,}5x$ und $y' = 0{,}5y$

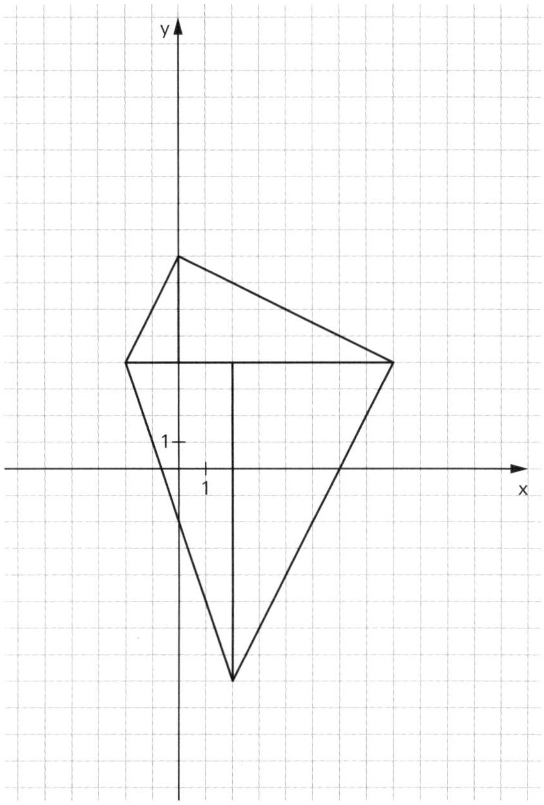

Abbildung 2 $x' = x$ und $y' = x + y$

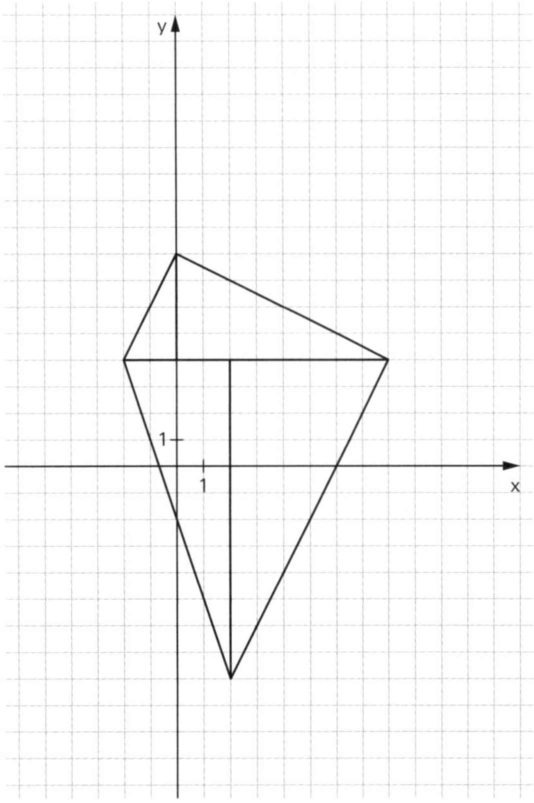

Abbildung 3 $x' = x$ und $y' = x$

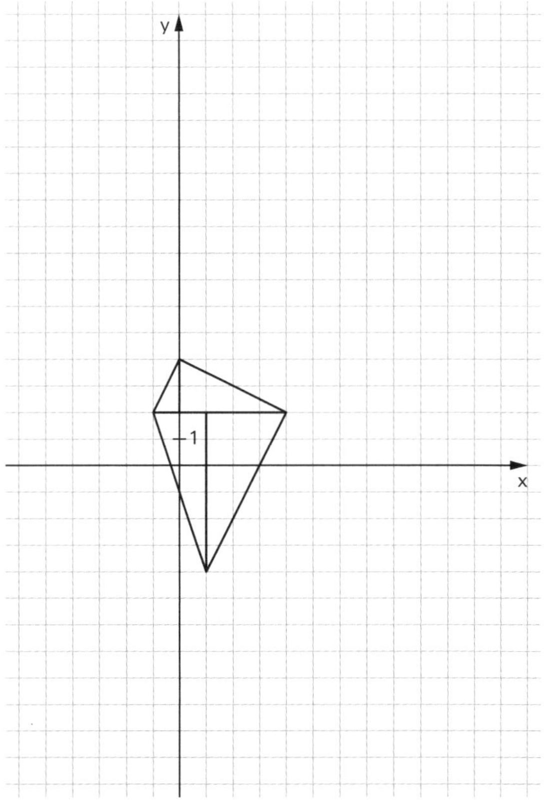

Abbildung 4 $x' = 3x$ und $y' = y^2$

Kopfgeometrie

Koordinaten

Kopfgeometrie online **D524-01**

Situation 1

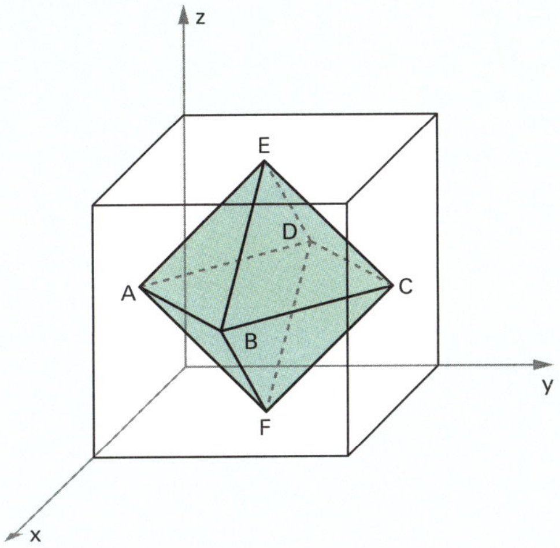

Ein regelmässiger Oktaeder liegt in einem Würfel mit Kantenlänge 12. Die Ecken des Oktaeders liegen auf den Flächenmitten des Würfels.
Bestimme die Koordinaten der sechs Eckpunkte A bis F des Oktaeders.

Situation 2

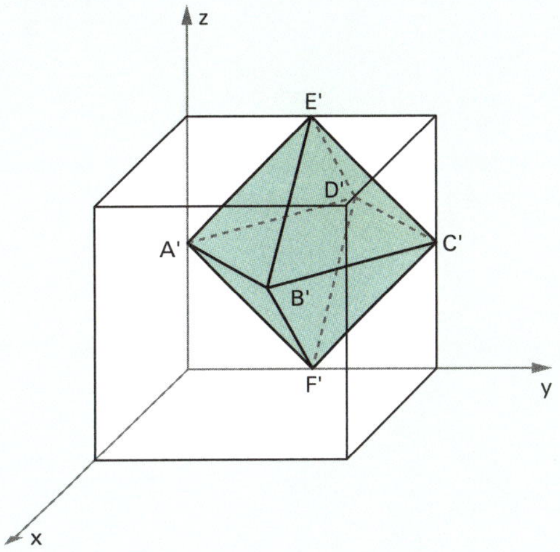

Das Oktaeder aus Situation 1 wird so in negative x-Richtung verschoben, dass das Quadrat A'F'C'E' in der zy-Ebene zu liegen kommt.
Bestimme die Koordinaten aller Eckpunkte des Oktaeders.

Selbstbeurteilung «Grösse – Lage – Form»

Ich kann …

Die Grundansprüche der folgenden Lernumgebung werden vorausgesetzt:

mathbuch 3+

▸ LU 9 «Ähnlichkeit»

Zusätzlich kann ich …

- ☐ Kongruenzabbildungen erkennen und beschreiben. **SB+ 3** **AH+ 1 und 2**
- ☐ Ähnlichkeiten erkennen und beschreiben. **SB+ 4** **AH+ 6 und 7**
- ☐ eine algebraische Beschreibung von geometrischen Abbildungen verstehen. **AH+ 1 und 2, 6 und 7**
- ☐ geometrische Abbildungen mithilfe von Koordinaten darstellen. **AH+ 1 bis 6**

☐ Weitere Aufgaben **D524-02**

☐ Arbeitsrückschau im Merkheft **D524-03**

Kugelrunde Gegenstände

1 Zeige mit den Händen und den Fingern die vier Körper, bevor du rechnest, damit du dir ihre Grösse gut vorstellen kannst. Berechne jeweils die Oberfläche und das Volumen und suche nach etwa gleich grossen Flächen/Volumen aus deinem Erfahrungsbereich.

A Erbse von 5 mm Durchmesser
B Tennisball mit 3 cm Radius
C Tischtennisball mit 12 cm Umfang
D Fussball mit 70 cm Umfang

Schnittflächen

2

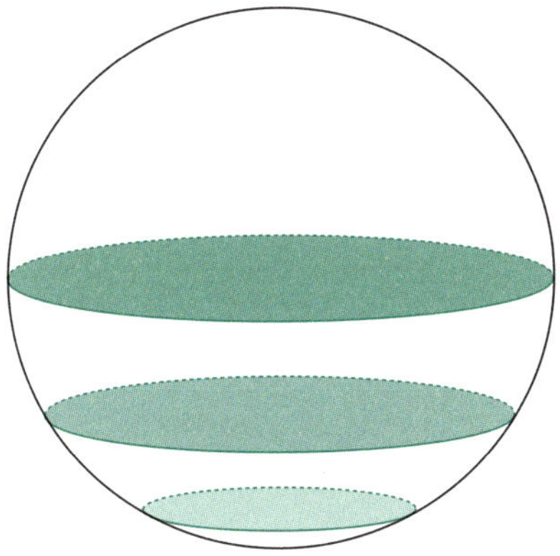

Beschreibe, wo die Schnittfläche durch eine Kugel am kleinsten und wo sie am grössten ist.

3 Die grösste Schnittfläche einer Kugel ist gegeben. Beschreibe mit Formeln, wie du damit den Radius, die Oberfläche und das Volumen der Kugel berechnen kannst.

Radius, Durchmesser, Oberfläche und Volumen

4 Berechne die fehlenden Angaben zu den verschiedenen Kugeln in der Tabelle.

Durchmesser [cm]	Radius [cm]	grösstmögliche Schnittfläche [cm^2]	Oberfläche [cm^2]	Volumen [cm^3]
10				
20				
100				
200				
		100		
		400		
		1 600		
				1 000
				8 000
				125

Grafische Darstellungen

5 Erstelle Wertetabellen und stelle die Abhängigkeiten als Graph dar.

A

r					
d					

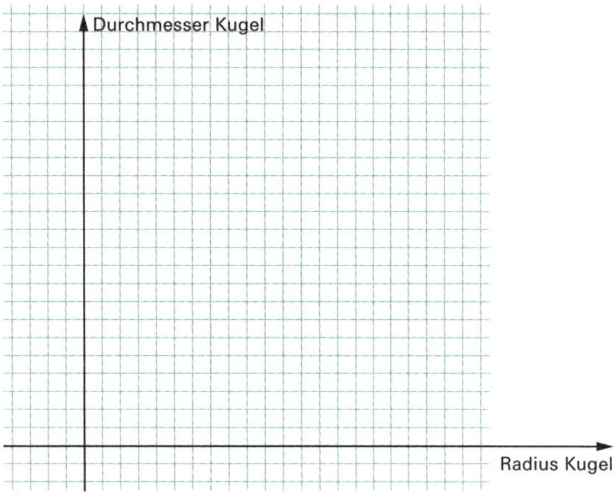

B

r					
O					

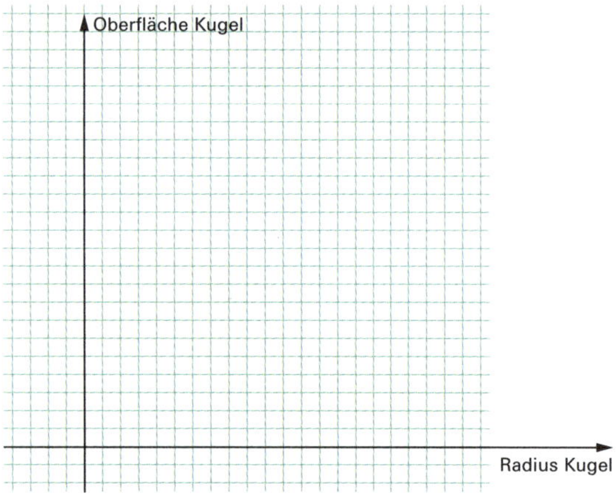

C

r					
V					

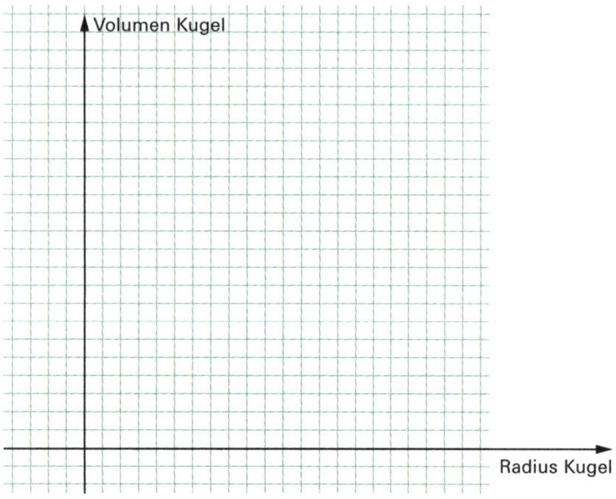

Berechnungen rund um die Kugel

Bleikugeln giessen

6 Es sind kleine Bleikugeln mit 1 mm Radius vorhanden.

A Man möchte daraus eine Kugel mit 2 mm Radius herstellen. Wie viele kleine Kugeln braucht man für eine grosse?

B Wie viele kleine Kugeln braucht es, um eine Kugel mit der hundertfachen Oberfläche einer kleinen Kugel herzustellen?

C Man giesst aus 1000 kleinen Kugeln eine einzige grosse Kugel. Wie gross ist der Radius? Wie gross ist die Oberfläche dieser Kugel im Vergleich mit der gesamten Oberfläche der 1000 kleinen Kugeln?

Kugelschale

7

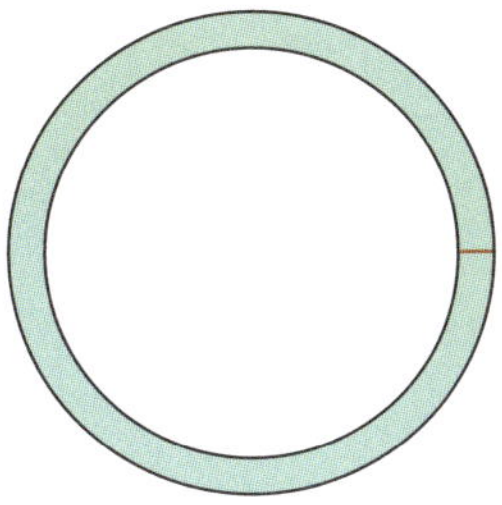

Wenn bei einer Kugelschale die Dicke sehr viel kleiner ist als der Radius, so kann man ihr Volumen näherungsweise mit Oberfläche · Dicke berechnen. Aus einem 2 mm^3 grossen Tropfen Seifenlösung ist eine Seifenblase mit einem Aussendurchmesser von 80 mm geblasen worden. Berechne mithilfe der Näherungsformel die Dicke der Seifenschicht.

Kugeln verpacken

8

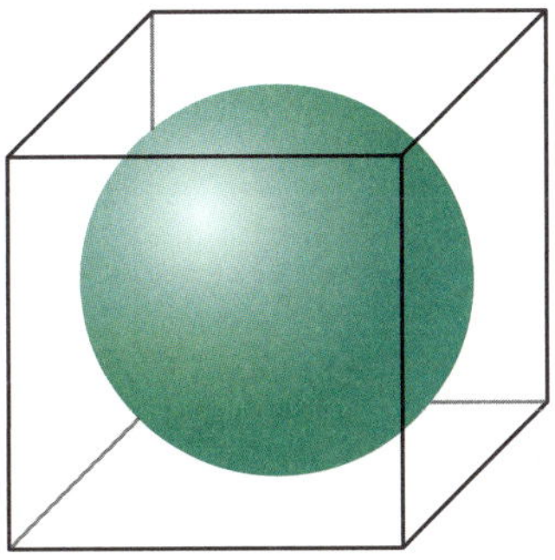

Situation 1

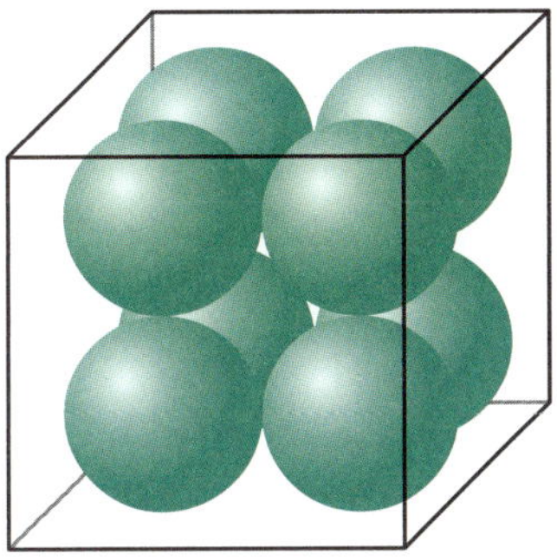

Situation 2

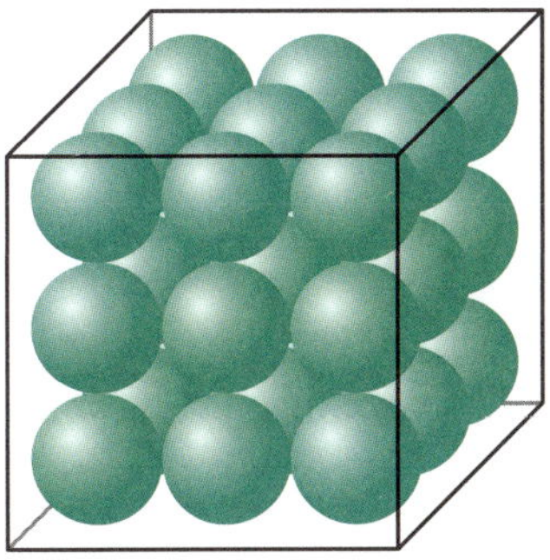

Situation 3

In einem Würfel mit Kantenlänge 12 cm sind Kugeln zu verpacken. In jedem Würfel haben alle Kugeln die gleiche Grösse. Die einzelnen Schichten liegen exakt übereinander, das heisst, der höchste Punkt der unteren Kugel berührt den tiefsten Punkt der oberen.

A Berechne je den Anteil des Kugelvolumens am Volumen des Würfels. Begründe das Ergebnis.

B Für Situation 1 gilt: Sowohl das Volumen als auch das Oberflächenverhältnis zwischen Kugel und Würfel ist etwa 1 : 2. Berechne das Verhältnis exakt und zeige, dass es den Wert $\frac{\pi}{6}$ hat.

Behauptungen und Beweise

Wahr oder falsch

9

Kugel 1

Kugel 2

Kugel 1 ist kleiner als Kugel 2. Kreuze wahr (w) oder falsch (f) an.

A Wenn der Durchmesser von Kugel 2 doppelt so gross ist wie derjenige von Kugel 1, dann …

ist der Radius von Kugel 2 auch doppelt so gross wie derjenige von Kugel 1.	☐ w	☐ f
ist die grösste Schnittfläche von Kugel 2 doppelt so gross wie diejenige von Kugel 1.	☐ w	☐ f
ist die Oberfläche von Kugel 2 doppelt so gross wie diejenige von Kugel 1.	☐ w	☐ f
ist das Volumen von Kugel 2 achtmal so gross wie dasjenige von Kugel 1.	☐ w	☐ f

B Wenn das Kugelvolumen von Kugel 2 27-mal so gross ist wie dasjenige von Kugel 1, dann …

ist die Oberfläche von Kugel 2 neunmal so gross wie diejenige von Kugel 1.	☐ w	☐ f
ist die grösste Schnittfläche von Kugel 2 dreimal so gross wie diejenige von Kugel 1.	☐ w	☐ f
ist der Durchmesser von Kugel 2 neunmal so gross wie derjenige von Kugel 1.	☐ w	☐ f
ist der Radius von Kugel 2 dreimal so gross wie derjenige von Kugel 1.	☐ w	☐ f

C Wenn die Oberfläche von Kugel 1 einen Hundertstel der Oberfläche von Kugel 2 beträgt, dann …

ist der Durchmesser von Kugel 2 auch $\frac{1}{100}$ des Durchmessers von Kugel 1.	☐ w	☐ f
ist der Radius von Kugel 1 zehnmal kleiner als derjenige von Kugel 2.	☐ w	☐ f
ist die grösste Schnittfläche von Kugel 1 auch 100-mal kleiner als die grösste Schnittfläche von Kugel 2.	☐ w	☐ f
ist das Volumen von Kugel 1 200-mal kleiner als das Volumen von Kugel 2.	☐ w	☐ f

Kopfgeometrie

Würfeldrehungen

Kopfgeometrie online **D525-01**

A Die Raumdiagonale a ist eine sogenannte dreizählige Achse: Eine Drehung um 120 Grad bringt den Würfel wieder mit sich zur Deckung. Die Ecken 5 und 3 bleiben dabei am Ort.

Überlege, wohin die andern Ecken gehen und trage die Nummer ein.

1	⟶	____	**2**	⟶	____
3	⟶	3	**4**	⟶	____
5	⟶	5	**6**	⟶	____
7	⟶	____	**8**	⟶	____

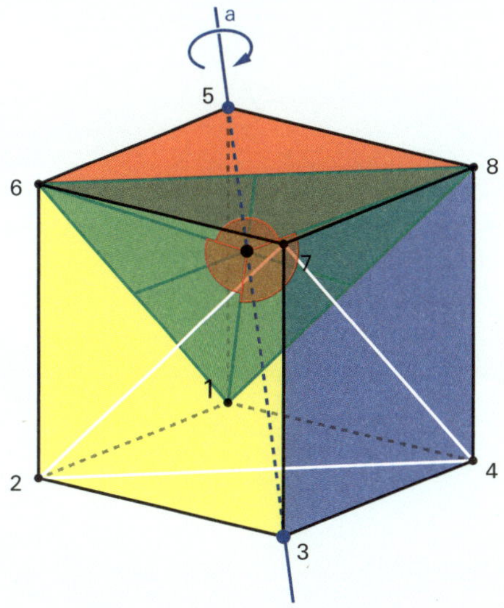

Hinweis: Das Dreieck 186 ist gleichseitig, die Drehachse a steht darauf senkrecht und geht durch den Schwerpunkt des Dreiecks. Die drei gefärbten Winkel sind alle gleich gross.
Was passiert mit dem Dreieck?
Überlege auch, was mit Dreieck 247 passiert.

B Im Würfel sind gegenüberliegende Flächen gleich gefärbt. Eine der beiden ist jeweils mit einem Gitter überzogen. Rechts siehst du das Netz des Würfels.

Trage in den nebenstehenden Würfel die drei nach der Drehung um 120 Grad sichtbaren Flächen mit der korrekten Farbe und Schraffur ein.

Vor dem Lösen der Aufgabe kann es hilfreich sein, mit einem Modell zu arbeiten.
Erstelle dafür ein Modell aus Styropor und verfolge daran den Drehvorgang.

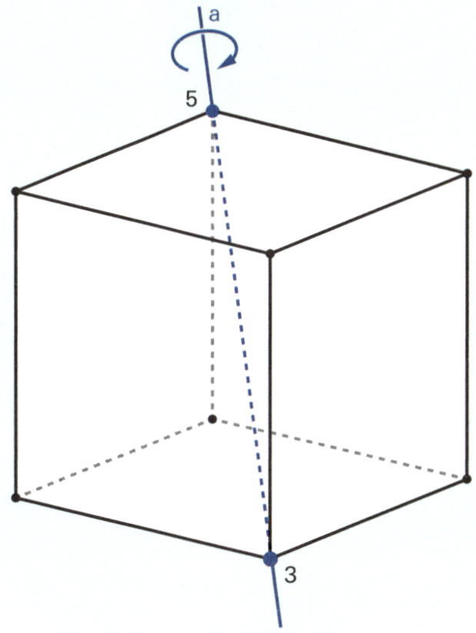

Selbstbeurteilung «Kugelrund»

Ich kann …

Die Grundansprüche der folgenden Lernumgebungen werden vorausgesetzt:

mathbuch 3+

- LU 9 «Ähnlichkeit»
- LU 14 «Pyramide und Kegel»

Zusätzlich kann ich …

- [ ] Formeln für Kugelvolumen und Kugeloberfläche herleiten. **SB+ 1 und 2**
- [ ] Beziehungen zwischen Kreisformel und Kugelformeln erkennen. **AH+ 3**
- [ ] an Kugeln verschiedene Berechnungen durchführen. **SB+ 4 und 5**
- [ ] Ähnlichkeitseigenschaften verschieden grosser Kugeln erkennen. **AH+ 6**

- [ ] Weitere Aufgaben **D525-02**

- [ ] Arbeitsrückschau im Merkheft **D525-03**

Abkühlen

1 In eine Pfanne wird heisses Wasser gefüllt. Die Anfangstemperatur des Wassers beträgt 60 °C. Alle drei Minuten wird die Temperatur (auf 0,5 °C genau) abgelesen und in eine Tabelle eingetragen. Die Zimmertemperatur beträgt 20 °C.

t [min]	0	3	6	9	12	15	18	21	24	27	30	33	36	39	42	45
y [°C]	60	54	49	44,5	41	37,5	35	33	31	29,5	28	26,5	25,5	25	24	23,5
y – 20 [°C]	___	___	___	___	___	___	___	___	___	___	___	___	___	___	___	___

A Ergänze die Tabelle und zeichne den Graphen zur Tabelle.

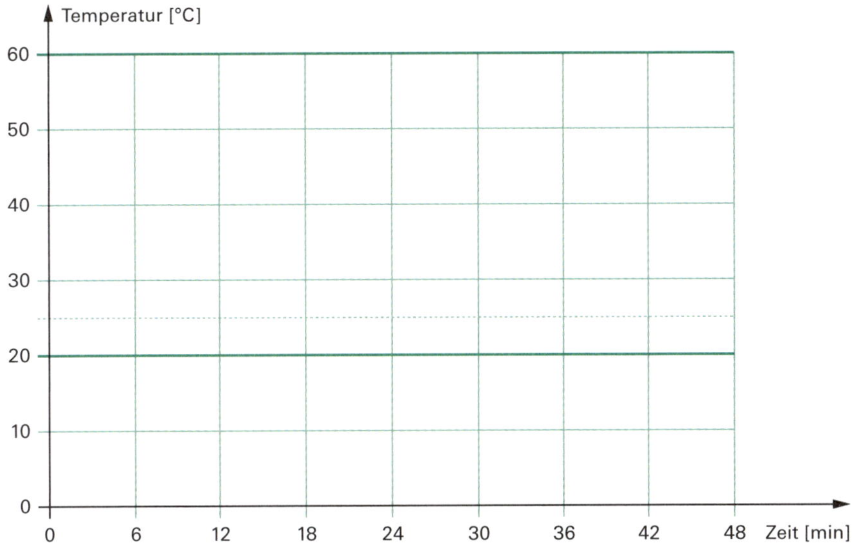

B Beschreibe in Worten, wie die Temperaturabnahme verläuft.

C Welche Temperatur hat das Wasser (vermutlich) nach zwei Stunden?

2 Nimm an, die Zimmertemperatur in Aufgabe 1 wäre 25 °C gewesen.

A Wie hoch wäre die Temperatur nach zwei Stunden?

B Wie hoch wäre die Temperatur nach 3 Minuten und nach 6 Minuten im Vergleich mit den Werten in der Tabelle zu Aufgabe 1? Erkläre, warum das so ist.

3 **A** Zeige anhand von Tabelle und Graph in Aufgabe 1, dass folgende Aussage stimmt oder nicht: «Um den Abstand der Wassertemperatur zur Zimmertemperatur zu halbieren, braucht es immer etwa gleich viel Zeit».

B Man kann hier von einer Art «exponentiellem Zerfall» der Temperatur bis zur Zimmertemperatur hinunter sprechen. Wie viele Minuten dauert es etwa, bis die Temperaturdifferenz in Aufgabe 1 halbiert ist?

Tabellenkalkulation **D526-01**

4 Ein Modell für den Prozess des Abkühlens in Aufgabe 1 kann wie folgt formuliert werden:
«Die Temperaturabnahme bis zur nächsten Messung soll proportional zur Differenz zwischen der soeben gemessenen Temperatur und der Zimmertemperatur von 20 °C sein.»
(Die Temperaturmessungen erfolgen immer in gleichen Zeitabständen, z. B. alle drei Minuten.)

Kurz: $y_{neu} - y_{alt} = -k \cdot (y_{alt} - 20)$ oder $y_{neu} = y_{alt} - k \cdot (y_{alt} - 20)$

A Bestimme für die Daten in Aufgabe 1 einen mittleren Wert für k.

B Welche «physikalische» Bedeutung hat k?

Erwärmen

5 Eine flache Schale wird wenige Zentimeter hoch mit Wasser gefüllt und in den etwa 4 °C kalten Kühlschrank gestellt. Nach zwei Stunden wird sie aus dem Kühlschrank genommen. Das Wasser erwärmt sich wieder.

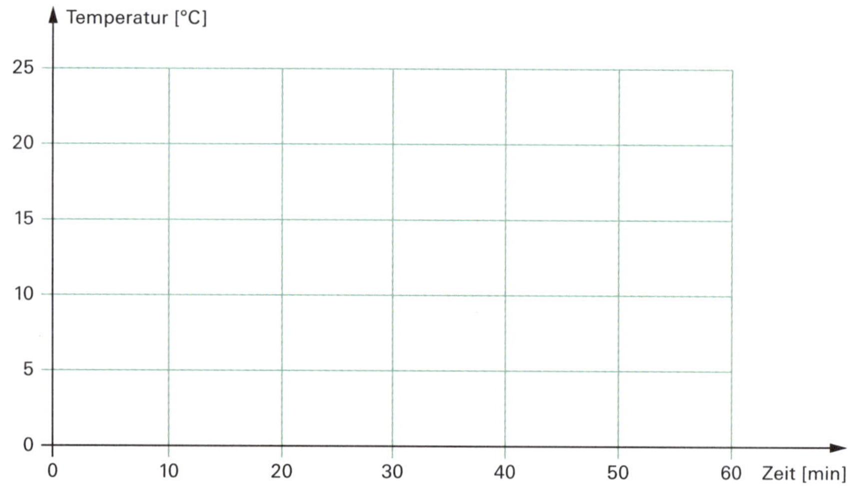

A Wie entwickelt sich die Temperatur, nachdem man das Wasser aus dem Kühlschrank genommen hat? Skizziere den Graphen. Notiere und begründe deine Überlegungen.

B Führe das Experiment durch. Rühre das Wasser immer wieder um, zum Beispiel im Minutentakt. Miss die Temperatur alle drei Minuten nach dem Umrühren und trage sie in die Tabelle ein.

t [min]	0	3	6	9	12	15	18	21	24	27	30	33	36	39	42	45
y [°C]	___	___	___	___	___	___	___	___	___	___	___	___	___	___	___	___

C Zeichne den Graphen zu deinen Messungen.

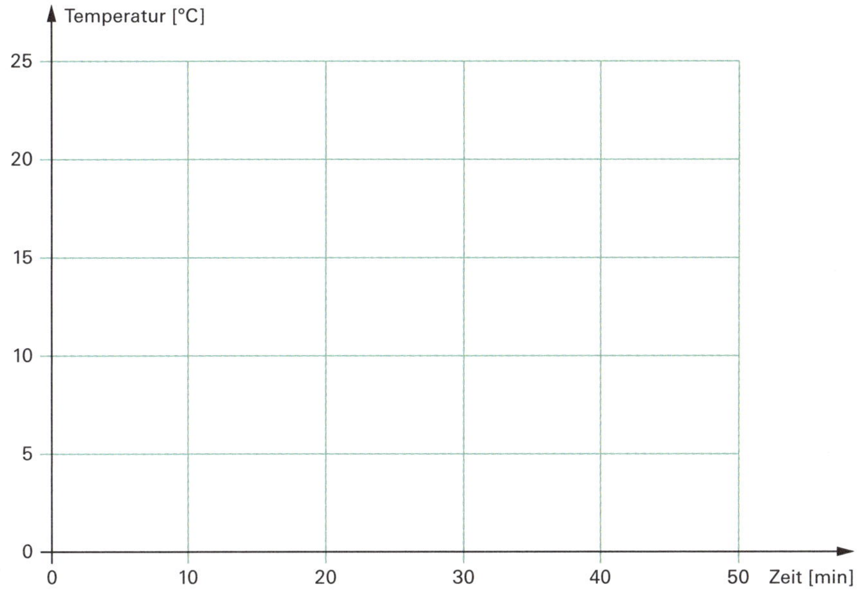

6

Ein Modell für den Prozess des Erwärmens in Aufgabe 5 lautet:

$y_{neu} = y_{alt} + k \cdot (20 - y_{alt})$ (y gibt die Anzahl °C an.)

A Erkläre diese Formel.
B Bestimme mit deinen Messdaten die Konstante k und erstelle dann mit der Formel eine Tabelle.
C Übertrage die Werte in das Koordinatensystem von Aufgabe 5 C.

Selbstbeurteilung «Bevölkerungswachstum»

Ich kann …

Die Grundansprüche der folgenden Lernumgebungen werden vorausgesetzt:

mathbuch 3+

- LU 12 «Ganz einfach gerade»
- LU 17 «Wachstum: linear, quadratisch und exponentiell»

Zusätzlich kann ich …

- [ ] jemandem relatives Wachstum im Sinne von konstanten Wachstumsraten erklären. **SB+ 1 und 2**
- [ ] relatives und lineares Wachstum in einem neuen Modell miteinander verknüpfen. **SB+ 3**
- [ ] rekursive Vorschriften variieren und entsprechende qualitative Veränderungen erkennen. **SB+ 4**

- [ ] Weitere Aufgaben **D526-02**

- [ ] Arbeitsrückschau im Merkheft **D526-03**

1 Bearbeite zwei bis drei Strukturen auf ähnliche Weise wie das Beispiel im Schulbuch.

Vorgehen
Schritt 1: Berechne einige Beispiele.
Schritt 2: Stelle einen Sachverhalt fest.
Schritt 3: Erkläre den Sachverhalt geometrisch oder algebraisch.

A Wähle vier Felder wie in der Abbildung. Vergleiche die Summe der gelben Felder mit der Summe der grünen Felder.

	Beispiele	Feststellung	Erklärung
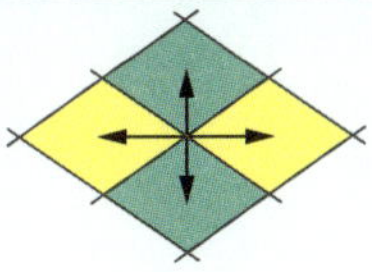			

B Wähle neun Felder wie in der Abbildung. Vergleiche die Summe der gelben Felder mit der Summe der grünen Felder.

	Beispiele	Feststellung	Erklärung
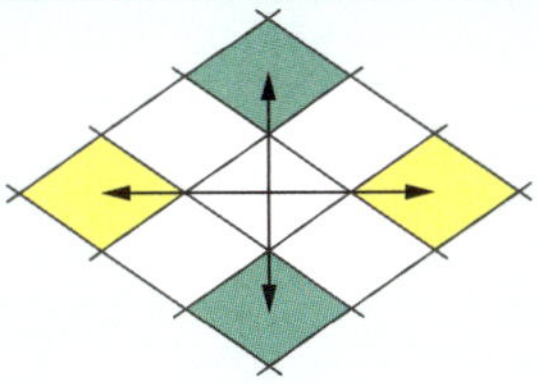			

C Wähle vier Felder, die einem Feld benachbart sind. Vergleiche die Summe der gelben Felder mit der Summe der grünen Felder.

	Beispiele	Feststellung	Erklärung
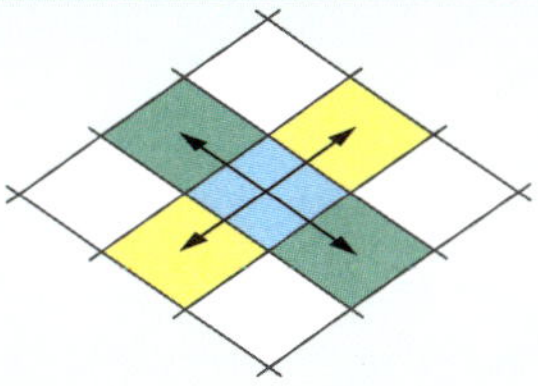			

D Wähle drei Felder gemäss Abbildung. Vergleiche die Differenzen der Produkte in je zwei nebeneinanderliegenden Feldern mit den Faktoren im oberen Feld.

	Beispiele	Feststellung	Erklärung
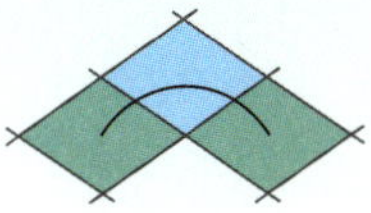			

E Wähle eine Zeile. Untersuche, wie sich die Produkte von Feld zu Feld verändern.

	Beispiele	Feststellung	Erklärung
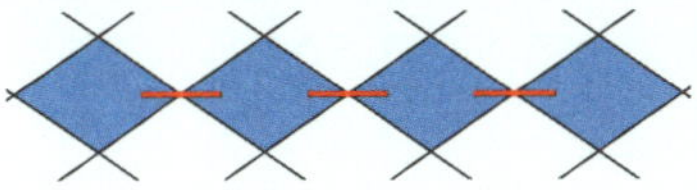			

F Wähle eine Spalte. Untersuche, wie sich die Produkte von Feld zu Feld verändern.

	Beispiele	Feststellung	Erklärung
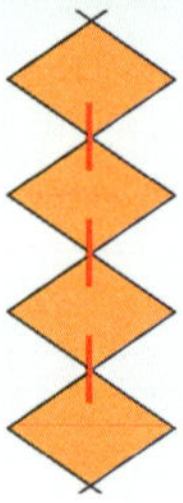			

G Wähle zwei benachbarte Zeilen. Untersuche die Differenzen der Produkte der senkrecht benachbarten Felder.

	Beispiele	Feststellung	Erklärung
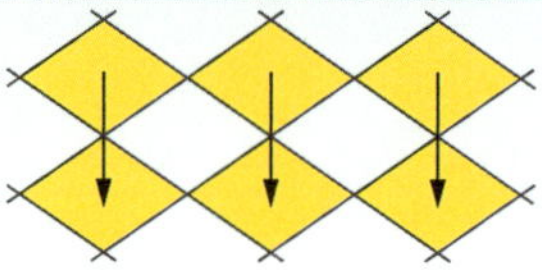			

2

A Dividiere die Differenz von symmetrisch zur Mittelachse liegenden Produkten durch 13. Was stellst du fest?

B Begründe deine Feststellung.
Tipp: Auf der Mittelachse beträgt die Summe der Faktoren der Produkte jeweils 13.

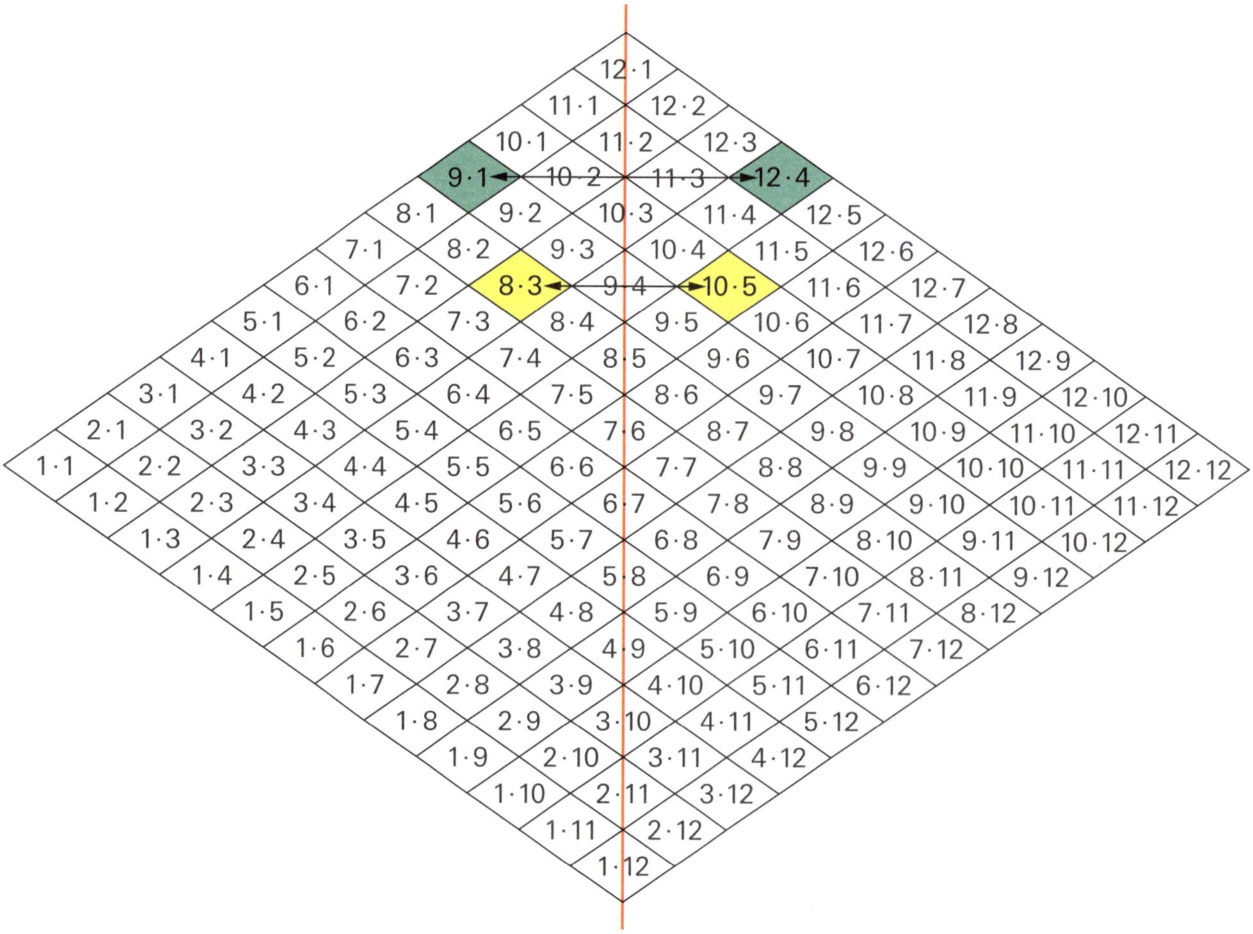

3

Führe die Reihe weiter.

A Was stellst du fest? Beschreibe, was geschieht.

B Begründe algebraisch.

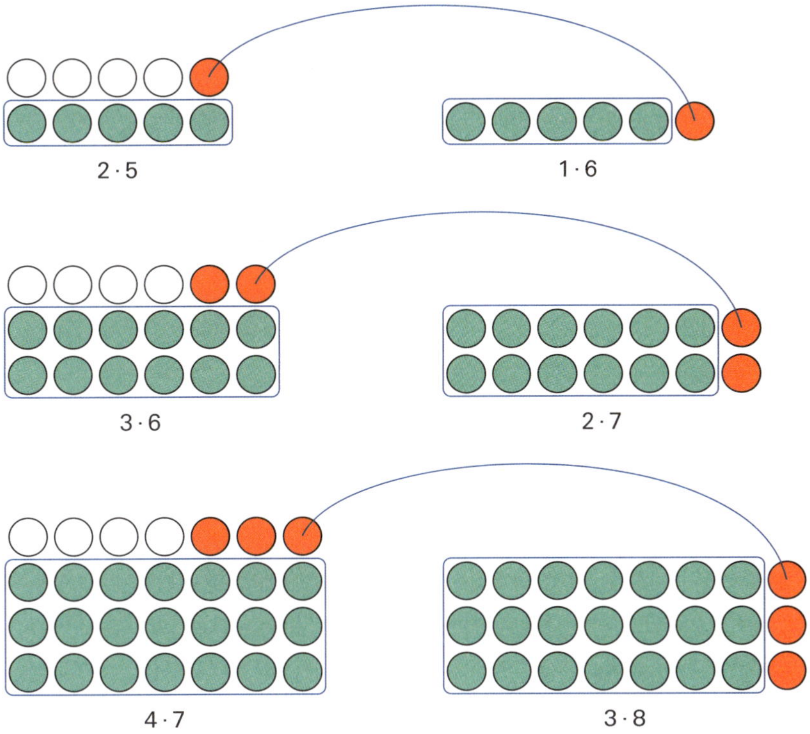

4

A

$$1^2 + 1 + 2 = 2^2$$
$$2^2 + 2 + 3 = 3^2$$
$$3^2 + 3 + 4 = 4^2$$
$$\dots$$
$$10^2 + 10 + 11 = 11^2$$

Weshalb ist das so? Begründe.

B $20^2 + 20 + 21 + 21 + 22 = 22^2 = 400 + 84$

Suche analoge Beispiele.

Verallgemeinere algebraisch und/oder geometrisch.

C

$$20^2 - 2 \cdot 20 + 1 = 19^2$$
$$10^2 - 2 \cdot 10 + 1 = 9^2$$

Suche analoge Beispiele.

Verallgemeinere algebraisch und/oder geometrisch.

Selbstbeurteilung «Einmaleinstafel»

Ich kann …

Die Grundansprüche der folgenden Lernumgebungen werden vorausgesetzt:

mathbuch 1

- LU 19 «Summen und Produkte»

mathbuch 2

- LU 18 «Produkte von Binomen»

Zusätzlich kann ich …

- [ ] Beziehungen zwischen Produkten erkennen und visualisieren. **SB+1 und 2 AH+3**
- [ ] die Verwandtschaft zwischen Zahlentermen algebraisch darstellen. **SB+1 und 2**
- [ ] Zahlenstrukturen beschreiben und begründen. **AH+1**

- [ ] Arbeitsrückschau im Merkheft **D527-01**

Sortieralgorithmen

Mergesort

1 Im Schulbuch hast du drei Sortieralgorithmen kennen gelernt. Ein weiterer – besonders schneller – Sortieralgorithmus heisst «Mergesort». Unten ist ein Schema und ein Beispiel zu «Mergesort» abgebildet. Beschreibe den Unterschied zum ähnlichen Algorithmus «Quicksort».

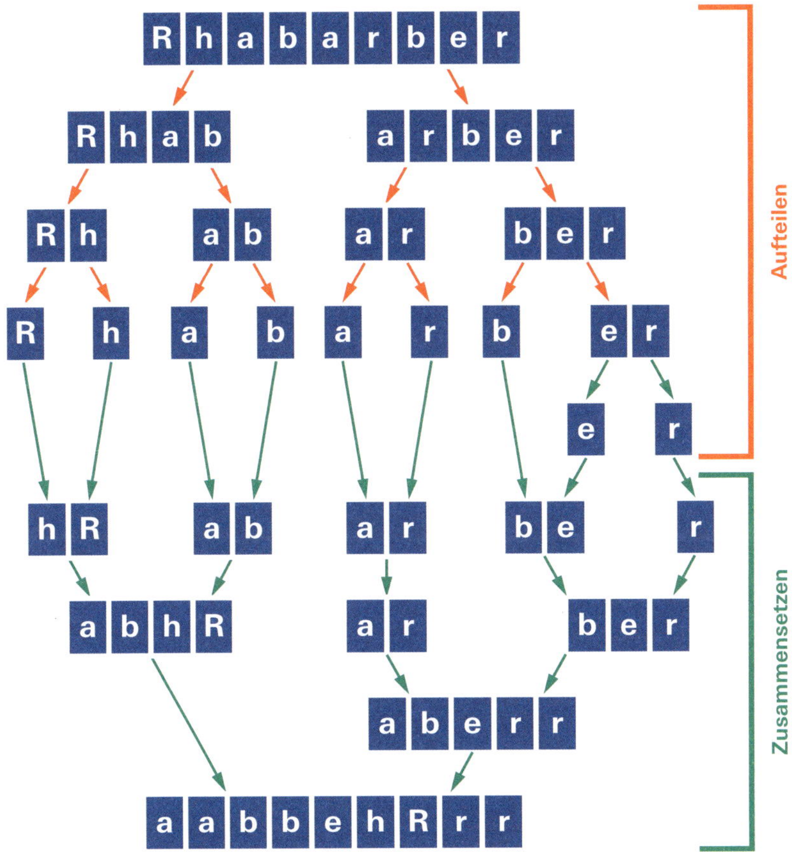

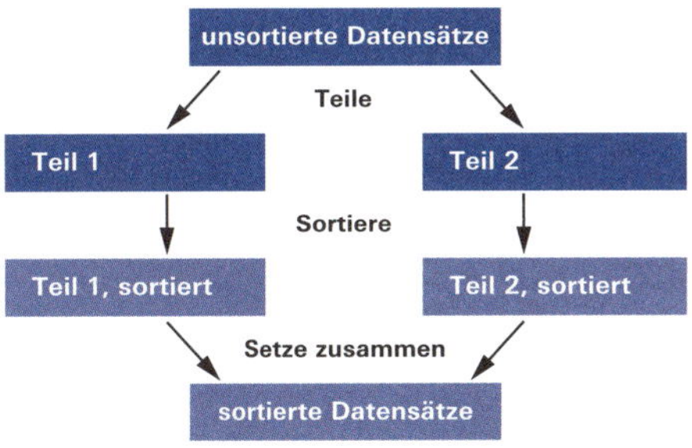

Grösster gemeinsamer Teiler

2 Du hast im Schulbuch den euklidischen Algorithmus kennen gelernt.
Die Grafik unten zeigt, wie ein Rechteck von 49 × 84 in Quadrate aufgeteilt wird.
Mit dem gelben Quadrat kann man das ganze Rechteck lückenlos belegen.

Notiere die euklidischen Zahlenpaare und schreibe die Seitenlängen der jeweils «abgetrennten» Quadrate direkt in die Grafik.

Zahlenpaare

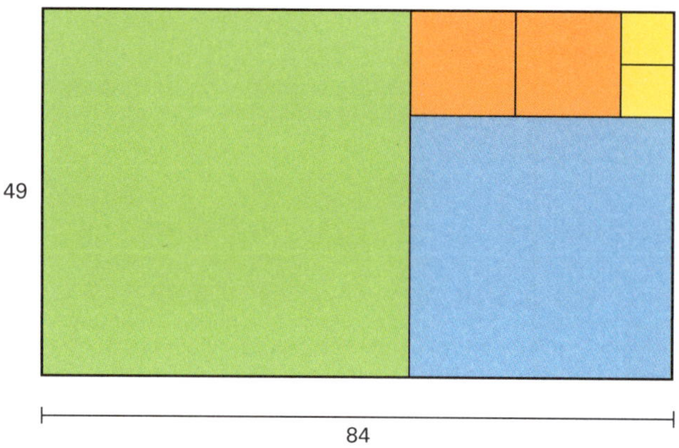

Schritt 1	49 · 49	+	35 · 49
Schritt 2	33 · 35	+	14 · 35
Schritt 3	14 · 14	+	
Schritt 4		+	

3 Das Auffinden des ggT funktioniert mit dem euklidischen Algorithmus auch «von Hand»:
Für das Zahlenpaar 2 882 843 und 2 419 859 berechnet man den ggT (= 101) zum Beispiel in nur zehn Schritten.

Berechne mit dem euklidischen Algorithmus den ggT folgender Zahlenpaare.

A ggT(6;8) = ____________________

B ggT(85;357) = ____________________

C ggT(144;378) = ____________________

D ggT(264;552) = ____________________

4 Bestimme den ggT der Zahlenpaare aus Aufgabe 3 auch mit untenstehendem Algorithmus.

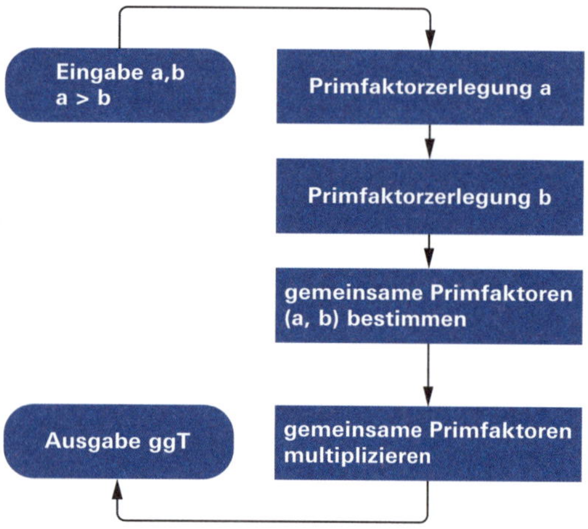

Algorithmen und Graphen

Der Begriff «Graph» wurde im mathbuch bisher im Zusammenhang mit Funktionsgraphen verwendet.
In der Mathematik hat «Graph» noch eine zweite Bedeutung:

Ein Graph ist ein Gebilde aus Punkten und Linien.

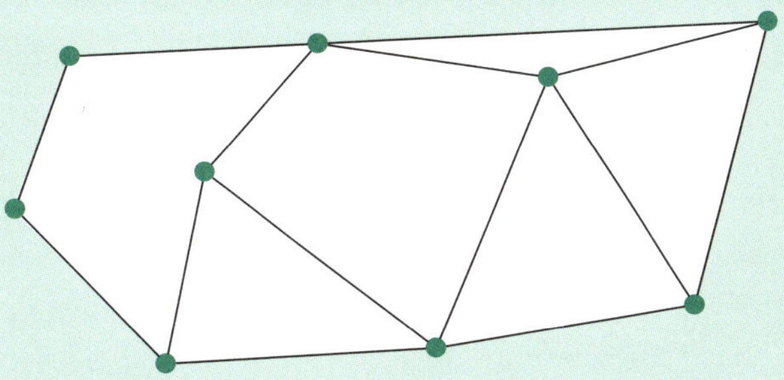

ungewichteter Graph

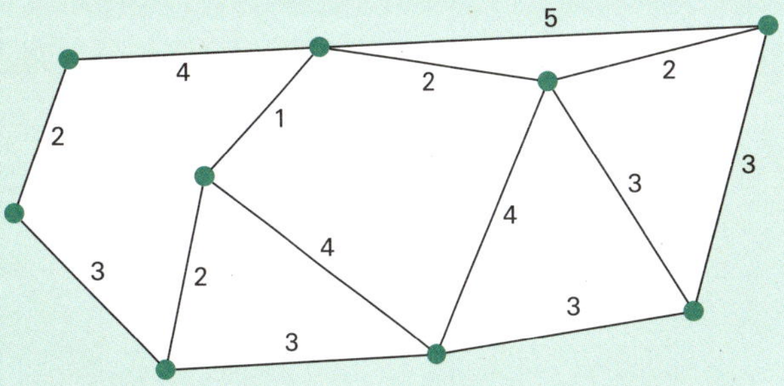

gewichteter Graph

Die «Graphentheorie» beschäftigt sich mit Punkten und Linien. Sie ist ein relativ neues Gebiet der Mathematik. Viele Situationen unserer Umwelt lassen sich durch Graphen darstellen.

Beispiel 1
Die Punkte stellen Hauptstädte von Ländern dar. Zwei Hauptstädte sind durch eine Linie verbunden, wenn ihre Länder aneinandergrenzen.

Beispiel 2
Die Punkte stellen Ortschaften dar. Zwei Ortschaften sind durch eine Linie verbunden, wenn es zwischen den Ortschaften eine direkte Zugverbindung gibt.

Beispiel 3
Die Punkte stellen Personen dar. Zwei Personen sind durch eine Linie verbunden, wenn sie einander kennen.

Beispiel 4
Die Punkte stellen Atome dar. Zwei Atome sind durch eine Linie verbunden, wenn sie in einem Molekül benachbart sind.

Oft sind die Linien eines Graphen mit einer Zahl (= «Gewichtung») versehen. Diese Gewichtungen können Distanzen, Zeitdauern, Kosten, … bedeuten. Man spricht in diesem Fall von «gewichteten Graphen».

Algorithmus von Kruskal

5 Problem: Es soll in einem gewichteten Graphen eine Linie gefunden werden, die alle Punkte so miteinander verbindet, dass die Summe aller Gewichtungen minimal ist.

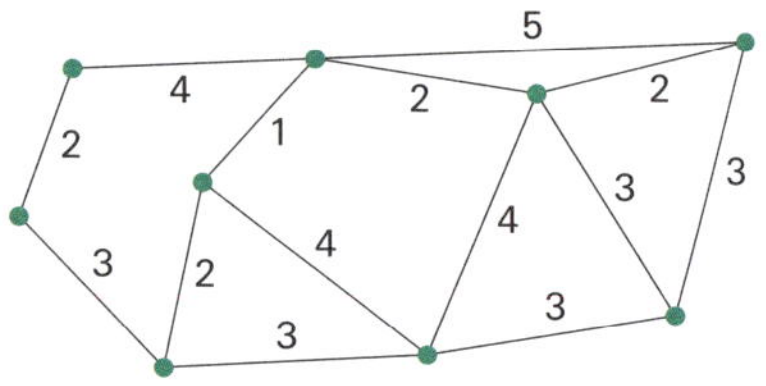

Es gibt verschiedene Algorithmen zur Lösung dieses Problems. Einer davon ist der «Algorithmus von Kruskal»:

- Markiere diejenige Linie, die das kleinste Gewicht hat (falls mehrere solche existieren, wählst du irgendeine davon).
- Wähle eine weitere Linie mit minimalem Gewicht, die keinen Kreis mit den schon markierten Linien bildet (ein «Kreis» ist ein geschlossener Linienzug).
- Fahre mit der Auswahl fort, bis es keine Linie mehr gibt, die keinen Kreis bildet mit den bereits markierten Linien.

Beispiel
Die Linie mit dem kleinsten Gewicht wird ausgewählt.

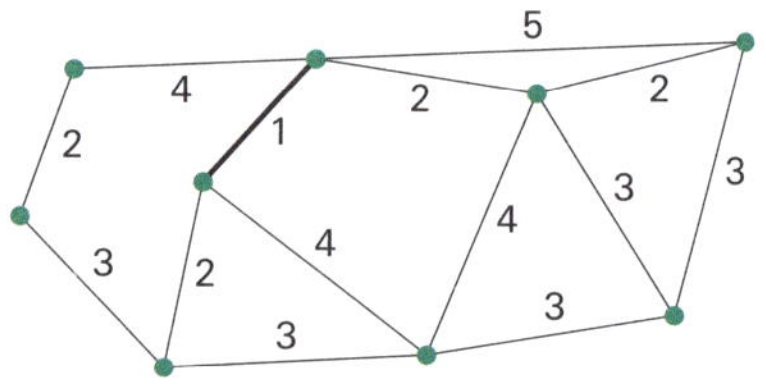

Nacheinander werden die Linien mit der Gewichtung 2 (d. h. die nächstkleinere Gewichtung) ausgewählt, wenn sie den bestehenden Linienzug nicht schliessen.

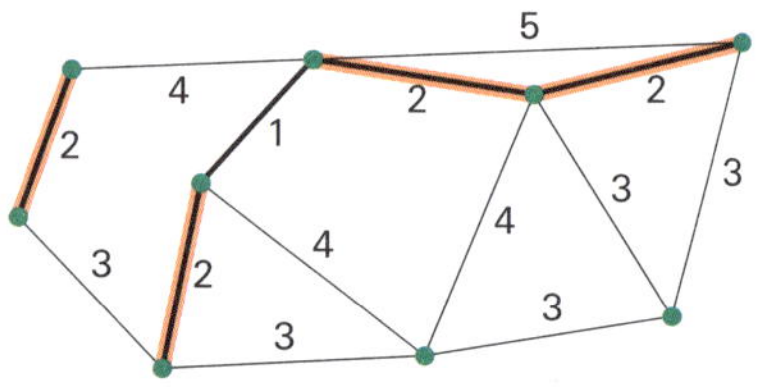

Nun werden die Linien mit Gewicht 3 ausgewählt, die den bestehenden Linienzug (oder einen Teil davon) nicht schliessen.

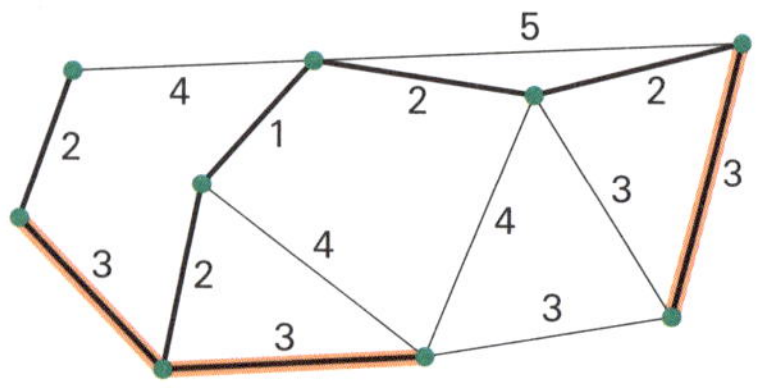

Lösung 1

Es können keine weiteren Linien ausgewählt werden, welche die Bedingung «Linienzug nicht schliessen» erfüllen.

Es kann mehrere nicht geschlossene Linienzüge geben, die alle Bedingungen erfüllen:

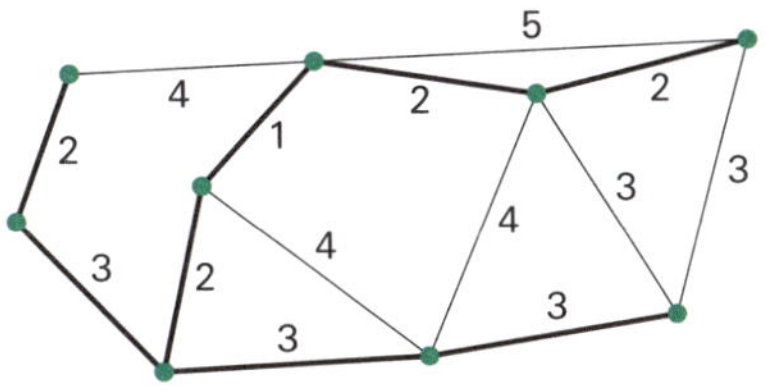

Lösung 2

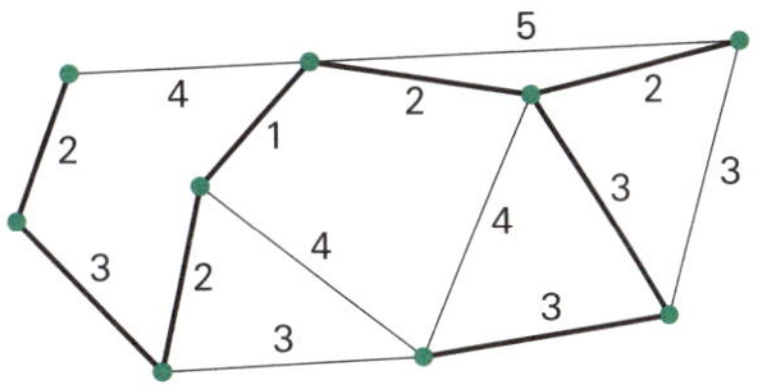

Lösung 3

Es kann bewiesen werden, dass der Algorithmus das Problem tatsächlich löst!

Prüfe durch Rechnen, ob in allen Lösungen tatsächlich die minimale Gewichtung gefunden wurde.

Fraktale

Einfaches «Pflanzenfraktal»

6

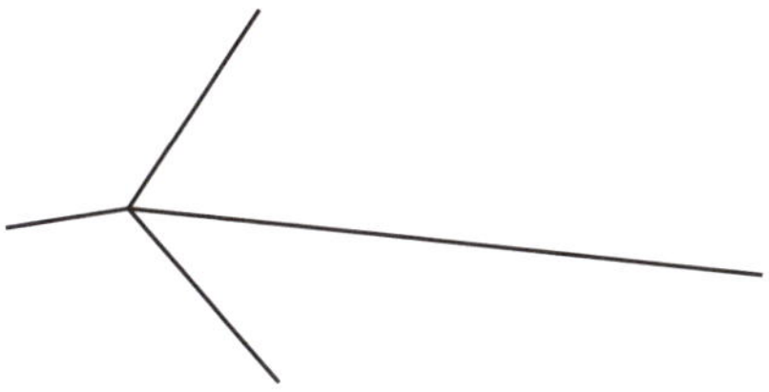

Original

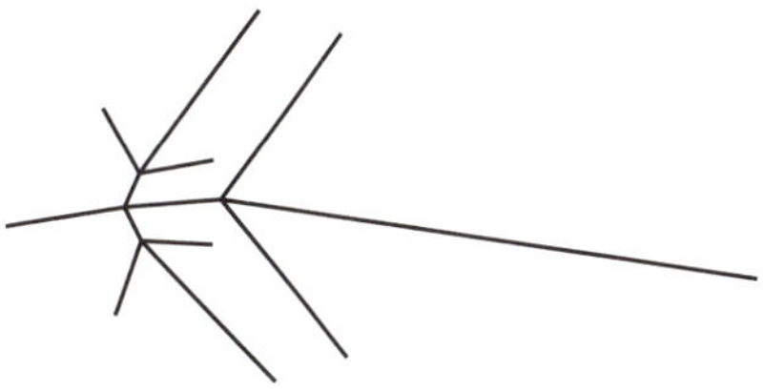

Stufe 1

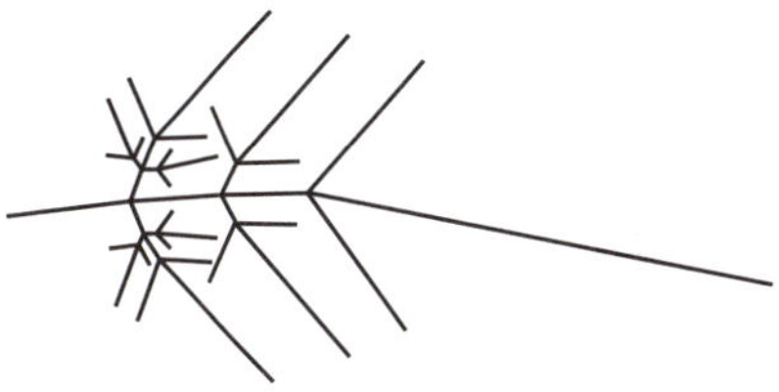

Stufe 2

Das Original soll – von links nach rechts betrachtet – einen Stiel mit drei Ästen darstellen.
So werden Stufe 1 und Stufe 2 gezeichnet:

- **Stufe 1** Ersetze jeden Ast des Originals durch eine verkleinerte Kopie des Originals.
- **Stufe 2** Ersetze jeden Ast in Stufe 1 durch eine verkleinerte Kopie des Originals.
- **Stufe 3** …

Wenn wir den Vorgang sehr oft (unendlich oft) wiederholen, entsteht ein sogenanntes Fraktal.
Fraktale sind komplizierte geometrische Gebilde, die mit schnellen Computern sichtbar gemacht werden können.

Gib auf www.youtube.com das Stichwort «Fraktal» ein und betrachte einige Filme, die zeigen, wie Computer Fraktale berechnen.

Sierpinski-Dreieck

7 Beschreibe in Worten, wie ein Sierpinski-Dreieck entsteht.

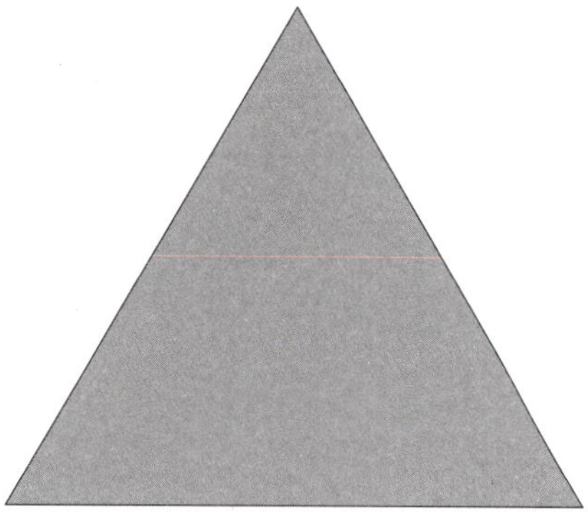

Original

Stufe 1

Stufe 2

Stufe 3

Der Baum von Pythagoras

Geogebra-Anwendung und Kopiervorlage **D528-01**

8

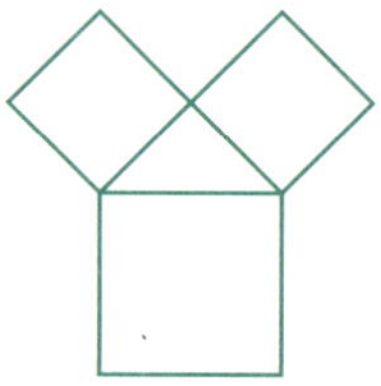

Original

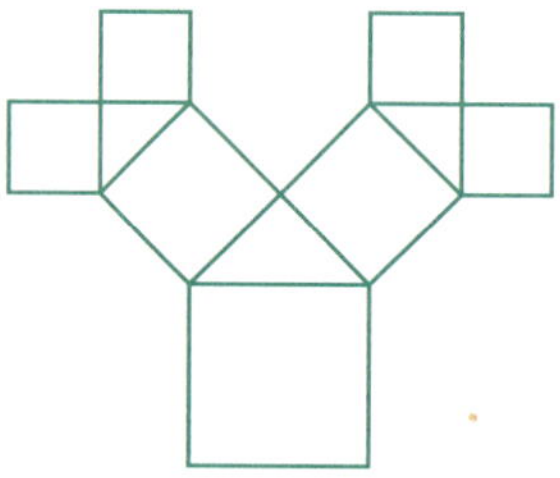

Stufe 1

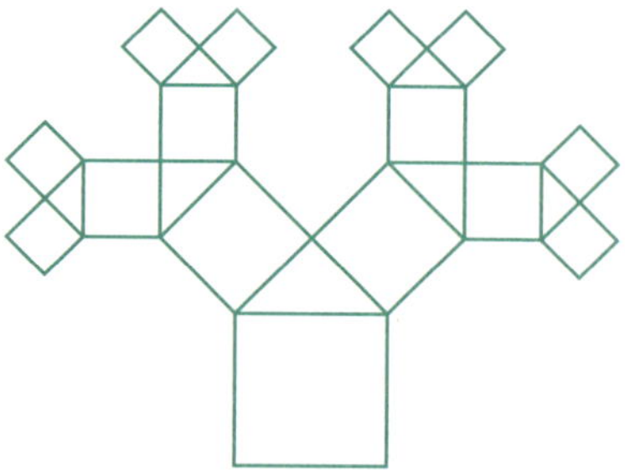

Stufe 2

A Füge auf der Kopiervorlage die dritte Stufe an die zweite Stufe an.

B Zeige, dass die Summe aller Quadratflächen von Stufe zu Stufe jeweils um den gleichen Betrag wächst.

C Wie gross ist in Stufe 6 die Summe aller Flächen, wenn die Dreiecke rechtwinklig-gleischschenklig sind und das Ursprungsquadrat eine Länge von $s = 10$ cm hat?

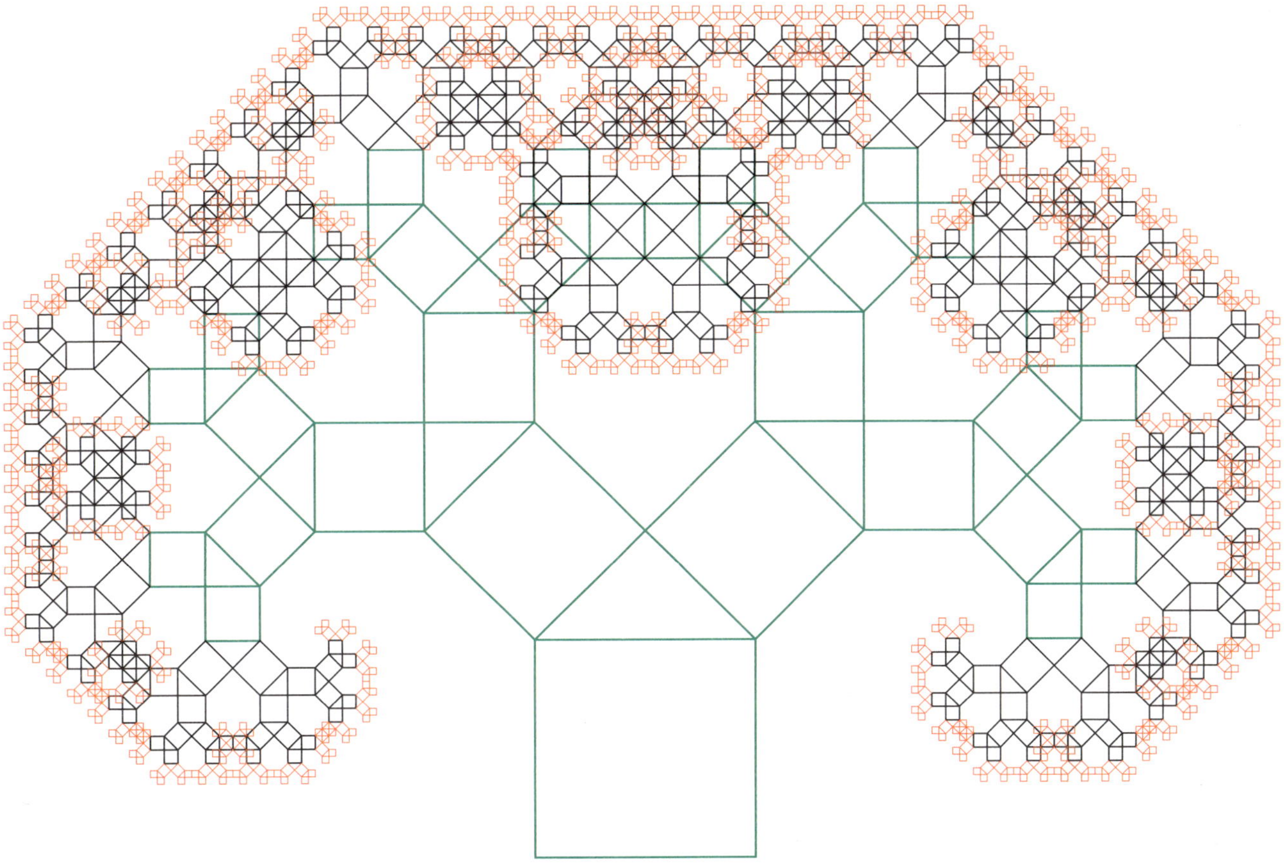

D Welche Stufe zeigt das Bild?

E Wie viele Dreiecke und Quadrate sind in diesem Bild?

Selbstbeurteilung «Algorithmen»

Ich kann …

Die Grundansprüche der folgenden Lernumgebung werden vorausgesetzt:

mathbuch 2

▸ LU 13 «Quadratwurzeln»

Zusätzlich kann ich …

- ☐ verschiedene Sortieralgorithmen vergleichen und ausführen. **SB+ 2 und 3**
- ☐ Flussdiagramme lesen und befolgen. **SB+ 4 und 5**
- ☐ Aufgaben zur Graphentheorie bearbeiten. **AH+ 5**
- ☐ Fraktale als Algorithmus sehen, Fraktale zeichnen und vergleichen. **AH+ 8**

☐ Arbeitsrückschau im Merkheft **D528-02**

mathbuch 3 – Arbeitsheft+

Weiterentwicklung auf der Grundlage des Unterrichtswerkes «mathbu.ch 9+» von Walter Affolter, Guido Beerli, Hanspeter Hurschler, Beat Jaggi, Werner Jundt, Rita Krummenacher, Annegret Nydegger, Beat Wälti und Gregor Wieland, eine Koproduktion der beiden Verlage Schulverlag plus AG und Klett und Balmer Verlag, erschienen 2004.

Autoren der Weiterentwicklung
Walter Affolter
Annegret Nydegger
Beat Wälti
Gregor Wieland

Guido Beerli (Projekt «Tabellenkalkulation», Glossar, Lexikon und Kopfgeometrie online)
Hanspeter Hurschler (Lernzielkontrollen)

Beratung bei der Weiterentwicklung
Guido Beerli
Hanspeter Hurschler
Beat Jaggi
Werner Jundt
Rita Krummenacher

Kaspar Riesen, FHNW (ICT)
Reinhard Hölzl, PHLU (Geometrie)

Kontrolle der Aufgaben und Lösungen
Urs Strub, Aarau

Aufgaben für das Rechentraining online
Matthias Baschung, Bösingen

Verlagskoordination
Rachel Gratzfeld, Klett und Balmer AG
Hans Jensen, Schulverlag plus AG

Projektleitung Guido Mazzuri

Redaktion Sara Venzin, Guido Mazzuri

Rechte und Bildredaktion Valentina De Rosa, Ana Rusetski, Alexandra Wolf

Korrektorat Stephanie Tremp, Zürich

Illustration Brigitte Gubler, Zürich

Fotografie Stephanie Tremp, Zürich

Gestaltung und Satz Bernet & Schönenberger, Zürich

Programmierung
Intersim AG, Burgdorf (Website)
GRSoft GmbH, Büsingen (Rechentraining, Kopfgeometrie)

Dank
Das «mathbu.ch 9+» wurde im Schuljahr 2009/2010 in insgesamt 19 Klassen in den Kantonen Appenzell Ausserrhoden, Bern, Baselland, Basel-Stadt, Freiburg, St. Gallen, Solothurn und Thurgau evaluiert.
Die Manuskripte der Weiterentwicklung wurden von Antoine Bugmann (AG), Regula Enderle-Rissi (TG), Peter Keller (AG), Maria Marti (BE), Ule Matter (FR), Selina Pfenniger (LU) und Martin Ruch (SO) begutachtet. Autorinnen/Autoren und Verlage bedanken sich für die wertvollen Hinweise, welche die Evaluation und die Begutachtung erbracht haben. Die Erkenntnisse sind bei der Überarbeitung der Manuskriptfassung so weit wie möglich berücksichtigt worden.

Bildnachweis
S. 37 Kartenausschnitt: Reproduziert mit Bewilligung von swisstopo (BA15018)

2. Auflage 2016
5., unveränderter Nachdruck 2021
Alle Drucke dieser Auflage können im Unterricht nebeneinander verwendet werden.

ISBN 978-3-292-00745-2 (Schulverlag plus AG)
ISBN 978-3-264-84012-4 (Klett und Balmer AG)